"一带一路"背景下

侨乡新移民在非洲的跨国经营研究

林 胜◎著

九 州 出 版 社
JIUZHOUPRESS

图书在版编目（CIP）数据

"一带一路"背景下侨乡新移民在非洲的跨国经营研
究 / 林胜著. -- 北京 ：九州出版社，2020.6
　　ISBN 978-7-5108-9175-5

　　Ⅰ．①一… Ⅱ．①林… Ⅲ．①华人－跨国经营－研究
－非洲 Ⅳ．①F276.7

中国版本图书馆CIP数据核字(2020)第102391号

"一带一路"背景下侨乡新移民在非洲的跨国经营研究

作　　者	林胜 著
出版发行	九州出版社
地　　址	北京市西城区阜外大街甲35号(100037)
发行电话	(010) 68992190/3/5/6
网　　址	www.jiuzhoupress.com
电子信箱	jiuzhou@jiuzhoupress.com
印　　刷	天津雅泽印刷有限公司
开　　本	787 毫米 × 1092 毫米　16 开
印　　张	16
字　　数	253 千字
版　　次	2020 年 6 月第 1 版
印　　次	2020 年 6 月第 1 次印刷
书　　号	ISBN 978-7-5108-9175-5
定　　价	65.00 元

前　言

2019 年政府工作报告明确指出，要继续推动共建"一带一路"，坚持共商共建共享，加强国际产能合作，推动对外投资合作健康有序发展。"一带一路"倡议提出六年多来，共建"一带一路"取得诸多成果与重要进展。截至 2020 年 1 月底，中国已经同 138 个国家和 30 个国际组织签署 200 份共建"一带一路"合作文件，这其中包括许多非洲国家。

非洲既是古代丝绸之路的途经地和目的地，也是今天"一带一路"不可或缺的参与者。2018 年，习近平主席在中非领导人与工商界代表高层对话会暨第六届中非企业家大会开幕式主旨演讲中指出，中国支持非洲国家参与共建"一带一路"，愿在平等互利基础上，坚持共商共建共享原则，加强同非洲全方位对接，推动政策沟通、设施联通、贸易畅通、资金融通、民心相通，打造符合国情、包容普惠、互利共赢的高质量发展之路。

良好的外部条件为侨乡新移民走出国门、去非洲进行投资带来了千载难逢的机会。"凡是有海水的地方就有华人"，华人国际移民的历史悠久，遍布世界各地。然而，非洲并非是中国国际移民传统的输入国，而且所占的比重较少，可是进入 21 世纪，在非洲的中国新移民出现了前所未有的增长。

这些跨国移民企业家积极参与"一带一路"建设，不但直接为非洲各国家提供大量的就业机会，提高当地人民收入、改善生活，而且间接为当地政府带去源源不断的税收，为当地社会带去中国的文化，无形中成为践行"一带一路"倡议和中非命运共同体的民间大使。

相对于其他国家的中国新移民研究，对非洲中国移民的研究相对较为不足。目前，虽然学术界出现了一些对于在非洲中国新移民的研究，但讨论的焦点主要集中于中国新移民的文化适应、社会融入、国际关系等问题，对于在非洲的中国新移民特别是侨乡新移民的跨国经营研究还有待深入。本书主要探讨的是"一带一路"倡议实施以来，我国侨乡跨国移民企业家在非洲的经营情况。本研究在西方国际移民理论的指导下，以非洲的中国侨乡新移民群体为研究对象，分析非洲中国新移民跨国经营行为的特点、跨国经营的形成机制、要素以及跨国经营的影响，并针对目前在非洲的华人跨国经营出现的问题提出对策与建议。

　　本书的研究得到了福建省侨联和浙江省侨联的大力支持，特此表示感谢。还要感谢不厌其烦地接受我们访谈和调查的参与者，笔者的学生赵姮、高哲、连凯丽、廖云云、李东宸、王东伟、王毓婕不同程度地参与其中，在此谨向他们表示衷心感谢。本书系国家社科基金（项目编号：15BSH096）和中国侨联项目重点课题（项目编号：17AZQK204）的阶段性成果；感谢福州大学人文社会科学学院和"一带一路"文化研究中心的帮助。由于作者水平和时间、经费的限制，本书还存在许多不足之处，敬请专家和读者批评指正。

林胜

2020 年 2 月于福州

目 录

绪 论

一、研究背景与研究意义

在全球化背景下，国际移民所产生的问题已经成为世界各国必须要面对的问题。自改革开放之后打开国门，中国更是快速融入了全球化的进程之中，出现了中国历史上又一次大规模的移民潮（新移民潮），大批中国人出国，在世界各地寻求发展机遇。20 世纪 70 年代至 20 世纪末，中国的新移民输入地多为美国、加拿大、欧洲、亚洲等发达国家和地区，以南北移民模式为主。但随着这些国家对外移民政策的收紧以及国际金融危机的冲击，对中国新移民的吸纳能力明显下滑，大规模的新移民开始转移阵地寻找新大陆，[1] 南南移民的模式越发明显。

非洲作为发展中国家最多的大陆，在世界经济格局中占据着重要的地位。非洲腹地辽阔、人口众多、市场容量大、人力成本低廉，各种动植物、矿产、海洋等自然资源丰富并且处于开发的初级阶段，正逐渐成为世界新兴的投资热土。非洲各国基础设施较为落后，生产水平低下，加工制造业薄弱，他们的未来发展离不开外部投资。中国作为当今世界重要的经济体，投资非洲已经成为一股潮流。中国对非投资和进出口贸易呈现快速发展趋势，中非贸易额从 2000 年的 106 亿美元发展到 2017 年的 1700 亿美元，[2] 中国已经成为非洲第一大贸易伙伴。

---

[1] 林胜，朱宇．国际金融危机背景下福建福清的海外移民活动［J］．福建师范大学学报（哲学社会科学版），2014（3）．

[2] 新华社．中非贸易额从 100 亿美元到 1700 亿美元，合作与日俱增［DB／OL］．https://finance.sina.com.cn/china/gncj/2018-09-01/doc-ihinpmnr0266997.shtml，2018-9-1.

近年来，中国同非洲关系蓬勃发展。2013年，习近平主席先后提出与欧亚各国共同建设"丝绸之路经济带"、与东盟国家共同建设"海上丝绸之路"，两大提议被整合为"一带一路"倡议。"一带一路"是中国首倡、高层推动、面向世界的倡议，自其问世以来，就给中国乃至世界的经济发展注入了新的活力，是我国需要长期坚持并不断发展的顶层设计。中国政府"一带一路"倡议也为中国人走出国门、走进非洲创造了更多的机遇。非洲有发展经济的需求，国家的移民政策相对较为宽松，加之中国国内大部分行业趋于饱和，加工业、制造业等人力成本明显上升，经营利润缩减，产品销量有限，非洲大陆成为中国新移民进军的新目标。

然而，相对于其他国家的中国新移民研究，对非洲中国移民的研究相对较为不足。目前虽然学术界出现了一些对于在非洲中国新移民的研究，但讨论的焦点主要集中于中国新移民的文化适应、社会融入、国际关系等问题，对于在非洲的中国新移民的跨国经营研究有待深入（详见本章的文献综述部分）。基于以上的研究背景，本研究将在西方国际移民理论的指导下，以在非洲的中国侨乡新移民这个前人较少关注的群体为研究对象，分析非洲中国新移民跨国经营行为的特点、形成与影响，并针对目前在非的华人跨国经营出现的问题提出对策与建议。本研究可能存在的学术价值与现实意义：

就现实意义来说：

（1）特别是中国政府推出"走出去战略""一带一路"倡议以来，我们国家已经进入对外投资阶段，所以研究非洲的中国新移民的跨国经营有助于推动我国对外投资的战略。

（2）良好中非关系的构建需要新移民层面的推动或巩固。中国与非洲的联系日益增强，最近几年中国与非洲各国的领导互访频繁、中非合作论坛效果显著，给中非关系注入了新的活力。然而，这些主要是由政府推动的。在民间层面，在非洲进行跨国经营的中国新移民对中国国家形象和中非关系的建构具有重要的影响，其作用不可忽视，应该给予关注。

就学术价值来说：

（1）目前学术界围绕中国新移民的研究大都以输入国为发达国家为主要对象，研究的主要是南北移民模式，对南南移民研究较少，对于非洲新移民的研究更少，但是非洲中国新移民有其自身的特点，所以本研究能帮助全面和丰富我们对中国国际移民活动规律的认识。

（2）目前国际移民理论的"话语权"还是集中在欧美国家，即大多数国际移民的理论是建立于对欧美国家移民情况的经验研究的基础上的。本研究希望通过中国与非洲的研究能参与到西方国际移民理论的讨论中去，并对西方流行的某些国际移民理论（如少数族裔经济理论、移民网络理论、跨国主义理论、循环理论等）进行检验和修正，以推动当代国际移民理论的发展。

二、研究设计

（一）概念界定

1．侨乡新移民。

侨乡是伴随着中国国际移民的出现而产生的，国际移民显然并非全部来自侨乡，但本项研究关注的主要是从中国侨乡地区输出的国际迁移人口。侨乡这个概念比较宽泛，但"侨乡"（Qiaoxiang）一词不仅在国内被广泛使用，而且在国外的学术界也是一个被普遍认同的词汇，在研究过程中直接被使用。❶

侨乡，意指华侨较多、侨眷较集中的地方。根据《华侨华人百科全书·侨乡卷》的定义，具有以下四个特征的区域为"侨乡"：第一，华侨、华人、归侨、侨眷人数众多；第二，与海外亲友在经济、文化、思想诸方面有着千丝万缕的联系；第三，尽管本地人多地少，资源缺乏，但由于侨汇、侨资多，因而商品经济

---

❶ Lin，Sheng and Trent Bax，A Pollution Incident at a Qiaoxiang Village in China: the Role of Migration in Civic Organization and Political Participation［J］. *Ethnic and Racial Studies*,2015, 38(10):1741-1759.

比较发达；第四，华侨素有捐资办学的传统，那里的文化、教育水平较高。❶ "侨乡"没有明确的边界，可以大到涵盖一个省份，亦可小至一村一镇。❷ 本研究中的侨乡侧重于乡镇和村的级别，即我们所谈的"侨乡社会"准确来说是"侨乡农村社会"，"国际移民"其实是来自于农村的非精英式的"草根移民"。

侨乡的历史可以上溯到上千年前。1840年鸦片战争后到1949年新中国成立间，是中国沿海地区老百姓出境比较明显的阶段。当时中国沿海一带的老百姓背井离乡，出国谋生，或被当作"猪仔"卖到东南亚、非洲和南美等地充当苦力。后来这些人在当地落地生根，发展成为后来的华侨华人。改革开放后，在传统的侨乡，由于海外联系的恢复而出现了新一轮的大规模出国热潮。侨乡可分为传统侨乡与新兴侨乡。传统的侨乡主要集中于中国沿海或沿边的广东、福建、浙江等省份。然而，随着中国出国人口的日益壮大，移民的来源地不断增多，移民不再局限于原来沿海或边疆的传统老侨乡。新侨乡指的是改革开放后由于大量的人口外出而在短时间内迅速崛起形成的侨乡。与传统侨乡不同，新侨乡主要在非沿海的城市或内陆地区。这些地方如吉林省延吉、山东省后楚庄村、安徽省的槐塘村、广西上林县等，虽然也是在改革开放后迅速发展起来的侨乡，但移民历史较短，规模与影响也比较有限。比如广西上林县，虽然在短短的十余年里形成了几万人在非洲加纳淘金的规模，但他们在非洲的目的地以及经营的行业都比较单一（由于其出国历史短，所以其经营目的地主要在加纳，而且只局限于淘金行业），他们之所以能成功经营，凭借的主要是他们祖上掌握的洗金、淘金的绝活。老侨乡的新移民在非洲的经营就很不同，他们之所以能成功，有侨乡社会各因素的综合作用（正如后面正文部分要努力解释的）。因此，本项研究只以传统的侨乡为研究对象。

本项研究所使用的"国际移民"或"移民"，并非狭义上理解的以永久迁入他国为目的的移民，它其实指的是侨乡的"出国"现象，指跨越主权国家边界，

❶ 方雄普，冯子平.华侨华人百科全书·侨乡卷［M］.北京：中国华侨出版社，2001：803.

❷ 李明欢.福建侨乡调查：侨乡认同、侨乡网络与侨乡文化［M］.厦门：厦门大学出版社，2005：4.

以非官方身份在非本人出生国居住达一年以上的特定人群，既包括合法移民也包括非正常移民，既包括永久移民还包括非永久移民。新移民，指的是改革开放以后出国的人口。综上，本研究所指的去非洲的"侨乡新移民"，意为改革开放以后从传统老侨乡走入非洲的中国人。

2. 跨国经营与跨国移民企业家。

就移民领域的研究而言，不是任何的海外经营活动都是跨国经营。本研究中的跨国经营源于跨国主义理论（transnationalism），指的是移民虽然从一个国家迁移到另外一个国家，但并没有中断其与祖籍国的联系，而是利用其在祖籍国和接收国之间的频繁联系以及网络在海外开展包括投资、生产、营销等在内的经济活动。因此，跨国经营强调的是移民通过祖籍国与接收国之间的密切联系来为自己在他国创造新的经济机遇。从事跨国经营的移民被称为跨国移民企业家（Transnational Entrepreneurs, TEs）。跨国移民企业家利用其移民的经历在两个国家之间所建立的网络，对两个国家之间的各种资源进行有效组合，从而寻找仅仅依靠一个国家难以实现的商业机会。跨国移民企业家与侨乡传统的劳工移民不同，在输入国的身份与地位较高，营利高，影响力大，但风险也高。

一般来说，国际移民在侨居国的经济适应有两种方式：一是被雇佣、靠领取薪酬就业，即俗称的劳工移民。二是自我雇佣或自主创业，跨国经营属于后者。关于国际移民的自我雇佣或自主创业的研究在国内外引起了广泛的兴趣，这又以对以下三个主题的研究较有代表性：

第一类是对移民企业家（Immigrant Entrepreneurs, IEs）的研究。移民企业家相对来说是移民中的成功人士，他们已经摆脱自己种族的标签，较好地融入输入国的主流经济当中去。[1] 对移民企业家的研究大多数是跨学科的，涉及经济学、管理学、政治学以及社会学等学科。乐观的观点认为移民经营的企业会比输入国

---

[1] Zhou, Min. Revisiting Ethnic Entrepreneurship: Convergencies, Controversies, and Conceptual Advancements [J]. *International Migration Review*, 2004, 38(3):1040-1074.

本土人经营的企业发展得更好。[1] 因为这些移民出国时一般是经过精挑细选的，算是祖籍国的精英，有着较强素质的人力资本和才华。他们愿意冒风险去创造那些本土企业家看不到或害怕接触的成功机会。由于可以获得本族群的资源，他们可以开发一些诸如与本族经济有关的但不被看好的、高风险的市场，比如，他们会成为"海归"，回到祖籍国建立他们的跨国企业。持悲观的观点认为移民企业家与输入国本土的经营者相比，缺乏一定的资源，比如他们语言、文化不通，没有足够的社会网络，不易得到外来融资，而且易受到输入国居民的歧视，[2] 这些缺陷甚至到了他们的后代（二代移民）时还难以克服。[3] 对华人移民企业家的研究很多是从"华商"的角度来进行的。这些华商是海外华侨华人中的成功人士，形成"华商网络"，[4] 不仅对移民接收国社会经济发展做出贡献，而且还是中国引进外资的重要途径。[5]

第二类是对族裔企业家（Ethnic Entrepreneurs,EEs）的研究。这个概念在 20 世纪 60 年代由社会学学者提出。根据较为认同的定义，族裔企业家指的拥有着某一"共同的族群和文化的企业家"，[6] 特别是"对于外群体来说，他们有着这样

[1] Aliage-Isla, R., and A. Rialp. Systematic Review of Immigrant Entrepreneurship Literature: Previous Findings and Ways Forward [J]. *Entrepreneurship & Regional Development*, 2013,25(9-10):819-844.

[2] Neville, F., B. Orser, A. Riding, and O. Jung. Do Young Firms Owned by Recent Immigrants Outperform Other Young Firms? [J]. *Journal of Business Venturing*,2014, 29(1):55-71.

[3] Beckers, P., and B.F.Blumberg.Immigrant Entrepreneurship on the Move: A Longitudinal Analysis of First- and Second-Generation Immigrant Entrepreneurship in the Netherlands [J]. *Entrepreneurship & Regional Development*, 2013,25(9-10):221-235.

[4] 庄国土，刘文正. 东亚华人社会的形成和发展华商网络、移民与一体化趋势 [M]. 厦门：厦门大学出版社，2009.

[5] 龙登高，等. 海外华商近年投资中国的强势成长与深刻变化 [J]. 华侨华人历史研究，2013，（2）.

[6] Aldrich,H.E.,and Waldinger. Ethnicity and Entrepreneurship [J]. *Annual Review of Sociology*, 1990,(16):112.

的特征"。❶Portes 等学者发展了少数族裔经济理论，提出了"聚居区族裔经济"。❷该理论认为族裔经济依靠将开业地点设在本族群聚居区这样一个特定的地理区域来发展。聚居区族裔经济以共同的族裔性和族裔文化价值观作为其经营的基础，主要体现于雇主与雇员、业主与顾客之间的日常关系中。

第三类正是本项目的研究对象，即跨国移民企业家。随着跨国主义理论的兴起，对于少数族裔经济的研究也转向了跨国型少数族裔经济的研究，这些研究的学者主要来自人类学和社会学领域。在此之前，对族裔企业家的研究大多限定于单独一个国家的分析框架中，只从单个国家的角度来解释少数族裔经济的形成与发展。跨国移民企业家的研究打破了以国家为界限的分析框架，强调移民企业家通过祖籍国与接收国之间的密切联系来为自己创造新的经济机遇。如 Portes 等人认为跨国移民企业家指那些"自我雇佣的移民，其商业活动需要频繁地旅行于输入国以外（一年至少有两次为了生意返回出生国），其成功取决于其与其出生国的定期频繁接触和联系"。❸

如果集中于两个向度，可以对跨国经营做如下类型分类（见表 0-1）：

第一个向度即按跨国经营的主要地点来划分，可以将跨国经营分为在侨居国经营的跨国经营和在祖籍国经营的跨国经营。在祖籍国的跨国经营往往被当成是回乡投资，因为人们会认为迁移者既然回国就不再打算出国了。但需要注意的是，如果迁移者在两国之间较为频繁地流动，而且迁移者聪明地利用了两国的资源并对之进行有效组合而产生投资的机会，这些经营其实是属于跨国经营的，然而目前学术界从这个角度进行的研究还比较缺乏。本项研究中的跨国经营属于前者，即是在侨居国经营的跨国经营。

---

❶ Zhou, Min. Revisiting Ethnic Entrepreneurship: Convergencies, Controversies, and Conceptual Advancements［J］. *International Migration Review*,2004,38(3):1040.

❷ Portes, A. and Robert L.Bach. *Latin Journey: Cuban and Mexican Immigrants in the Untied States*［M］. Berkeley and Los Angeles: University of California Press.1985

❸ Portes, Alejandro; Guarnizo, Luis Eduardo and Haller, William. Transnational Entrepreneurs: An Alternative Form of Immigrant Economic Adaption［J］. *American Sociological Review*,2002, 67(2):278-278.

第二个向度即按经营服务的对象来划分，可以将跨国经营分为两类：只为本族群服务的跨国经营和不限定服务（消费）对象的跨国经营。对于前者的研究来说，比如有提供移民在输出国和输入国两国之间的地下汇款等的服务；还有诸如将移民输出国的商品进口到输入国，零售卖给移民，为移民自身提供他们所需要的服饰、食品以及生活用品等商品。根据移民的喜好或需求产生的这些商品之所以需要进口是因为移入国商品市场无法提供（比如中国人用的筷子、土特产、中草药等）。目前，学术界关注的跨国移民企业家主要是为移民族群自身服务的，对于不限定服务（消费）对象的跨国经营展开的研究相对较少。本研究关注的对象属于后者，即其经营对象并没有只限定于华人族裔，而是面向全部的消费者。有研究认为不限定市场对象的经营会比限定于本族群为市场对象的移民的经营融入度高，❹但是，正如后面会讨论的，在华人在非洲的跨国经营虽然也是面向无限定的市场，但却没有融入非洲的意图。

表 0-1 跨国经营的类型

划分的依据	跨国经营的类型	
经营的主要地点	在侨居国经营的跨国经营 *	在祖籍国经营的跨国经营
服务 / 消费的对象	只为本族群服务的跨国经营	不限定服务（消费）对象的跨国经营 *

注：* 表示为本项研究的研究对象

（二）研究方法

本研究主要采取的是定性研究的方法，调查的地点为非洲中国新移民比较集中的输出地福建和浙江，主要包括福建的福州地区与浙江的温州地区。具体来说，研究与分析的方法有：

1. 文献研究与常规统计数据。

如前人的研究成果和政府或一些组织的统计数据（地方政府的年鉴、国际组

---

❹ Jan Brzozowski, Marco Cucculelli and Aleksander Surdej. Transnational Ties and Performance of Immigrant Entrepreneurs: the Role of Home-country Conditions［J］. *Entrepreneurship & Regional Development*, 2014,26(7-8):546-573.

织的报告与研究资料、侨联或边防部门的资料和统计数据、新闻媒体的报道、社团的资料等）。此外，还参阅了大量的研究文献资料，将前人的研究成果进行归类分析，汇总有用资料，吸收与借鉴，形成对在非洲经营的新移民的各个方面的初步了解，便于更好把握当前的研究成果与现状，为接下来的调查研究提供方向。

2. 多点民族志的田野调查法。

该方法是美国著名的人类学家 Marcus 提出的一种田野调查方法，旨在针对同一主题在多个田野地点调查。❶这种方法的优势在于可以把握事物发展的过程，深入剖析现象产生的动力等深层次的问题，在西方的国际移民研究中经常被用到。❷

笔者长期关注东南沿海地区侨乡移民问题，积累了一定的实地调查经验和展开该项研究的初期资料。在研究中，我们通过实地参与式观察、结构与半结构式的访谈来收集第一手的资料，将访谈的语音资料，整理成上百万的文字方便日后查阅与研究。在田野调查期间，虽然笔者可以接触到回乡探亲或处理事务的侨商，进行面对面访谈，但是对于一些在非洲还没有回来的经营者，我们利用便捷的电子通信设备对其进行访谈，比如进行电话访谈或者微信语音的形式进行交流。调查的对象来自非洲各个国家，不仅有在非洲做生意长达十年以上的商人，也涉及近短期内去非洲经商的人，还有从非洲经营回流的人员，在寻找被调查对象时尽可能找在非洲不同国家经营的人、处于经营不同阶段的人。我们的调查范围比较复杂、调查的内容也会有所区别，比如第四章、第六章对于侨乡当地移民网络和资金的调查，联系从非洲回来的当地经营者，重点了解他们在非洲创业网络的情况、资金筹措过程、经营发展脉络和过程；第五章对中国某一中非商会的会员、会长、理事以及一般商会工作人员的调查；第八章对从非洲各国回流人员

---

❶　Marcus, George E. Ethnography in/of the World System: The Emergence of Multi-Sited Ethnography, in Marcus(ed.), *Ethnography through Thick and Thin*［M］. Princeton: Princeton University Press.1995.

❷　Pieke,F. N. Pál Nyíri, Mette Thunø & Antonella Ceccagno. *Transnational Chinese: Fujianese Migrants in Europe*［M］. California: Stanford University Press.2004.

的调查；第九章涉及"失依儿童"的调查，主要对去非洲遇害者及其家属的调查、出国者、社团侨领、侨联工作人员、学校老师、"失依儿童"及其监护人和当地居民等的访谈等。文中村庄的名称以及受访者均匿名处理。

3. 典型个案研究法。

个案研究是以一个人、团体或一起事件为研究对象，广泛收集资料，做翔实完整的描述与深入探究分析的研究方法，它在人类学和社会学里经常被使用。个案研究的优势在于其典型性和深刻性，有助于科学知识的增长。

本书中的第三章是以一个前往阿尔及利亚进行跨国经营的来自福建福清 J 地企业家 LZ 为例来对跨国经营产生的机制进行阐述。第五章是以在浙江的一个中非商会为例来阐述跨国商会组织对跨国经营的作用。第六章则以早期在意大利挣得第一桶金、回国投资失败以后重新出国前往非洲、目前已经在安哥拉取得了一定的投资成果的温州籍 G 侨商为个案，讨论中国新移民在非洲的跨国经营的资金支持机制。第七章则以在安哥拉经营的一个企业家为例，来描述在非洲经营的中小民营企业的多元用工模式。

当然，个案研究有其不足，比如一个最广泛的质疑就是其代表性问题。为了弥补这些问题，我们在选择个案进行深入研究之前，对个案反映出来的同类型情况有个全面深入的了解。我们还通过多点调查的数据以及官方或一些组织统计的资料来对个案分析进行补充。被选择的这些案例虽然是独特的，但其所反映的有关社会现象并非个别现象，存在着共性。比如，第三章中所描述的 LZ 的跨国经营经历其实也是从众多的跨国经营案例中抽取出来的，也并非个别现象。第五章选择的中非商会的案例，也只是众多华人社团中的一种类别。第六章所描述的从意大利回流的移民在前往非洲经营的群体中也很普遍。

三、研究综述

目前对于该主题的研究呈现出以下这几个方面的特征：

（一）相对于其他国家的中国新移民的研究，对非洲的中国移民的研究显得较为薄弱

中国新移民的研究已经是国内外学术界热点话题，出现了许多国别的研究，如以北美为输入地的研究：Peter Kwong 在《被禁止的工人：非法中国移民和美国劳工》中谈及中国非法移民在美国的劳动条件，以及该群体对美国经济社会造成的影响，他认为美国移民和劳工法的失效是中国在美非法移民剧增的主要原因。[1] Ko-lin Chin 在针对来美国的中国非法移民的调查中发现，"蛇头"组织在人口的跨境流动方式中扮演了链接的重要作用。[2] Ko-lin Chin 也通过《被贩运的中国人：偷渡到美国的移民》详细揭露了福州非法移民的途径及其后续的生活。[3] 学者庄国土追根溯源，探究了福州人移民美国的海外谋生传统、跳船现象及政策和移民数据的系列变化。庄国土关注到移民动机是收入差距和谋生空间，而福建人的互助网络是其成功条件这两方面事实因素。因此许多诸如福建这样的非传统的移民输出地，能在短短二十年的时间内输出了远超过其他传统移民输出地区的输出人口，很大程度上是由于移民之间形成了一个非常有效的移民网络，才成为了中国国际移民的主力军。

在以欧洲为输入地的研究中，李明欢从欧盟国家的移民政策与当代中国跨国移民潮的时间轴中，划分出了探索、适应与调整阶段，盲目失序、鱼龙混杂阶段以及加强管理、秩序化阶段三个发展过程。李明欢认为"正是传统、制度与市场三重因素的相互影响与作用，对移民人口构成的差异格局产生了决定性影响"。王春光通过对比北京的"浙江村"和巴黎的"温州城"，详细说明了在这两种不

---

[1] Kwong, Peter. *Forbidden Workers: Illegal Chinese Immigrants and American Labor* ［M］. New York: New Press.1997.

[2] Chin, Ko-Lin. The Social Organization of Chinese Human Smuggling. In David Kyle and Rey Koslowski (eds.), *Global Human Smuggling: Comparative Perspectives* ［M］. Baltimore & London: The John Hopkins University Press.2001.

[3] Chin, Ko-Lin. Smuggled Chinese: Clandestine Immigration to the United States. *Asian American History & Culture Series* ［M］. Philadelphia: Temple University Press.1999.

同的社会网络背景当中外来移民的不同行动方式。王春光还谈到"巴黎的温州人在融入法国社会上，仅仅依靠吃苦耐劳的工作态度和传统的社会关系网络，在法国最边缘的经济层面，建立起自己的生存和发展领地，以此来克服融入上面临的困难，即以传统社会关系资源和补缺性经济方式移居和融入法国"。如果说上述的研究都显示了输入地的巨大拉力以致吸引中国新移民到来，那么德国就是一个反例，这一点在周大鸣对柏林中国移民的调查中所指出的德国严苛的移民政策可以看出。

以亚洲为输入地的研究当中，李若建将焦点集中在香港，既关注进入香港的移民，如内地移民、越南难民和船民问题等，也注意到外迁移民。刘宏通过在新加坡的中国新移民企业家为个案对跨国场域下的企业家精神、国家与社会网络问题进行剖析，进而阐述跨国性的理论架构对于解释华人企业家在移居发源地和接受国的社会经济发展作用的助力。在对日本的中国移民的研究中，G. Liu-Farrer认为最初社会资本促进了移民，后来这些社会资本也保护了福建移民的生计，最终成为阻止他们实现向上流动的不利因素。❶在移民输入地的研究当中，大多学者主要将目光集中于美洲、欧洲、澳洲、亚洲四大洲，其中欧美以及东南亚地区一直是中国国际移民的主要目的地，吸引了学者广泛的关注。相比之下，非洲还不是大多数中国新移民的主要目的地，因此相关的研究相对较少。

（二）以往对非洲中国移民的研究侧重于史学研究领域

欧铁通过早年在南非任教接触华侨的机会，收集大量的一手资料编撰成《南非共和国华侨概况》一书。南非的华人女学者叶慧芬和梁瑞来通过访谈、查阅报纸和其他档案材料的方式合著了《肤色、迷茫与让步：南非华人史》，借此研究南非华人的家族史。赖翠玲以自传体裁《嫁到黑非洲》的方式描述在非洲的华人华侨生活情况。学者李安山从中非关系历史、非洲华侨缘起、华人社区、战争等多个维度出发详细探讨了从古至近代的非洲华侨华人历史，其编撰而成的《非

---

❶ Liu-Farrer, The Burden of Social Capital: Visa Overstaying Among Fujian Chinese Students in Japan［J］. *Social Science Japan Journal*, 2008, 11(2):241-257.

洲华侨华人史》更为后来的研究者提供了许多宝贵的历史资料。另外，作者也针对清末南非华人社区的形成进行了有力论证，"叙述清朝末年华侨在非洲各地的创业过程及他们的社区生活，并力图在综合的基础上分析早期华人社区活动的特点"。学者王颖丽和张渊通过研究说明了华工问题与南非自治权利的争取，甚至是上升到与英国政坛变动的政治层面关联，既肯定华工的贡献，也披露出其不利地位。而在陈翰笙主编的《华工出国史料汇编》第九辑"非洲华工"当中，从史学角度对南非金矿华工的历史做了翔实记载。二战前后在非华人华侨由于种族隔离政策而受到的多方影响在廖小健的研究中仍有迹可循。周南京在非洲华人文化教育研究中得出"由于南非华侨华人人数较少，经济力量有限，而且生活在充满种族隔离气氛的国度里，南非华侨华人教育受到各种限制，困难重重，发展较为缓慢"的结论，并总结出六个方面的困难。在对华人移居非洲的溯源当中，梅仁显得出强迫移民（如印度尼西亚排华驱逐政策和掳掠拐骗）、契约移民（即契约华工）、逃避战乱饥荒的自由移民和自然增殖四种在非华人华侨起源。

以上学者的研究大多以史学的研究角度出发，从在非华人华侨的政治、经济、文化教育、社会团体等方面对非洲的中国移民历史做了剖析，研究时间较早，因而这些研究侧重于老移民的研究，而不是新中国改革开放以后而产生的新移民研究。

（三）虽然近年来出现了一些对当前非洲中国新移民的研究，但讨论的焦点基本上集中于中国新移民的文化适应、社会融入、国际关系等问题

随着非洲中国新移民规模的扩大，后续出现了一些研究，但这些研究没有深入去关注非洲新移民的经营问题，而对文化适应和社会融入等问题的讨论颇多。比如，在社会融入问题当中，李鹏涛认为经济利益的竞争关系、相对封闭的文化和生活方式、政治斗争和动员以及西方媒体渲染是造成融入问题的主要原因，即"语言、文化和价值观念的差异可能会妨碍新移民融入当地社会，不过在一些国家的中国新移民已经开始逐步适应当地环境"。陈凤兰在以南非中国新移民群体为例的文化冲突与跨国迁移群体的适应策略研究当中认为中国新移民在社会交

往、文化交流、居住格局等方面与非洲当地人有明显差异。总体上而言，新移民群体对"南非文化"持一种"保持距离"的态度，这体现在居住区域、社会交往、通婚等方面。面对长期缺少沟通和归属感的"文化隔阂"，努力学习与适应当地的文化是增进族群和谐的重要途径。

而陈肖英在南非中国新移民面临的困境原因探索中认为"这种困境不仅仅是身处民族经济圈里的移民自身的某些习惯、生活方式和思想观念等单方面因素造成的，而且与移居国的社会政策大环境等因素有着极大的关联"，并将其分为内部困境（即其民族聚集区经济的模式）与外部困境（即南非的社会政策大环境，如《劳工法》与"三重劳动力市场"、社会治安问题和警察腐败）。周海金则认为虽然大多数非洲民众对华侨华人及其投资持欢迎态度，但冲突也在逐渐增多，不容忽视，因此妥善处理与非洲当地族群关系成为中国新移民在非洲生存的首要问题。从另一种研究切入点来看，段颖和陈志明在对毛里求斯华人社团的社会探析中认为，社团在其地方的适应性当中扮演了重要角色，既有文化再适应和延伸的作用，也提供了公共空间，为华人移民重塑"家园"提供了适应文化场所。

李安山在对二战后非洲华人融入当地社会的探究中提出，既保留中华文化特质，又在适应当地社会环境的现实中对自身社会风俗和生活习惯进行调整，其中与当地人通婚和"对于长期在种族歧视环境中生活的南非华人而言，低调且不参与政治成为一种聪明的融入方式"。李安山还从中非合作的政治经济角度提出对多样化的民间交往的极大关注，并认为近年来多元的民间交往活动具有理解对方文化、为建立良好的关系奠定基础的双向目的。

因此在当前非洲新移民的现有研究中，通过总结归类发现，众多学者主要将目光放在适应与融入问题的原因分析、适应策略、国际关系等研究中，少有关注到非洲的中国新移民的经营行为研究。

（四）虽然有少数研究关注到非洲的中国新移民的经营行为，但基于跨国经营的分析仍然有待深入

前人讨论较多的是中资企业对非洲的投资问题，而不是中国新移民的个人投资经营，关注非洲中国新移民的经营的研究相对较少。如陈以定以经济全球化为视角出发从非洲经济的发展、中非经济关系和华商对非洲的投资三方面展开研究其对非洲华人经济的影响。何敏波以大量中国对非洲的投资数据为立足点，详细探讨了中国对非洲直接投资与中国移民的联系与影响，从而促进中华文化在当地的进一步传播。任培强通过对在南非约翰内斯堡投资的十七家中资企业的实地调研，探讨其如何凭借南非这一"经济门户"实现扩大对撒哈拉以南非洲其他国家的贸易和投资实践。

有少数研究关注到中国私营企业主在非洲的经营问题。陆桢在对 1980 年以来毛里求斯的华商发展研究中认为无论从行业、规模、范围还是影响力都有突破，且呈现出代际差异明显，华商组织性强、经营行业升级转型，但小商人仍居多的特点；其研究表明了毛岛华商的发展受到毛里求斯政府政策、华商的适应性和观念变化、毛岛华人政治地位以及越来越多中国因素影响。原晶晶通过对非洲华商的现状和特点的研究，认为其应转变发展战略，以期实现要融入居住国主流经济，迈向较高层次的现代化经济活动，实现自身的经济转型和产业升级。刘伟才将目光聚焦在非洲的华人私营企业，提出其由于家族式经营、规模小等原因而存在的管理、人才、继承、融资问题，加之非洲特殊的社会生活环境和商业环境的不利因素，对国内相关部门提出相应的对策建议和社会期待。Haugen 等学者为分析中国百货店的流动性的特征，选取非洲小岛国佛得角从事义乌小商品贸易的中国百货店为研究对象进行研究。Rachel Laribee 通过研究南非中国新移民经营的"中国店"来探讨其对南非的商品供求链的影响机制等问题。在周大鸣和许多天以结构洞的理论视角对在穗非洲导购中介商社会网络进行的研究中，虽是以非洲商人为活动主体的跨国经营中间环节的一个实际例子，但仍具有极大的借鉴和思考意义。他们指出，"中非价值观念和文化语言结构上的差异导致两套社会网络之间存在一些需要沟通和连接的结构洞，而导购中介商人们恰恰占领了这个连接点的位置，利用两套网络之间的差异，结合自身的能力，赚取自己的利益"。

在本研究中所强调的"跨国经营"强调的是祖籍国和接收国之间的联系和网络，以及移民如何在这些联结中找到他们的经济机会。但通过总结前人的研究发现，学界对这方面的关注仍较少，有待进一步研究。

（五）现有对华人移民跨国经营的研究主要集中于发达国家地区，而对于在发展中国家的华人移民经济研究仍有待深入

跨国经营作为一种因国际移民而产生的社会现象，是学界讨论的热点话题，这尤其以美国的社会学界研究最具有代表性。关于国际移民在侨居国的自我雇佣或自主创业这两种经济适应方式，在学界具有典型性的对族裔企业家研究当中，有社会学家如波那西奇（Bonacich）、莫代尔（Modell）和莱特（Light）等最早提出了"中间人少数族裔"以及"少数族裔经济"概念，❶用以指在美国的一些族裔移民自我雇佣并经营企业的现象。接着波特斯（Portes）等学者发展了这些理论，提出了"聚居区族裔经济"（the ethnic enclave economy）概念，这一概念包含了文化性和结构性两个层面，既有经营方式和经济活动的多元，又受制于族裔性的凝聚力和强化的信任。在周敏对少数族裔经济理论的研究当中，她提到"聚居区族裔经济"这一概念与"族裔经济"相比，范围更窄更独特，因此必须具备五个条件：相当大比例的创业者和企业家；服务对象不局限于本族裔；经济活动多元程度高；共同族裔性和文化价值观为互动基础；特定区域。

后来，周敏在研究美国的唐人街华裔以及其他亚裔移民时运用了该理论，认为美国华人聚居区族裔经济的出现为在陌生的社会文化环境中的中国移民适应当地社会环境并引导其最终融入美国主流社会起了积极的推动作用。❷ 近年来，该概念还不断被应用于中国的外来移民研究，如刘云刚和陈跃通过案例剖析揭示新时期在华日本移民族裔经济的基本特征及其社会经济影响。李志刚和杜枫以中国

---

❶ Bonacich E. and Johan Modell. *The Economic Basis of Ethnic Solidarity: Small Business in the Japanese-American Community* ［M］. Berkeley: University of California Press.1980.

    Light, Ivan. *Ethnic Enterprise in American: Business and Welfare among Chinese, Japanese, and Blacks*［M］. Berkeley: University of California Press.1972.

❷ Zhou, Min and Susan S. Kim. Community Forces, Social Capital, and Educational Achievement: The Case of Supplementary Education in the Chinese and Korean Immigrant Communities ［J］. *Harvard Educational Review*,2006, 76(1):1-29.

典型非洲人族裔经济区——广州"巧克力城"为载体，揭示跨国商贸者跨越国界展开的商贸活动，进而推动地方重构的历史进程。许涛通过对广州地区的非洲族裔聚居区的形成、类型和特征探讨，针对其存在的问题对相关管理部门提供管理启发。周雯婷和刘云刚探讨上海古北地区日本人聚居区族裔经济的形成背景和特征，得出其形成的原因和社会经济影响。

随着跨国主义理论的深入发展，关于少数族裔经济的研究转向了跨国型少数族裔经济的研究，但其大都是建立在以输入国为美国、新加坡、加拿大等国基础之上的相关国际移民研究。比如周敏和刘宏的研究结果显示：个人、社团、祖籍国和移居国实际上并不是单方面地影响着海外华人的跨国活动及其与祖籍国的互动关系，他们的互动关系还受到国家关系和地缘政治等宏观因素的制约。林小华和李佳明从移民经济适应行为的角度出发，对加拿大移民群体特征及其所面临的机会进行了分析阐述，并提出一个移民自主创业的分析模型，即四种区分模式：族裔经济、一般企业、海归企业和跨国创业。Kariv 等人的研究发现，跨国的网络对于在加拿大的华裔、意大利裔、犹太裔、印度和印度锡克教徒、越南裔移民的企业的销售业绩有着重要的正面影响。❶ 黎相宜和周敏在借鉴跨国主义理论基础上，基于美国福州移民两栖消费的个案研究中试图建立"消费的社会价值兑现"的分析框架来解释国家移民跨越国境的两栖消费现象。

以前的研究文献中还有"两栖创业"和"两栖海归"的说法，这些词一般指的是中国海外移民（如中国留学生）并不一定长期驻守国内，不需要完全回国，而是流动于中国和国外之间，把国外先进的管理经验、理论和高新技术等同步输入中国国内。他们有的还在国外大型公司工作或任职，他们依托在国外的技术在国内创办企业。然而，本研究所指的跨国企业家的范畴不是前人研究中常常涉及的具有高新技术或高知识文化身份的精英（如海外留学生），也不是已经功成名就的"华商"，而是来自中国东南沿海地区侨乡的无高新技术和低教育背景的"草根"经营者。目前学术界对他们的情况所知不多，因此，本研究将有助于当

---

❶ Kariv, D., T.V.Menzies, G.A. Brenner, and L.J.Filion. Transnational Networking and Business Performance: Ethnic Entrepreneurs in Canda［J］. *Entrepeneurship & Regional Development* ,2009,21(3):239-264.

前国内外学术界对华人跨国经营的讨论。

总的来说，由于大多数学者以发达国家为研究对象，因而这些理论的假设或前提是移民由于受到移居国主流社会的排斥或歧视，少数族裔不得已选择创业或者自我雇佣，移民者通过从事本地人不愿从事的工作，从事主流经济所轻视或忽略但存在潜在需求的工作以寻求自身生存之道。因此，少数族裔经济变成了"被动的生存策略""激烈的竞争""微薄的盈利空间"和"有限的发展"的代名词。❶学界在对跨国经营进行研究时并没有充分考虑到以发展中国家作为移民输入国的情形，而这种情况在诸如非洲这样的发展中国家面临着新的挑战。

四、研究内容与框架

本项研究主要讨论侨乡新移民在非洲的跨国经营的形成与其产生的影响。本研究共分十章，分为以下六个部分（图0-1）：

第一部分为研究综述与问题的提出，主要是"绪论"部分。该部分主要描述了本研究的背景与研究意义，介绍了本研究的研究方法和关键概念界定，并对前人相关的研究做了一个详细梳理。

第二部分为国际移民理论回顾，主要是本文的第一章。西方的国际移民理论为本研究提供了理论基础，这些理论有推拉理论、新古典经济学理论、新移民经济学理论、二元劳动力市场理论、世界体系理论、社会网络理论、跨国主义理论和循环流动理论。本章对当前西方国际移民理论中较少提及的且是在非洲跨国经营中有很强解释力的循环流动理论做了重点介绍。

第三部分是侨乡新移民在非洲跨国经营的概况介绍，主要是本文的第二章。文章分移民规模与构成、移民输出地与输入地分布、跨国经营的类别、用工模式等四个方面来介绍。

第四部分为本研究的主体部分，主要探讨侨乡新移民在非洲跨国经营的形

❶ Drori,I., B.Hongig, and M.Wright. Transnational Entrepreneurship: An Emergent Field of Study［J］. *Entrepreneurship Theory and Practice*, 2009,33(5):1001-1022.

成，包括第三章、第四章、第五章与第六章。第三章类似于一个总的概括，以一个前往阿尔及利亚经营的个案来探讨跨国经营的产生机制，从跨国经营者的个人特征、输出地的条件和输入地的条件三个方面来讨论跨国经营的产生机制。跨国企业家就是那些游走于祖籍国和移民国之间并在两（多）国之间开展跨国创业活动的人，他们不太依赖一个地方的资源及网络来成就他们企业的成功，而是通过全球流动性的资源。本研究还发现，跨国经营的投资来源于由国外寄回来的侨汇，而在这个资金筹措过程中，侨乡的互惠互利和建立于道德基础上的强制性信任起到了重要的作用。

第四章描述的是社会网络对于跨国经营的作用研究，发现侨乡社会网络对移民海外经营而言是一把双刃剑：它的积极作用体现于为移民海外经营提供创业信息、创业路径依赖、资金、劳动力和创业安全与保障等。同样，侨乡社会网络让跨国投资的门槛降低，华人经营的层次难以提升；移民通过侨乡社会网络大量涌入同质性行业，重复投资导致经营利润严重下滑；华人内部恶性竞争甚至导致华人的人身安全问题；过分依赖华人社会网络，华人融入当地社会的程度较低，导致了一定程度的族群矛盾。

第五章以浙江某中非商会为例，旨在对其在中国人非洲跨国经营的作用进行探析。本章认为，跨国商会的工作内容涉及信息咨询协调服务、中非交流合作、谋划产业园区、非洲专业技术人才培养等内容。跨国商会在企业代言、合作的摆渡、矛盾调节、民间外交、提升中国科学技术和文化传播等方面发挥了重要作用，有利于改变在非洲经营的华商盲目投资、单打独斗的局面，无论对于华商个人或政府层面，都具有极大的积极意义。

第六章讨论的是侨乡移民非洲经营的资金来源问题。侨乡有着十分成熟的民间借贷机制，通过这个机制，侨汇可以被聚集成投往非洲的大额的民间资本。另外，侨乡去非洲投资的资金还来源于一些从欧洲回流的移民。本章则重点以一个从欧洲回流后又前往非洲进行跨国经营的移民为例，讨论来自欧美地区的侨汇如何又被二次征集转投非洲的过程，以期望得到更为完整的非洲中国新移民跨国经营的资金支持机制的认识。

第五部分探讨侨乡新移民在非洲跨国经营的影响，主要包括第七章和第八章。跨国经营的影响可以从很多方面来讨论，受研究篇幅所限，本研究只讨论了两个方面，即第七章讨论非洲跨国经营的回流现象。我们选择福建福清侨乡地区的移民为研究对象，从归国侨民的社会经济及生活环境外生宏观结构性因素，和家庭期望转变及文化归属等内生个体因素相结合，综合分析了非洲的海外侨民是缘何选择归国的。研究发现，海外侨民的归国是以自身为主体的角度出发，在宏观结构和微观因素的共同影响下，做出回流的理性选择，而它们选择判断的理性标准就是物质满足与精神舒适的最合理化，以寻求更加稳定的发展。

第八章认为在"一带一路"倡议的背景下，侨乡前往发展中国家的移民规模将不断增加。"失依儿童"则是这种新的流迁模式对移民输出地的发展产生的负面影响。本章以社会生态系统理论为理论视角，以侨乡"失依儿童"的现实需求为切入点，分析侨乡"失依儿童"帮扶机制的构建。侨乡"失依儿童"帮扶机制主要存在以下特点：（1）微观系统上，家庭对"失依儿童"的支持存在基础性缺位；（2）中观系统上，学校老师和朋辈群体对"失依儿童"的帮扶未能突出实效；（3）宏观系统上，社会相关部门对"失依儿童"群体的救助政策较为单一。因此，建构联动多元的帮扶机制，使微观系统、中观系统和宏观系统三者之间形成体系化的社会救助网络，是侨乡"失依儿童"救助模式的发展趋势。

第六部分为对策部分，即第九章，主要收集了本项研究的成果中有被上级部门采纳的建言，内容涉及"管理华人在非洲的跨国经营，坚实中非关系""重视非洲侨领作用，促进中国与非洲中小国家合作""以让·平参选加蓬总统为契机，进一步深化中非交流交往""侨乡跨国企业家精神的重塑与弘扬""华二代在移入国政治影响力愈加明显，值得重视""'一带一路'下侨乡'失依儿童'精准帮扶"等。

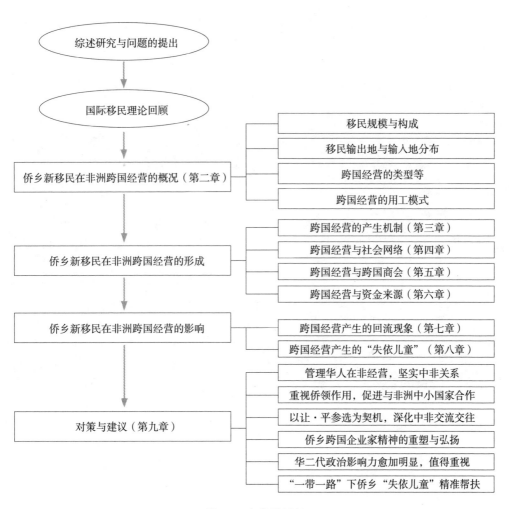

图 0-1 本书的框架

第一章 国际移民理论的回顾

本项研究以西方国际移民理论为指导。本章将介绍西方学界广泛流行的国际移民理论。莱温斯坦（Ravenstein）在 19 世纪 80 年代发表的《移民的规律》是最早可考究到的国际移民研究。迄今为止，关于国际移民的理论研究逐渐展现出多元且相互促进、相互融合的局面。各个学者从不同的理论视角切入展开分析，使人们对国际移民行为有了更加立体的印象和丰富的理解。尽管国际移民活动的相关研究在不断丰富和加深，但却还没有一个一般理论能够称得上是包罗万象，也没有哪个国际移民理论能够独立存在或置身于其他理论之外。就像一些研究者所说的那样，这些理论针对现下各种变化的复杂移民现象有其研究者取向和分析侧重，既有其优势，却也存在不足。

目前针对已有的移民理论，许多的学者从不同的视角出发进行整理归纳。在以纵向为轴的研究当中，Massey 等研究者按其主张观点，主要将国际移民理论分为移民相关的自我延续理论和关乎移民产生理论，有关于移民的自我延续理论包括了移民系统理论、机构理论、累积因果理论和社会网络理论，有关移民产生的理论则包括世界体系理论、新移民经济学理论、双重劳动力市场理论和新古典经济学理论。尽管 Massey 等研究者按照上述的分类对纷繁复杂的国际移民理论作出系统性的整理和总结，但仍受到不同立场学者的批判，认为其分类未对移民理论之间的一定独立性和关联互补性进行分析，而过于简单武断。❶ 在对已有的移

---

❶ Hagen-Zanker, J. Why do People Migrate? A Review of the Theoretical Literature［J］. Working Paper of Maastricht Graduate School of Governance.2008.

　Stephen, C. and M. J. Miller. *The Age of Migration: International Population Movements in the Modern World* (4th eds.)［M］. New York and London: The Guilford Press.2008.

民理论进行梳理和总结当中，有学者按宏观、中层和微观的角度进行分析，❶其中属于宏观的移民理论包括有世界体系理论、移民系统理论、双重劳动力市场理论和新古典经济理论宏观视角等；属于中层的移民理论有新移民经济学理论、网络理论、累积因果理论、制度理论和社会资本理论等；属于微观层面的移民理论包含有社会系统理论、新古典经济学的微观视角、推拉理论等。由此可见，关于国际移民的理论因其考量角度不同而与其他学科多有交织，其名各异，难以众口一词。本章就本项课题研究的需要，对一些有关国际移民理论较为成熟的典型进行简单描述，并就目前学界较少讨论的循环流动理论做了重点介绍。

第一节　推拉理论

推拉理论最早可追溯到 19 世纪末现代移民研究的奠基人莱温斯坦对移民规律的一般性研究，并据此提出了著名的人口迁移七大定律。七大定律是莱温斯坦对人口迁移的迁移机制、迁移结构、空间特征三种研究领域进行的总结，具体包括经济律、城乡律、性别律、年龄律、距离律、递进律和双向律。其中经济律当中的为了改善和提高生活质量而做出的迁移行为更是一语道出人口迁移动力之精髓，❷在后来学者的研究当中或多或少都有迹可循。作为人口流动动力模型当中最为朴素的理论，1983 年赫伯尔第一次对推拉理论进行系统性的总结，该理论指出造成人口迁移的原因在于输出地与输入地之间推力或拉力因素相互作用的结果。但其也因偏重个人主义和偏重理性主义，忽视外部强制因素等的不足而受到的批评。后来，Stouffer 等学者提出"中间机会"概念，❸用以指代推拉模型当中的第三因素，即除了吸引力和排斥力之外的中间变量，继而丰富和发展了推拉理论。

接着艾弗雷特·李将迁入地和迁出地之间的障碍因素纳入推拉模型的解释框架内，首次在《人口流动理论》中提出"中间障碍"的概念，即影响人口迁移的

❶ Faist, T.The Crucial Meso-Level. In G. B. T. Hammer, K. Tamas and T. Faist. (eds.). *International Migration, Immobility and Development*［M］. Oxford:Berg Publishers.1997.

❷ Ravenstein, E. G. The Laws of Migration［J］. *Journal of the Royal Statistical Society*,1889, (3): 241-301.

❸ Lee, E. S. A Theory of Migration［J］. *Demography*,1966, 3(1): 47-57.

要素有如下四方面：（1）迁出地的因素；（2）迁入地的因素；（3）中间障碍因素；（4）个人因素。"中间障碍"因素包括有就业机会、政治自由、生活水平和收入等。而所有因素又可划分为三类：将人们推出某一区域的负因素；将人们拉入某一区域的正因素；以及将正、负因素相互抵消的平衡力量的中性因素。当迁出地推力总和大于拉力总和，迁入地拉力总和大于推力总和时，人口迁移活动便产生了，人口迁移活动的发生正是以上四种因素共同作用的结果。推拉理论中的模型是一个具有弹性的框架，能让研究者发挥所长进行不断探索填充，因而长久以来仍受到各方学者的青睐。❶

第二节　新古典经济学理论

拉里·萨斯塔于 1962 年提出了新古典经济学理论，该理论又分为微观和宏观理论两方面，❷旨在以经济学的视角来探析移民活动产生的动因。新古典经济学理论将经济学当中的供需关系引入人口迁移模型当中，认为人口迁移是地区之间劳动力供需不平衡而进行调整的结果，既将宏观结构的制约纳入考量，又结合了微观个人因素。该理论主要通过探讨人口迁移两地的收入差距来解释为何会产生移民活动，❸当人口从低收入地区流向高收入地区进而达到两地区之间收入差距的逐渐缩小甚至是平衡状态时，移民活动就会趋于迟缓甚至停滞。因而从政府的立场上来看，对劳动力市场的控制是影响人口迁移的有效手段和方式。

以微观层面来看待新古典经济学理论则侧重于迁移者本身的成本效益计算，强调通过最小的成本创造利益最大化，移民活动是一种理性选择的结果。迁移本

❶ 李明欢 . 20 世纪西方国际移民理论［J］. 厦门大学学报 (哲学社会科学版)，2000，（4）.

❷ Massey , D. S., Joaquin Arango, Graeme Hugo, Ali Kouaouci, Adela Pellegrino and E. Taylor .Theories of International Migration: A Review and Appraisal［J］. *Population and Development Review*,1993, 19(3): 431-446.

❸ Lewis , W. A. Economic Development with Unlimited Supplies of Labor［J］. *The Manchester School of Economic and Social Studies*,1954, 22(1):139-191.

Harris,J. and M. Todaro. Migration, Unemployment and Development: A Two-Sector Analysis［J］.*American Economic Review*, 1970,40(2): 126-142.

身可以视为一种投资行为，需要承担迁移、找工作的费用，适应迁入地的文化环境和教育再投入等。当迁移的预设结果通过理性预估和计算达到大于预期之外的收益时，迁移活动便产生了。美国发展经济学家托达罗在1970年提出的"托达罗模型"便是据此基础上形成的，预期收入差距便是该模型的理论前提假设。该理论着重于经济学方面的考量也因其存在的不足受到后来学者的批评。收入差距是影响移民的因素之一，但却并非唯一因素，该理论忽视了政治因素、文化因素等非经济因素对于人口迁移的影响。❶新古典经济学理论的出现意味着国际移民理论的发展上升到了新高度，但其后暴露出的不足和遭遇的困境也揭示了当代国际移民现象的新变化和更大发展空间。

第三节　新移民经济学理论

新移民经济学理论是在新古典经济学理论和批判"托达罗模型"基础上发展而来，新迁移经济学派代表人物有奥迪·斯塔克、爱德华·泰勒等。虽然同样都将人口迁移作为理性选择的结果，但造成移民的原因不再局限于迁入地与迁出地之间的"绝对收入"差距，而是在同参照群体进行对比过后所可能产生的"相对剥夺感"，这一点从斯塔克对墨西哥进行的经验研究中可以看出。新移民经济学理论不拘泥于国家之间所存在的收入差距对移民产生的决定性影响，无论是否存在收入差距，移民行为都可能发生，可能不发生。❷

该理论将关注点从移民者个体转移到了家庭，追求效益最大化的主体也转向家庭，强调移民行为的产生是由家庭共同决策的结果。❸新移民经济学理论趋于

❶　Spaan, E. Labour Circulation and Socioeconomic Transformation: The Case of East Java Indonesia. The Hague: Netherlands Interdisciplinary Demographic Institute.1999.

❷　Massey , D. S., Joaquin Arango, Graeme Hugo, Ali Kouaouci, Adela Pellegrino and E. Taylor . Theories of International Migration: A Review and Appraisal［J］. *Population and Development Review*,1993, 19(3): 431-446.

❸　Stark, O. Rural-to-Urban Migration in LDCs: A Relative Deprivation Approach［J］. *Economic Development and Cultural Change*, 1984,32(3): 475-486.

Stark, O. and D. Levhari. On Migration and Risk in LDCs［J］. *Economic Development and Cultural Change*,1982, 31(1): 191-196.

开放多元，注重汇款对于移民的重要意义，也关注信息、环境的互动关系和社会经济危机等，收入差异并不构成人口迁移的唯一要素，纳入考量的因素有所增加。因而，家庭作为一个整体在以最小的支出获取最大的收入时，主张发展多元的收入途径，例如将家庭内部的主要劳动力安排出国谋生而其余成员留守于国内。如此，当本地社会经济有所动荡时，另一方就能够以其侨汇的方式降低其风险，增强家庭经济活动的稳定性。除此之外，来自发展中国家的移民家庭的压力也来源于其本国亟待完善的社会保障制度、不稳定的劳动力市场、不发达的信贷市场和资本市场等。因而从政府的角度来看，能够通过建立完善的社会保障体系、健全劳动力市场和改善信贷及资本市场来达到对国际移民的控制。在移民者迁出后对其所在社区产生的后续社会心理影响也是该理论的关注所在。当家庭由于迁移行动而带来收入差距的拉大时会形成一种不平等，社区人们以此为参照就会产生相对剥夺感，而做出迁移决策的推力正是这种相对剥夺感。❶聚焦于输出国一方的移民动因和较为狭窄的应用范围却也是新移民经济学理论的局限性所在。

第四节　二元劳动力市场理论

以迈克尔·皮奥雷为代表的以发达国家劳动力市场结构的研究为基础，着重探讨了移民的起源动因并据此提出了二元劳动力市场理论。皮奥雷认为资本主义经济市场下的工业国家构造了一个二元结构的劳动力市场，在这个市场中存在上层市场和下层市场两种不同的分层。拥有高薪资、高福利和稳定工作及环境的条件即为上层市场；而下层市场情况则与此相反，指的是低薪酬、低福利和较为恶劣的工作环境等。当本国的劳动力排斥从事下层市场中的工作时，下层劳动力市场出现空缺，并且由于生育率、离婚率和女性从业率等情况的变化而导致劳动力

❶ Massey , D. S., Joaquin Arango, Graeme Hugo, Ali Kouaouci, Adela Pellegrino and E. Taylor .Theories of International Migration: A Review and Appraisal [J] . *Population and Development Review*, 1993,19(3): 431-446.

市场萎缩，亟待接收新移民的填补从而使整个市场能够正常运转。对于进入输入国下层劳动力市场的移民而言，其主要目的在于从事经济活动，处于一种游离状态，并未真正融入当地社会，因而其参照的并非上层劳动力市场的收益标准而是输出国的收益水平。在皮奥雷看来无法以正常的市场机制来消除这种结构性的需要，因为以可能诱发结构性通货膨胀为代价的提高薪酬的方式是不可取和不明智的。现实是输入国确实存在需要从事下层工作的劳动力，而本国劳动力从事的意愿不高，因此出现的结构性二元劳动力市场无法避免。❶该理论提出的进步之处在于它使研究者有理由相信，在输入国的失业率居高不下的状况下，外来移民仍然会做出迁移的决定，并且有效驳斥了伴随着移民行动的产生，它对输入国当地社会的就业和收入所造成的负面影响的刻板印象。

虽然二元劳动力市场理论在移民研究当中起到了一定的助益，但其理论也存在着一些不足。亚历杭德罗·波特斯和罗伯特·巴赫在对移民的进一步研究当中，于1985年提出了"三重市场需求理论"，即在上层劳动力市场和下层劳动力市场之外还存在着一个"移民族群聚居区"。三重市场需求理论认为，由移民族群发展而来的经济圈对于输出地人群有着特殊的吸引力。一方面，需要吸纳新的劳动力以增强经济圈的竞争力和维持正常运转；另一方面来看，身处于族群经济圈的企业家代表更为突出，成为借鉴成功的例子，推动着移民行为的延续。❷此后，有在美华裔学者以美国唐人街的移民族群为研究对象，为第三重劳动力市场的存在和作用提供了经验证明。❸有学者也通过这种方式去探索华裔融入当地主流社会的途径。❹三重市场需求理论在二元劳动力市场理论的基础之上增添了新

❶ Massey, D. S., Joaquin Arango, Graeme Hugo, Ali Kouaouci, Adela Pellegrino and E. Taylor. Theories of International Migration: A Review and Appraisal［J］. *Population and Development Review*,1993, 19(3): 431-446.

❷ 李明欢. 20世纪西方国际移民理论［J］. 厦门大学学报(哲学社会科学版), 2000,（4）.

❸ Kwong, Peter. Forbidden Workers: *Illegal Chinese Immigrants and American Labor*［M］. New York: New Press.1997.

❹ Zhou, Min. Chinatown: *The Socioeconomic Potential of an Urban Enclave*［M］. Philadelphia, Pa.: Temple University Press.1992.

的关注元素，开辟了研究新的天地，两种理论都有其值得借鉴之处，但对其不足也应该有深刻的认识。

第五节　世界体系理论

随着资本、技术、信息、商品等要素在全球化扩张下的流动，有学者将人口迁移与世界体系相联系，不单单将引发移民的动因探究放在收入差距、市场需求等原因上。现代世界体系学说于 1974 年由伊曼纽尔·沃勒斯坦首次提出。在此基础上，以萨斯凯·萨森等学者为代表提出的世界体系理论认为，移民行为的产生需要从国家宏观角度进行深入分析，市场经济全球化的结果是人口国际迁移。世界体系理论提出的背景是由于殖民历史而发展形成的世界国家和资本主义市场两者都具备的二元结构。其中一方是以欧美等为代表的资本主义发达国家及地区；另一方是以发展中国家为代表的经济薄弱地区。之所以会发生移民现象，是由于发达的资本主义国家及市场向薄弱的发展中国家进行盘剥、压榨而导致的，❶这也是二元结构下的国家与国家之间联系的桥梁纽带。

世界体系理论从国家宏观角度去看待国际移民，并揭示了其现象的本质，即核心国家通过资本主义生产和消费方式不断渗透到边缘国家的经济当中，边缘国家被迫裹挟入整个世界资本主义市场体系当中，并在此过程中产生了国际移民。在看待非法移民问题上时，该理论就颇具有说服力。每当资本主义发达的核心国家在控诉发展中国家的管制不严时，却忽略了其自身存在的问题和责任，❷正是这种冲突所导致的失序给非法移民提供了机会和喘息的空间。因而从该理论上来看，政府若是要对国际移民进行管理控制，首当其冲的便是以有效的行政管理手

---

❶　Sassen, S. *The Mobility of Labor and Capital: A Study in International Investment and Labor Flow*［M］. Cambridge: Cambridge University Press.1988.

❷　林胜．非法移民：一个世界性难题［J］．人口与经济，2002，（6）.

段对连接本国和国外的经济活动予以监管和引导。❶ 世界体系理论在解释殖民历史中国家间的移民具有一定的优势，但这也是其理论局限性所在，移民不再只是从边缘国家向核心国家的单线流动，南-南国际人口迁移等层出不穷的移民新现象也不断给该理论造成冲击。

第六节　社会网络理论

移民网络理论是道格拉斯·梅西等人在 1987 年提出的，主要是以布迪厄和科尔曼的社会资本理论为基础发展而来的。移民网络指的是任何与移民者迁移活动产生的联系，对象主体是具有迁移意向的人群。其中联系起移民网络的内在关联为血缘、地缘、情缘、乡缘等。有学者认为正是活跃的移民活动促使移民网络的形成，当移民者在输出地与输入地的人群建立了联系，在不断的循环往复当中会形成一个网络，而人们在该网络当中会降低原有迁移动因的影响，因而政府对待移民潮会出现失控现象。❷

移民网络对于移民的积极影响出于两方面因素考量：移民成本和移民风险。就移民成本而言，移民者可以通过已经建立起的移民网络来寻求各方面的帮助，即利用已有的社会网络资源，这能够有效降低成本。早期移民者并不具备这种优势条件，但正因为有他们的开创，这种资源的累积才成为可能。就移民风险而言，移民行为必将要求要有异国他乡谋生的本领、寻求情感支持的需要、满足基本生活等，而在移民网络当中大大提升了这些需要被满足的可能性，这使得移民后所要面临的困难有所减少。基于移民网络的种种益处，潜在的移民者总会想方

---

❶ Massey , D. S., Joaquin Arango, Graeme Hugo, Ali Kouaouci, Adela Pellegrino and E. Taylor . Theories of International Migration: A Review and Appraisal［J］. *Population and Development Review*,1993, 19(3): 431-446.

❷ Hugo, G. J. Village-communities, Village Norms, and Ethnic and Social Networks: A Review of Evidence from the Third World. In G. F. DeJong and R. W. Gardner. (eds.), *Migration Decision Making: Multidisciplinary Approaches to Microlevel Studies in Developed and Developing Countries*［M］. New York: Pergamon Press.1981.

设法去拓展，寻求更多的资源帮助，从而不断降低风险。

从移民的纵向上看，后来的移民者在决定进行移民时已经具备现实条件可参考进输入国已有的移民群体所创造的社会环境，颇有前人种树后人乘凉的意思在其中。而因果关系说认为这种前后关联使得移民达到自我延续，这也正是移民累积因果理论的重大发现之处。❶该理论注重移民产生的连锁反应，但其中也暗含着网络理论的内容。在移民的累积因果理论当中，认为正是通过不断的移民资源累积而推动网络的扩展，在此过程中，具有移民意愿的人群会寻求联系来为即将作出的决定增加可行性和降低成本与风险。当建立联系过后，该网络会拥有更多的信息和资本，当无数的结点串联起来，移民网络就会随着移民者的增加而逐渐累积，创造出更大的吸引力。移民的累积因果理论的可取之处在于：不同情况下的移民现象区别对待，坚持其具有的不同特征，而不是等同起来。注重移民行为的累积作用，即注重移民网络的影响。但不能否认理论存在的不足：认为网络能够不断地扩张而没有考虑到网络的边界问题，换言之，忽视了社会结构的限制因素。例如，有学者在以福建非法移民为对象的研究当中就提出移民网络拓展所受到的限制，而非无限增长。❷因而累积因果理论虽有其适用性，却也因具体情形而异。

第七节　跨国主义理论

当下时兴的跨国主义理论是 20 世纪 90 年代以来学界用以探讨全球化现象而提出的理论，也被用来研究移民现象。Schiller 等学者通过研究认为，当代的跨国移民不再像之前与输出国割裂开来那样，而是仍保持着许多联系，因而用"跨国

---

❶ Myrdal, Gunnar. *Rich Lands and Poor*［M］. New York: Harper and Row.1957.

❷ Lin，Sheng and Trent Bax. *Changes in Irregular Emigration: A Field Report from Fuzhou*［J］. International Migration, 2012,50(2):99-112.

主义"来指代移民所建立起的跨越国界的社会场。❶全球化现象催生了跨国主义的诞生和发展，与自上而下和自下而上的两类全球化类型相对应的，跨国主义也分为自上而下和自下而上。❷前者是以政府或企业等组织为主体的上层跨国主义，后者则是以移民者个体为主体底层跨国主义。而以 Portes 为代表的学者认为以个体为主的底层跨国主义是进行跨国主义研究的关注重点，有其独特的价值。因此有学者用"是一种宽广的类型，用来指联接移民和其家乡或其他离散地的人或组织的一系列的实践或制度"来对"移民跨国主义"做出界定。

跨国主义理论在对待移民研究上不再拘泥于传统的研究理路，而是大胆突破以往理论所划出的边界，跨越了民族国家等限制建立起一个全新的观察视角。由跨国移民活动所产生的跨国社会空间模糊了不同国家或民族之间的界限，在该理论视角下，"跨国移民"正在逐渐取代"国际移民"成为更加契合实际的概念。跨国主义在讨论跨国认同这个重要议题时认为，随着移民行为的产生，移民者个人身上具备多重社会身份，身份的认同也逐步脱离传统限制，由一种向多种发展。因而跨越移民的身份建构不仅发生在一个国家内，而是具备多元身份的共同组成。❸❹

跨国主义理论迎合当下移民研究的需要而迸发强大的生命力，但同样也具有不足之处。跨国主义隐含着移民在输出国与输入国之间的联系，因而不能以一种新的理论来对待。❺有学者将它应用于部分移民研究，认为其理论同样无法以偏

❶ Linda Green Basch, Nina Glick-Schiller, Cristina Szanton Blanc .Nations Unbound: Transnational Projects, Postcolonial Predicaments and Deterritorialized Nation States. Langhorne, PA: Cordon and Breach.1994.

❷ Vertovec,S. *Transnationalism*［M］. Routledge: Oxon and New York.2009.

❸ Nina Glick Schiller, Linda Basch, and Cristina Szanton Blanc. From Immigrant to Transmigrant: Theorizing Transnational Migration［J］. *Anthropological Quarterly*,1995, (1):48-63.

❹ Ong, A. *Flexible Citizenship: The Cultural Logics of Transnationality*［M］. Duke University Press. 1999.

❺ Foner, N. What's New about transnationalism? New York Immigrants Today and at the Turn of the Century［J］. *Diaspora*, 1997,(6):355-275.

概全。❶ 而且学界对该理论的框架、概念、范围等尚且无法达成一个公认的界定，所以理论本身亟待完善。❷

第八节　循环流动理论

在进行国际移民研究当中应用到的循环流动理论指的是移民者出于谋生需要而在输入国与输出国之间的来回流动。而这种人口循环流动的现象实际上在诸如欧盟、东南亚、非洲等地理和文化相近的国家之间十分普遍。在早期，当移民者回到输出地时，研究者便将其视为行为活动的终止而忽视其可能存在的循环现象。有学者或忽略，或将其循环流动的移民活动归入其他类型的研究，❸ 因而该理论的应用在早期并不十分广泛。直到 20 世纪末 21 世纪初，循环流动理论才在解释国际移民现象的研究当中受到广泛关注和使用，特别是在发展中国家间的移民现象研究。

在循环流动理论的发展过程中出现了非永久迁移、暂时迁移、❹ 钟摆移民、❺ 重复移民等概念，❻ 每个概念因研究者价值立场不同而有其独特的含义。Hugo 曾在研究中指出，当下国际移民研究在使用循环流动理论时，相关的数据、定义、现象使研究的视野层次与循环流动的复杂性难以对等适应。而现有的理论在界定理

---

❶ Dahinden, J. Are We All Transnationals Now? Network Transnationalism and Transnational Subjectivity: The Differing Impacts of Globalization on the Inhabitants of a Small Swiss City［J］. *Ethnic and Racial Studies*, 2009,32(8):1365-1386.

❷ 潮龙起. 移民史研究中的跨国主义理论［J］. 史学理论研究，2007，（3）.

❸ Newland, K. Circular Migration and Human Development. Human Development Research Paper(HDRP) Series, (42). Munich Personal REPEC Archive(MPRA),Munich.2009.

❹ 朱宇. 国外对非永久性迁移的研究及其对我国流动人口问题的启示［J］. 人口研究，2004，（3）.

❺ Iglicka, K. Mechanisms of Migration from Poland before and during the Transition Period［J］. *Journal of Ethnic and Migration Studies*,2000, 26(1):61-73.

❻ Amelie F. Constant, Klaus F. Zimmermann. Circular and Repeat Migr-ation: Counts of Exits and Years Away from the Host Country［J］. *Population Research and Policy Review*,2011, 30 (4):495-515.

论概念时多少带有偏向性，还未形成一个学界公认的理论框架，因而循环流动的界定就成了首要的问题。循环流动并未将移民回到输出地的行为当作是移民活动的结束，而是强调流回过后的下一次流出，即一种循环往复的过程。学界中，Fargues 在研究中以六个方面来定义循环迁移的概念。Newland 也从四个维度来进行过界定：（1）空间的维度，即地理距离差别；（2）暂时的维度，即侨居时长；（3）交互的维度，即循环往复的次数；（4）发展的维度，即对迁移者和两地的益处。❶

该理论关注的迁移过程并非是一种新现象，理论的关注和出现时间也不长。在上文的推拉理论、新古典经济学移民理论、新移民经济理论、二元劳动力市场理论等理论发展当中皆有迹象可循。而循环流动理论也正是在与其他理论的交织借鉴中得到长足的发展。

1. 推拉理论与循环流动。

虽然早期的移民理论只将移民看成是一个单一的、永久的迁移事件，但类似于循环流动的思想已经初见端倪。莱温斯坦作为现代人口迁移理论起点的学者，第一次预言到迁移活动会根据其社会人口学的特征、空间和时间等因素的改变而改变，因此他和后来的学者能提出了著名的推拉理论。虽然他并没有着重于不同迁移形式的比较研究，但他指出那些每年一次往返于伦敦和肯特郡（Kent)或萨里（Surrey)的采摘工人的季节性迁移行为，这些人并没有意图永久性地改变他们的居住地，只是定期往返于两地之间。莱温斯坦意识到了循环流动作为一种不同于其他迁移类型的迁移形式而独立存在，这算是现在我们称之为"循环流动"的比较早的论述了。更为重要的是，他鉴于 19 世纪末前往美国的欧洲移民中有近四分之一的人又重新返回欧洲的家乡生活的事实，提出了迁移流和反迁移流的概念，认为一种外出的迁移潮一般会产生一种补偿性的逆迁移流，以达到这个区域

❶ Newland, K. Circular Migration and Human Development. Human Development Research Paper(HDRP) Series, (42). Munich Personal REPEC Archive(MPRA),Munich.2009.

的全面平衡。❶ 这从迁移机制上解释了形成循环流动的原因，开辟了循环流动研究一个很好的开端。然而遗憾的是，莱温斯坦所关注到的循环流动的模式并没有得后面研究者的足够重视，这种忽略表现在新古典经济学移民理论中特别明显。

2. 新古典经济学移民理论、新移民经济学理论与循环流动。

新古典经济学移民理论主要是根据输出、输入两地之间的收入差距以及迁移者期待在目的地可以获得更高的收入来解释移民发生的机制。❷ 换句话说，如果当迁移者错误地评估在目的地的预期收入，或者是输出和输入两地的收入差距减少甚至相同时，移民将停止并产生回流，否则迁移者将会永久地待在目的国。可见，新古典经济学移民理论更愿意将迁移只看成是一次性的、永久的过程，一旦迁移者获得成功，他们会被认为带着他们的家庭一起到新的居住地。这样，迁移就是切断原有的与输出地的联系并打造新的联系的过程。❸

然而这种认识在新移民经济学理论上得到了突破。该理论学派利用人类学和社会学的方法，将移民行为与迁移者所属的社区联系，而不是如新古典经济学移民理论那样的过分关注输出地与输入地的收入差距或者是迁移者的成本—效益核算。新移民经济学理论在重视社区的视角下，首次将移民看成是家庭的而不是个人的策略。该理论认为家庭为了规避生产、收入方面的风险，将一个或多个家庭成员送到国外的劳动力市场去，以达到家庭预期利益的最大化。❹ 对于新古典经

❶ Ravenstein, E. G. , "The Laws of Migration" ［J］. *Journal of the Royal Statistical Society*, Vol.48, No.3, 1885, pp. 167-227.

❷ Lewis , W. A., "Economic Development with Unlimited Supplies of Labor" ［J］. *The Manchester School of Economic and Social Studies*, Vol.22, No.1,1954,pp.139-191; Harris, J. and M. Todaro., "Migration, Unemployment and Development: A Two-Sector Analysis" ［J］. *American Economic Review*, Vol.40,No.2,1970,pp.126-142.

❸ Massey, D. S., Joaquin Arango, Graeme Hugo, Ali Kouaouci, Adela Pellegrino and E. Taylor, "Theories of International Migration: A Review and Appraisal" ［J］. *Population and Development Review*, Vol.19, No.3,1993, pp.431-446.

❹ Stark, O. and D. Levhari., "On Migration and Risk in LDCs" ［J］. *Economic Development and Cultural Change*, Vol.31,No.1,1982,pp.191-196; Stark, O.. *The Migration of Labour* ［M］. Cambridge: Basil Blackwell,1991.

济学移民理论来说，移民为了获得经济收益的最大化而进行永久移民；而对于新移民经济学理论来说，迁移者只是想在移民输入国挣钱，然后回家享受生活或寄钱回去花，以摆脱他们一开始在输出社区相对低下或被剥夺（deprived）的状态。换句话来说，对于新古典经济学移民理论来说，只有对移民预期收入做了错误估算的"失败者"才会选择回流；而新移民经济学理论刚更愿意将回流行为塑造成一个个"成功人士"的故事，一旦迁移者获得他们的预期收入的目的，就会选择回国。因此新移民经济学理论实质上认为迁移行为并非以永久地移入他国就结束了，相反则认为移民应该是暂时的。

新移民经济学理论虽然没有专门提出循环流动这种模式，但因为注重以家庭作为分析迁移的单位，为解释循环流动提供了一个很好的视角。在重视家庭的视角下，迁移不仅仅只是一个人口输出的简单的、单向过程，还是一个围绕着家庭整体利益和家庭联系的复杂的、多向的过程。比如，家庭可以根据其整体的利益不断调整其家庭成员的移民策略，依据不同的形势将其成员派往不同的国家，以此来最大化家庭整体的收入，并避免有可能带来的风险和冲击。此外，新移民经济学理论所关注的相对剥夺感（sense of relative deprivation）认为外出移民会寄回大量的汇款在本社区用于炫耀性消费（conspicuous consumption)，这也强调了迁移者即使在迁出后其行为价值取向的参照群体还是输出地，迁出者保持着与家乡的紧密联系，特别是当他们发现自己很难融入目的国的生活时。因而这些都暗示着迁移者往返于输入地和输出地之间频繁流动的可能。

3．二元劳动力市场理论与循环流动。

同新移民经济学理论一样，二元劳动力市场理论重视从输出地的角度来分析移民的发生。二元劳动力市场理论主要从迁入地劳动力市场的结构特征来解释迁移的起源问题，认为人口迁移主要是因为迁入地发达工业社会对劳动力的结构性需求而产生的。[1] 根据二元劳动力市场理论，在发达的工业化社会同时存在着两

---

❶ Massey, D. S., Joaquin Arango, Graeme Hugo, Ali Kouaouci, Adela Pellegrino and E. Taylor. "Theories of International Migration: A Review and Appraisal"［J］. *Population and Development Review*, Vol.19, No.3,1993, pp.431-446.

种互相分割的劳动力市场，因为外来的迁移者以相对落后的迁出地的工资水平为参照，所以迁入地低工资、低保障的工作岗位对他们而言不仅是可以接受的，而且还是他们获取收入以改善其在迁出地生活水平和社会地位的重要手段，这又恰恰满足了工业化社会的劳动力市场对暂时性劳动力的内在需求。❶ 此外，这些移民即使在目的国获得身份，但其实也是为了更好地在目的国挣钱，获得身份对迁移者来说不是为了移民或在目的国永久地居住下去，而是为了更好地在目的国挣钱，因此这样看来即使迁移者移民了也必然会产生回流。

4. 世界体系理论与循环流动。

世界体系理论宏观地透过国与国之间的相互关系来分析移民的产生，强调世界政治经济的不平衡发展规律对国际移民的作用，认为国际移民源于资本主义全球化、殖民主义、战争和地区间政治经济的不平衡发展。❷ 这样的视角被后来的许多学者借用来分析国际移民的产生。❸ 事实上，世界体系理论对理解循环流动同样具有积极的意义：该理论认为，移民回流仅通过迁移者个人的经历或特殊迁移动机来进行分析是不够的，而应该看到国与国关系、世界政治经济状况，以及移民政策与法律等更为宏观的、社会制度性的因素对循环流动产生的作用。就国与国的关系来说，局部国家内的贸易自由和开放市场不仅提高了该地区内的经济活动，而且也促进了该地区内人口的跨境循环流动；❹ 就移民输入国来说，发达国家的移民政策并非一成不变，而是根据其政治经济需要而不断调整，因此移民的进程经常会被打断而产生循环流动，比如国际金融危机爆发后发达国家调整了其

---

❶ 朱宇 . 国外对非永久性迁移的研究及其对我国流动人口问题的启示［J］. 人口研究，2004，（3）.

❷ Sassen, S.. *The Mobility of Labor and Capital: A Study in International Investment and Labor Flow*［M］. Cambridge: Cambridge University Press,1988.

❸ 李明欢 . 欧盟国家移民政策与中国新移民［J］. 厦门大学学报 (哲学社会科学版)，2001，（4）.
　　林胜 . 非法移民：一个世界性难题［J］. 人口与经济，2002，（6）.

❹ Cassarino, J.. "Theorising Return Migration: The Conceptual Approach to Return Migrants Revisited"［J］. *International Journal on Multicultural Societies*, Vol.6, No.2, 2004, pp.253-279.

移民政策从而导致了发展中国家的移民回流；❶ 就移民输出国的研究也发现，移民输出国政府建立国家机构或准国家机构，出于其政治、经济和安全等考虑，借助各种政治和经济手段来影响他们在国外的侨民社区或团体，这些制度化的关系"重建了迁移者与其输出国的联系纽带"，❷ 从而对移民回流或循环流动产生影响。

5. 移民网络理论和循环流动。

如果说上述的国际移民理论还只能说明回流现象，而并没有真正地触及循环流动的话，那么移民网络理论和后面将要介绍的跨国主义理论可以说是旗帜鲜明地描述到循环流动并对它进行了深入描述的理论。移民网络理论认为，迁移者是否迁移、怎样迁移、迁往何处，从事何种职业、采取何种迁移模式在很大程度上取决于移民网络。❸ 移民网络理论中强调的各种网络联系就有跨国的联系，而移民网络理论强调的回流者就是跟其原先输入地保持紧密联系的人，这些都是促使循环流动的因素。因此，有学者提出："多亏了移民网络理论和跨国主义理论，回流不再被看成是移民周期的结束，相反，回流只代表着移民中的某一个阶段。" ❹

移民网络理论已经被直接用于解释循环流动。比如米切尔（Mitchell）的研究认为，农村亲属关系和社会的网络对于移民来说形成了无法摆脱的对农村部落社会（输出地）的向心力，促使移民倾向于季节性的迁移（循环流动），而不是

❶ 林胜，朱宇. 国际金融危机背景下福建福清的海外移民活动［J］. 福建师范大学学报（哲学社会科学版），2014，（3）.

❷ Leichtman, M.A.. "Transforming Brain Drain into Capital Gain: Morocco's Changing Relationship with Migration and Remittances"［J］. *The Journal of North African Studies*, Vol.7, No.1, 2002, pp.109-137.

❸ Massey, D. S., Joaquin Arango, Graeme Hugo, Ali Kouaouci, Adela Pellegrino and E. Taylor. "Theories of International Migration: A Review and Appraisal"［J］. *Population and Development Review*, Vol.19, No.3,1993, pp.431-446.

❹ Ibid.

永久地生活于输入地。[1]雨果（Hugo）[2]和勒曼（Lerman）[3]对于印度尼西亚爪哇的循环流动的研究也发现在输出地和输入地之间的联系可归因于社会网络。此外，就累积因果理论来说，也有主张循环流动的因素。该理论提倡每一个迁移行为都通过累积移民资本而为后面的移民创造移民动机，所以移民一旦开始，就很难停止下来，即使回流了也会倾向于再次移民。尽管如此，[4]也有学者指出，社会网络在循环流动模式中如何发挥作用还有待进一步深入探讨。[5]

6．跨国主义的理论与循环流动。

跨国主义和社会网络理论都认为回流并不意味着迁移周期的结束，迁移其实仍在继续，所以跨国主义理论和循环流动之间的关系是十分紧密的。跨国主义的理论内容十分丰富，涵盖面甚广，但与循环流动联系较为密切的主要有以下三个方面。

第一，从跨国活动的场域来看，跨国主义的行动模式是去边界化的，去"地域化"（deterritorization）的特征十分明显，因此移民已经从传统意义上的"固守"在某一国转为"循环"在某些国家之间。当然，跨国主义并不认为一定要通过循环流动来去边界化，但它也不排除循环流动。其实，跨国主义提供的就是移民在移到其他国家后如何将自己以及自己的日常生活跟他们的输出地社会联系在一起。这些联系的方式有很多种，比如汇款、电话、互联网络联系、礼物往来等，但迁移者通过定期的、有序的回国来再融入原迁出地的生活无非是其中最典

---

❶ Mitchell, J.C.. The Causes of Labour Migration, // J.Middleton(ed.)*Black Africa: Its People and Their Culture Today*［M］. New York: MacMillan, 1970, pp.23-37.

❷ Hugo, G.J.. "Circular Migration"［J］. *Bulletin of Indonesian Economic Studies*, Vol.13, No.3, 1977, pp.57-67.

❸ Lerman. C.. "Sex Differential Patterns of Circular Migration: A Case Study of Semarang, Indonesia"［J］. *Peasant Studies*, Vol.10, No.4, 1983, pp.459-476.

❹ Amelie F. Constant and Klaus F. Zimmermann. "Circular and Repeat Migration: Counts of Exits and Years Away from the Host Country"［J］. *Population Research and Policy Review*, Vol.30, No.4, 2011, pp.495-515.

❺ Deshingkar, P. and J. Farrington. *Circular Migration and Multilocational Livelihood Strategies in Rural India*［M］. New Delhi: Oxford University Press, 2009.

型的一种。因此，跨国移民可以是跟家乡经常联系的永久移民，也可以是往返于家乡和输入国的循环流动者（circulator）。

第二，从移民身份认同来说，跨国移民不会放弃输入国和输出国中任何一方的身份，有能力在输出国和输入国之间进行平衡，保持着双重身份或多重身份。这也暗示着跨国移民不可能永久地留在输入地或回流到输出地，而是保持着在两国之间的循环流动。

第三，跨国主义理论特别强调全球化背景下新的信息通讯和交通运输技术的高速发展是导致跨国联系的重要的社会背景，这跟循环流动理论所倡导的观点不谋而合。

循环流动理论可以用在具体分析侨乡海外移民，特别是前往非洲的中国移民循环流动产生的原因，其具体原因如下：

1. 移民是一种家庭策略。

新迁移经济学理论认为，移民决策不是移民个体单独的决定，而是家庭集体决策的结果。结合到侨乡海外移民，这些移民为了达到家庭收益的最大化，不惜牺牲个人的幸福，远渡重洋，甚至通过非法的途径，冒着生命的危险而偷渡出国。这些移民明知国外的环境恶劣、工作艰辛，但他们没有将个人的福祉放在首位，而是时时刻刻想着家庭的整体利益。这种行为被后来的学者称之为"家庭内的利他主义"，❶ 以有别于西方家庭的"个人主义"文化价值观。既然家庭是其移民的动力，可想而知这些移民不管身在何处、各自发展得如何，都会十分关心着留守于家乡的家庭（家族）。

家庭不仅是移民的动力，还是他们迁移的落脚点。二元劳动力市场理论认为海外的劳工移民能进入的只能是技术熟练度要求低、工作报酬低、稳定性差的底层劳动力市场。因此，这些劳工移民如果将在发达国家所挣的钱在输入国花，就会出现前人研究发现的"（移民）待在国外的时间越长，就发现自己越省不下钱"

---

❶ 林胜. 非法移民产生机制的研究［J］. 青年研究，2002，（10）.

现象。❶ 其实，这些移民并不把自己看成是输入国发达社会的一分子，他们的参照标准仍是中国输出地的工资水平。在国外，这些移民一般省吃俭用，尽全力不消费或少消费，而省下来的钱都是为了寄回国内。他们对人民币汇率波动十分关心，❷ 全是因为他们进行的是"国外挣钱，回国花"的模式。

2. 新的信息通信技术的发展和现代交通的便捷。

新的信息通信技术的发展和现代交通的便捷让移民跨越地理空间进行频繁联系和流动成为可能。首先就新的信息通信技术来说，以电话、智能手机（APP 软件）、互联网络为主的技术的发展，显然缩短了移民输出地与输入地在空间或情感上的距离，离开家乡不再是一件特别沉重的事。特别是近几年来随着智能手机的发展，移动 APP 的应用让人们可以便捷地通过手机的软件来聊天和信息交流互动（比如微信好友圈），拉近了国内外的距离。比如，正如我们调查时发现的，海外移民可以通过微信等来直接参与家乡的村官选举，而这在智能手机普及之前是没有的。当家乡发生一些危害公共利益的事件时，这些信息可以迅速通过智能手机在海外传播，并在海外形成一定的合力，对国内的公共决策产生影响。❸ 总之，随着现代通信技术的发展，海外移民并不再是一去而不复返，他们可以实时关注家乡的情况，并与家乡的成员展开密切的联系，这些都使得海外移民的频繁往返成为可能。

就现代交通来说，方便安全且廉价的交通运输系统已经为移民的循环流动创造了条件。在发达便捷的交通运输系统面前，故乡与异乡不再遥远了，只是一张长途机票的距离。笔者注意到侨乡福州被调查者十分关心本地与外国的直航。以前乘坐飞机去往国外，很多需要转到北京、上海、广州或香港等地中转，但近年

---

❶ Lin, Sheng and Trent Bax. "Changes in Irregular Emigration: A Field Report from Fuzhou"［J］. *International Migration*, 2012, Vol.50, No.2，2012，pp.99-112.

❷ 林胜，朱宇. 国际金融危机背景下福建福清的海外移民活动［J］.福建师范大学学报（哲学社会科学版），2014，（3）.

❸ Lin，Sheng and Trent Bax. "A Pollution Incident at a Qiaoxiang Village in China: the Role of Migration in Civic Organization and Political Participation"［J］. *Ethnic and Racial Studies*, Vol.38,No.10, 2015,pp.1741-1759.

来鉴于福州侨乡的优势，福州国际航线网络强劲发展，直航的国家越来越多，交通越来越便捷。

3. 拥有合法的身份且低技术移民的特征。

首先，合法的移民才可以自由地往返于国与国之间。侨乡以前的海外移民很多为非正常移民，然而有研究显示近年来，侨乡海外移民的合法化趋势特征越来越明显。其次，侨乡低教育程度和低技术移民的特征导致移民在输入国融入度不高，从而形成循环流动。低教育程度与低技能的移民会更容易参与到跨国的实践来，因为他们在迁入国处于如少数族裔的中间人地位 (middleman minority) 这样的社会劣势地位，这会迫使他们将其重心放到祖籍国。❶ 相对于高技术移民（skilled labor migration）这类精英移民，侨乡海外移民是非精英移民，他们不易被接收国所接纳，因此融入目的国的难度要大得多。就输入国政府的态度来说，他们会采取很多有效的措施来吸引精英移民获得永久身份并长期居住并工作，而对于非精英移民却施以各种障碍、限制或禁止他们永久居住。而且非精英移民在融入目的国时面临的文化冲突会更明显，融入较困难，因此他们会更为积极地争取、参与到祖籍国的活动中去。

4. 中国族群的特性。

移民过程的循环性与族群的关系是已经被许多研究证明的了，存在于某些族群中。❷ 中国族群也有其自身的特点，导致了循环流动的发生：第一，中国族群的"离散"性。"离散"（Diaspora）一词源于希腊语，原指犹太人和亚美尼亚人被驱逐出家园后那种流离失所的状况。由于该词包含着犹太人以"复兴祖国"为不懈追求的深刻隐喻，❸ 所以该词也被用来说明海外移民群体对故土的依恋之情或

---

❶ Alejandro Portes, William Haller and Luis E. Guarnizo. "Transnational Entrepreneurs: An Alternative Form of Immigrant Economic Adaptation"［J］. *American Sociological Review*, Vol.67, 2002, pp.278-298.

❷ 李明欢 . Diaspora: 定义、分化、聚合与重构［J］. 世界民族，2010，（5）.

❸ 比如 Hugo 对印度尼西亚西爪哇地区异他人（sundanese）的研究，详见 Hugo G.J.. Population Mobility in West Java. Gadjah Mada University Press: Yogyakarta,1978；Mitchell 对非洲某些部落的研究，详见 Mitchell, J.C.. The causes of labour migration. // J. Middleton (ed.). *Black Africa: Its Peoples and Their Cultures Today*［M］. New York: MacMillan, pp.23-37,1970.

忠诚。❶中国海外移民是世界规模最大、历史最为悠久的离散群体之一。虽然远离家乡，但始终想着还乡。中国人与家乡源远流长的联系是深深扎根于群体的意识之中的。正如一个受访的华侨所说："中国人爱国是根深蒂固，你在国内感觉不到，但在国外就可以感觉到了。这是不可动摇的。其他（族群）如黑人呀，一到国外就觉得自己是外国人了，可中国人不管到任何地方，都是中国人，是炎黄子孙，心都在祖国！"

第二，中国族群儒家文化中的"孝道"精神和"光宗耀祖"思想让其具有更强的回乡情结。儒家文化有着两千五百多年的历史，对华人社会的影响是显而易见的。以前有学者针对儒家文化中的"勤俭、好学、诚信、以和为贵"来解释华人移民企业家的成功。❷同理，儒家文化中的"孝道"精神和"光宗耀祖"思想在移民循环流动中起着重要作用。

首先，中国儒家文化强调"百善孝为先"。孝道在家庭里体现的是子女与生俱来的对赡养父母、尊敬长辈应尽的责任和义务。对于海外的移民来说，家都是这些"游子"时时刻刻的牵挂。其次，儒家文化强调的是在群体关系中定义自我，即人的评价标准存在于他人，而不是自我。❸因此，个人会在族群的整体性存在里实现其个体价值，"光宗耀祖"就是其中的一个表现。光宗耀祖的思想让海外移民一旦获得成功，就会产生荣归故里、衣锦还乡的想法。衣锦还乡这种心理在新迁移经济学理论看来是在大多数族群广泛存在的，但因受中国传统儒家文化的影响，中国族群可能会比其他族群具有更强的回乡情结。

5. 中国政府对海外移民关系的重视。

国家可以通过各种方式来影响海外移民与祖籍国的关系。比如，输出国的社会治安、政治、经济状况一直是影响外出移民是否愿意保持与输出国保持密切关

---

❶ Willima Safran. "Diasporas in Modern Societies, Myths of Homeland and Return"［J］. *Diaspora*, Vol.1, No.1, 1991, pp.183-99.

❷ 陈国贲，张齐. 儒家的价值观与新加坡华侨企业家精神［J］. 中华文化论坛，1994，（3）.

❸ 杨国枢，余安邦. 中国人的心理与行为——理论与方法篇［M］. 台北：桂冠图书公司，1993：87-142.

系的重要因素。❶输出国政府可以直接参与并影响其移民与祖籍国的关系。如多米尼加政府积极鼓励其在美国的移民参与国会的选举，认为多米尼加的移民并没有离去，而只是"暂时地在国外"。❷祖籍国还可以在海外离散社会的建立以及移民融入当地社会等方面起重要作用。❸比如，祖籍国政府可以成立一些正式的海外移民机构（diaspora institutions）来对海外离散社会行使权力。在 1970 年的时候，世界上设有海外移民机构的国家不会超过十个，但截至 2014 年，拥有海外移民机构的国家已经上升至 110 个，这些国家大多数是在近十年之内出现海外移民机构的。❹所以祖籍国是有能力通过各种渠道将海外移民纳入其国家管辖的范围的。

中国政府一直十分重视与海外移民的联系。在政治方面，从改革开放一开始就恢复各级侨务机构，将侨务工作放在经济发展日程的重要位置；中国政府还于 1990 年通过了第一部侨务法律《中华人民共和国归侨、侨眷权益保护法》，将侨务工作步入法律轨道；由于海外移民社团在华侨华人与家乡关系方面扮演着重要角色，中国政府通过积极联络海内外的宗族乡亲社团来促使海外移民更有效地参与到跨国的活动中去。❺

在经济方面，海外华侨华人一直是中国经济建设过程中极其重视的力量。中国在 1980 年所设立的四个经济特区均设在海外华侨华人比较集中的祖籍地（广

❶ Guarnizo, Luis E., Arturo I. Sanchez, and Elizabeth M.Roach. "Mistrust, Fragmented Solidarity, and Transnational Migration" [J]. *Ethnic and Racial Studies*, Vol. 22, 1999, pp.367-396.

❷ Itzigsohn, Jose, Carlos Dore, Esther Hernandez, and Obed Vazquez. "Mapping Dominican Transnationalism" [J]. *Ethnic and Racial Studies*, Vol.22, 1999, pp.316-339.

❸ Portes, A. and Zhou M.. "Transnationalism and Development: Mexican and Chinese Immigrant Organizations in the United States" [J]. *Population and Development Review*, Vol.38, No.2, 2012, pp.191-220.

❹ Lee，Jennifer, Jorgen Carling, and Pia Orrenius. "The International Migration Review at 50: Reflecting on Half a Century of International Migration Research and Looking Ahead" [J]. *International Migration Review*, Vol.48,2014,pp. 3-36.

❺ Portes, A. and Zhou M.. "Transnationalism and Development: Mexican and Chinese Immigrant Organizations in the United States" [J]. *Population and Development Review*, Vol.38, No.2, 2012, pp.191-220.

东和福建）。中国政府还经常组织在中国的各种针对海外华人的招商活动，直接
吸引海外华人来中国进行投资，华资已经成为中国吸引外资的主要内容。[1] 政府
这些积极的态度都为中国海外移民循环流动创造了条件。

　　以上虽然讨论的是侨乡的情况，但其实侨乡所反映出来的循环流动的一些因
素也可以被应用于全部的中国国际移民，特别是在诸如去非洲这样发展中国家的
中国国际移民身上更为明显。正如前文所述，迁移者、输入国和输出国都会在循
环流动过程中受益。总之，循环流动作为一种长期被忽略的人口迁移模式应该引
起学界关注。

---

[1] 庄国土.1978 年以来中国政府对华侨华人态度和政策的变化［J］.南洋问题研究，2000，（3）.

第二章 侨乡新移民在非洲跨国经营的概况

第一节 "一带一路"倡议的提出

2013 年 9 月 7 日，习近平主席在访问哈萨克斯坦纳扎尔巴耶夫大学发表的重要演讲中提出用创新合作模式共同建设"丝绸之路经济带"。同年 10 月 3 日，习近平主席在印度尼西亚的国会演讲中倡议共同建设"21 世纪海上丝绸之路"，这便是此后"一带一路"的由来。2015 年的 3 月，为推动相关倡议的落实展开，中国政府制定发布了《推动共建丝绸之路经济带和 21 世纪海上丝绸之路的愿景与行动》，之后在国家领导人进行的国事访问及会议场合中多次出现"一带一路"的相关概念和提议，并不断形成一个较为完整的理论体系和实际推动发展进程。"一带一路"倡议的提出，不仅仅向前追溯历史渊源，赋予其重要的古代历史意义，更是基于复杂多变的时代背景和中国发展格局做出的对未来的展望和期待，从而用时间轴串联起过去和现在的发展脉络，使其一脉相承。它的提出顺延了人类社会大的发展方向，符合历史发展潮流，具有合理性和历史性，使商贸、人文等交流重新在这两条"路"上焕发新的时代生机。

"一带一路"首先由政府官方层面提出，得到了沿线众多国家的积极响应和加入。截至 2020 年 1 月底，中国已经同 138 个国家和 30 个国际组织签署 200 份共建"一带一路"合作文件。从国内来看，它涉及我国 18 个省市、自治区、直辖市，期望带动整合区域的整体力量与对外的衔接，寻求发展的更高层次和广阔市场。它所包含的北线 A、北线 B、中线、南线、中心线中，分别连接起各个国家，特别是以沿途城市为支点架起各种社会资本和资源的流动通道。经过几年的发展时间，"一带一路"已不再局限于某些地理位置的限定和狭义的定义，"一带一路"的发展受益于时代科技通信等有利条件，已由历史上的两大路线形成的环状交流拓展到今日的五条路线交错纵横，途中所涉及的地域辐射影响范围更广、合作内容更丰富、交流更加多元紧密。而各国参与"一带一路"的主体框架是"六廊六路多国多港"，这里的"六廊"即指的是新亚欧大陆桥、中蒙俄、中国—中亚—西亚、中国—中南半岛、中巴、孟中印缅六大国际经济合作走廊。"一带一路"的提出和发展中始终秉持着共商、共享、共建的原则，合作的内容覆盖政策沟通、设施联通、贸易畅通、资金融通、民心相通，简称"五通"，形成一种区域联系常态化的多边对话和互动。这些加入国家和地区的数字背后蕴含的更多是经济机会和经济行为，虽然它的出现和形成与政治存在紧密的关联，但更多的是提倡国家与地区之间共同合作所搭建的平台，具有开放性和包容性。

"一带一路"建设成果主要体现在"五通"这五大方面。

在政策沟通上，以政府为主导的合作对话首先打开了两国双方的市场渠道，使其双方协调利益关系，以政治互动带动市场经济活动机会。我国在迄今为止的积极行动中已与多国多地区达成许多共识，并取得丰硕的成果。这些成果经由双方领导人的频繁互动、会议、论坛、签署文件纲领等方式取得，以政策先行的方式为下一步经济文化等活动指明方向。其中的政策内容涉及经贸投资、税收政策、进出口政策、新能源技术合作等等众多行业、各个领域。

在设施联通上取得的成绩斐然且最为直观，比如巴基斯坦瓜达尔港自由区建设、伊朗大型水利工程、中欧班列开通、增设多条新航线，等等。从 2016 年起至今，与此相关的新闻多达 709 余条且还在不断更新中，每一项信息的传递背后都意味着新的合作项目开展或成果的落成。单单对外承包工程合同金额数据一项，从 2012 年至 2017 年稳步上升，在 2017 年达到最高值 2652.8 亿美元，在七年的时间里合作金额一直保持在 1500 亿至 3000 亿美元范围之间。❶ 而我国在"一带一路"的建设投入过程当中，直接带动创造就业岗位、实现产能输出、外接项目承包，无数经贸和基建投资行为背后拉动了一系列相关产业、相关人员的发展。对于沿线国家而言，无论是修路、造桥还是建坝，都是惠民利民工程。这不仅仅是促成和满足合作方国家在基础建造、民生设施等方面的需求，充分运用领先技术提高发展质量，也是我国科技力量输出的一大体现。

在贸易往来方面，这与中外大小企业、经营者息息相关，前有政策条件的磋商和下放，后有市场的跟进和反馈，在确保贸易畅通前提下，使沿线各国家各地区商路通道保持互通有无。特别是在牵涉跨境经营、跨境交易和跨境运输问题上，政策和经济行为的双管齐下才能够确保民生社会平稳运行，成为维持两边市场正常秩序的有力行为。其中经济贸易内容包含有自然资源、化工设备、农副产品、药材等众多方面，直接体现在双方的经贸总额数据当中。在我国对外直接投资净额和直接投资存量的统计当中可知，2012 年至 2017 年，对外直接投资存量由五千三百余万美元逐年攀升至一亿八千余万美元；同一时间段内，对外直接投资净额由八千七百余万美元到将近两千万美元区间内浮动。❷

在"一带一路"的资金流动供求关系中，最早由国家主席习近平在印尼国会中倡议筹建亚洲基础设施投资银行，并在 2014 年中央财经领导小组第八次会议上发起建立亚洲基础设施投资银行和设立丝路基金。此后，各国多方以银行间合作、设立专项资金投入、发行债券、成立基金、开展融资项目等方式填补了一些国家在发展中遇到的资金问题。在区域经济发展中，这些举措使各国的金融市场更加活跃紧密，提升了区域影响力和地位，且在更加强有力且稳定的经济市场中，更高的安全系数，相对低的商业潜在风险评估，也更加能够吸引投资者的目光和资金的流入，为进一步的提升打下牢固基础。

最后，在"民心相通"版块当中，主要是指以各国优秀文化为主的交流互

---

❶ 中国一带一路网，中国数据 .https://www.yidaiyilu.gov.cn/jcsjpc.html.

❷ Ibid.

动，中华文化在这一过程中得以传播和发扬。主要有近几年声名鹊起的孔子学院、双边教育项目合作、蕴含了中国现代和传统文化元素的活动庆典等，继续实现中华文化大步"走出去"，让世界了解、认识中国，提升中华文化软实力。除了官方合作对话，还少不了民间交流的往来，以科技人才、留学生、医疗团队、志愿者等多元社会角色所组成的众多组织活跃在"一带一路"的建设中，成为一道道亮眼的人文风景，为国家和人民积极传递出友好的声音。

随着我国"一带一路"倡议构想的提出和实施，对外开放格局不断纵深发展，中国与沿线国家在经济、政治、文化等多领域交流合作正如火如荼地展开。"一带一路"符合中国人民发展的长远利益，符合世界人民谋求共同发展的时代主题，也是人类命运共同体的重要体现。

第二节　政策背景与人口构成

中国新移民在非的跨国经营活动享受到了政府政策的红利。20世纪50年代到70年代，中国把亚非拉国家视为反帝、反殖民主义的基本力量，也是中国政府要团结的力量。中非的外交借助援助基础设施而展开，对非洲的援建措施在帮助非洲改善落后面貌的基础上，同时也旨在推动有实力的企业到非洲市场去进行投资，在这一过程中，政府还会给予企业一定的贴息优惠贷款政策上的支持和进出口银行资金上的支持。

20世纪70年代之后，中国对非的援助措施不断地完善与补充，众多企业也成为主力军参与对非援助，获得政府的大力支持。在2006年中非合作论坛上，胡锦涛在开幕式讲话中提到的对非洲的八个具体政策措施中就有设立中非发展基金，支持企业到非洲投资，基金总额逐步达到50亿美元❶。2015年3月，《推动共建丝绸之路经济带和21世纪海上丝绸之路的愿景与行动》推出，非洲国家作为

---

❶　吕冰.胡锦涛在中非合作论坛北京峰会开幕式讲话全文［DB／OL］.http://politics.people.com.cn/GB/1024/4998346.html，2018-9-1.

历史上海上丝绸之路的一个节点，顺利实现了"一带一路"倡议与非洲发展的融合，并且伴随"一带一路"所成立的丝路基金，专门为企业"走出去"提供资金支持，在非发展的企业也享受到了国家的政策福利。❶2015 年约翰内斯堡峰会期间，习近平主席提出了中非合作的"十大行动计划"成为深化中非经贸关系的纲领性文件，双边贸易额截至 2017 年达到 1231.4 亿美元，自此，中国成为非洲第一大贸易国伙伴，为中国企业的入驻和投资奠定了坚实的基础。❷2017 年 5 月，习主席在"一带一路"国际合作论坛上宣布了将向丝路基金追加 1000 亿美元资金，国家开发银行及进出口银行分别出资 2500 亿和 1300 亿等值人民币专项贷款，支持"一带一路"建设。❸新移民在非的跨国经营除了享受到国家政策所带来的资金支持，同时也享受到国家对非援助更深层次的社会福利，能得到非洲政府的支持以及民众的认可，实现在非的长久可持续发展。

在以上有利的社会背景下，自改革开放以来，随着中国同非洲国家在各领域的深入合作与发展，中国新移民的足迹已不再仅仅停留在传统的欧美国家，而是开始前往非洲地区。目前还没有在非洲的中国新移民的人数的确切统计，根据比较权威的说法，全世界的华侨华人已超过 6000 万中，在非洲的华侨华人约有 110 万。❹

在非洲中国人有些是受过高等教育的专业技术人员和知识分子，有些是参加过中国援助非洲活动的专业技术人员（比如医疗或经济领域的合作项目），有些是留学于国外或非洲并选择于非洲从事教育和科学研究的高级知识分子。由于非洲华侨华人移民的种类和动机复杂，周海金在研究当将其分成了三类：一是劳工移民，指的是与中方建筑公司负责的公共建筑工程和大型基础设施建设相关的人口移民；二是创业移民，即对小企业家、商人和投资者的总括；三是过境移民，

❶ 覃博雅，杜雨思，丁国荣. 谈丝路基金如何助力中国企业"走出去"［N］. 人民日报，2017-7-13.

❷ 刘晨，葛顺奇. 中国企业对非洲投资：经济增长与结构变革［J］. 国际经济评论，2018，（5）.

❸ 王小磊. 习近平：中国将向丝路基金新增资金 1000 亿人民币［DB／OL］. https://www.chinacourt.org/article/detail/2017/05/id/2860386.shtml，2017-5-14.

❹ 李新烽. 非洲华侨华人数量研究［J］. 华侨与华人，2012，（1-2）.

包含了各种非正式移民身份及留学生等群体。❶然而，以创业移民的输入来看，在侨乡地区输出的在非洲经营的人口，基本上属于来自农村的、并非有一技之长的淘金者。

以前有关侨乡海外移民的形象基本上是劳工移民，特别是前往非洲的华侨华人由于历史、政策等原因成为劳务输出人员，而非以经营者（或自我雇佣者）的身份迁移。然而现在，在有一些侨乡地区，人们凭借着其丰富的资金资源、互帮互助的社会网络以及敢闯敢拼的精神，喊出了"宁做创业狼，不做打工狗"的口号。

在非洲创业的侨乡移民群体大致可以分为两大部分：（1）来自社会底层移民群体；（2）从西方等发达国家回来并辗转到非洲淘金的群体。从创业目的上看，来自底层的移民群体为了讨生活而远赴他乡创业，多从事入门门槛较低的超市生意或者小商品批发等；对于有一定经济基础的移民而言，他们更看中非洲丰富的林木、矿产等资源。相对于劳工移民，跨国经营移民的经济实力更强，涉及的领域更广。正如庄国土、张晶盈在对中国新移民的类型和分布进行梳理时所认为的，与老移民相比，新移民在出国动机、教育程度、经济状况、职业等方面具有较为明显的差异；其移民的动机在于在异域开拓经营，新移民当中占有较大比例的商贩本身也具有一定的社会资本和资产，即使是来自社会底层的移民群体，也并非真正的一穷二白。❷

第三节　输出地与输入地分布以及人口规模

从新移民的输出地来看，主要集中在中国沿海省份，其中，广东、福建、浙江在很长一段时期都是主要移民输出地。但近年来随着"一带一路"的推进，新移民的来源地呈现多元化特点，北京、上海、天津、湖北、山东、江西等省市也

❶ 周海金.非洲华侨华人生存状况及其与当地族群关系［J］.东南亚研究，2014，（1）.

❷ 庄国土，张晶盈.中国新移民的类型和分布［J］.社会科学，2012，（12）.

续表

陆续有移民输出。因此新移民输出地从地域上的路径看先是来自广东、福建的居多，后来浙江、江苏输出逐渐增多，再然后来自东北老工业基地国企调整后的重新创业新移民，虽然福建与浙江仍然是前往非洲的跨国移民的主要输出地且所占比重较大，但后来的新移民不乏来自全国各地，由区域上的集中流动变得分散。❶

根据南非侨社统计，目前在南非的华侨华人约 30 万人，其中福建的移民约 10 万人，而福清市人所占比例最多，约为 7 万人。除了像从福建这样的直接移民非洲的情况，还有一部分移民是从欧洲国家如法国、意大利、德国等转到非洲的"再移民"，这些人以温州人为主。根据《世界华商发展报告 2018》发布的内容来看，温商近年来由欧洲向非洲的"二次移民"始于 2002 年，随着贸易额的迅猛上升，温州资本开始大量进入非洲。例如，早先在意大利经营达十余年的温州移民直接从意大利转到非洲，或再比如子承父业的，这些移民在欧美等发达国家完成学业后再到非洲继承家业的。❷ 还有由于中国新移民所带来的压力从定居在佛得角迁移到莫桑比克和安哥拉的中国移民，即存在一部分移民是直接从非洲的一个国家移民到另一个国家的情况。

从输入地来看，华侨华人遍布非洲各个国家，有学者按华侨华人的人口规模总数划分为四类。

第一类是人数超过 10 万的，目前人数最多且分布比较集中的国家是南非，截至 2013 年约有 30 万人的规模。其次是安哥拉，截至 2012 年约有 26 万人，是非洲华侨华人增长最快的国家。第三名为尼日利亚，截至 2012 年约有 18 万。以上三个国家是华侨华人最集中的地区，人数约占非洲华侨华人总数的四分之三。

第二类国家包括毛里求斯、马达加斯加、加纳、坦桑尼亚、刚果（金）和留尼汪岛，其华侨华人数量都在 3 万～5 万之间，这六国华侨华人人口总数达到 24 万。尼日利亚、苏丹、阿尔及利亚等国华侨华人也已过万，这些移民也基本属于

❶ 李安山．中国新移民再议：以非洲为例［J］．亚非研究，2018，（1）．

❷ 同上。

新移民群体。❶

第三类是华侨华人人数在一千人到一万人的国家，有赞比亚、阿尔及利亚、津巴布韦、埃塞俄比亚、埃及、肯尼亚、莫桑比克、乌干达等 13 国，粗略估计华侨华人人数在 5 万～10 万之间。❷

第四类是人数不超过一千的国家，主要集中在西非地区，分布在二十多个国家，总数约 1.5 万人。

据估算，截至 2012 年底，在非华侨华人人数多达 110 万左右，且短期的空间分布不会产生太大变化，主要集中分布在非洲南部地区。也有认为 2017 年在非洲的华侨华人人数总量可能不会超过 100 万人，但随着中非经贸合作的深入开展，人数也在持续增长。著名学者李安山对输入地的华侨华人人数进行过统计（如表 2-1）。关于输入地的华侨华人人口规模数量因其概念界定难、数量统计难和管理组织难一直未有准确的数据，以上的数据是综合各方得出的保守估算，因而学界对此也是稍有歧义，未有准确定论。

表 2-1　非洲国家（地区）华侨华人人数统计（1968—2017 年）❸

（单位：人）

国家（地区）	1968 年	1975 年	1984 年	1990 年	1996 年	2001 年	2003 年	2004-2017 年
阿尔及利亚					200	2000		20000
安哥拉	500	550	250	250	300	500		20000～40000
贝宁	32				100			4000
博茨瓦纳		25	45	25	300	40		3000～10000
布基纳法索							20 余	1000
布隆迪								150
中非								300
吉布提								无具体数字
赤道几内亚					388			300
喀麦隆	18	10	10	10	407	50		1000～7000

❶ 李鹏涛.中非关系的发展与非洲中国新移民［J］.华侨华人历史研究，2010，（4）.

❷ 徐薇.华侨华人在非洲的困境与前景展望［J］.东南亚研究，2014，（1）.

❸ 李安山.中国新移民再议：以非洲为例［J］.亚非研究，2018，（1）.

国家 （地区）	1968 年	1975 年	1984 年	1990 年	1996 年	2001 年	2003 年	2004-2017 年
佛得角					50			2000
乍得	20						14	300-500
科摩罗								无具体数字
刚果（布）	1	1			142			7000
刚果（金）	25	160	200	200	200	200		500～10000
科特迪瓦	146	80	180	200	1300	200	35	10000
埃及	20	30	110	110	100	110	2000	6000～10000
厄立特里亚								无具体数字
埃塞俄比亚	55	60	50	55	55	100		3000～5000
冈比亚	15				150		11	无具体数字
加纳	100	320	320	320	700	500	40 余	6000
加蓬	16				30			6000
几内亚					10			5000～8000
几内亚比绍					60			无具体数字
肯尼亚	150	160	145	150	150	190		7000+
莱索托		30	200	500	450	1000	6600	5000
利比里亚	20	150	120	120	120	120		600
利比亚	260	2000	356	356	400	500		3000
卢旺达	15							无具体数字
马达加斯加	8489	11500	13600	14500	27000	30000	2 万余	60000
马拉维	38	50	33	50	40	40	70 余	2000
马里								3000～4000
毛利塔里亚								无具体数字
毛里求斯	23300	27400	30716	30700	40000	40000	30000	30000+
摩洛哥	15	15	20	20	20			无具体数字
莫桑比克	3500	5000	650	200	600	700		1500
纳米比亚								5000（40000）
尼日尔	15	15	15	15	22			1000
尼日利亚	1	500	1500	1500	5100	2000		100000
塞内加尔					10		500	2000
塞舌尔		300	650	650	2000			1000
塞拉利昂	10	20	25	20	20	20		400～500
南非	8000	9000	8850	20000	28000	30000	45000	100000～400000
南苏丹								无具体数字
圣多美和普林西比					100		8	100+
索马里								无具体数字
苏丹					45	45		20000～74000

国家（地区）	1968 年	1975 年	1984 年	1990 年	1996 年	2001 年	2003 年	2004-2017 年
斯威士兰			80	90	200	90	1700	300
坦桑尼亚	350	450	500	510	510	600		3000～20000
多哥					112	50		3000
突尼斯								2000
乌干达	75	80	80	80	80	100		5000～10000
赞比亚	70			30	40	150		4000～6000（40000）
津巴布韦	300	660	250		500	300		5300～10000
留尼汪	3000	12000	13400	13400	25000	20000	20000+	25000
加那利群岛					300			10000

第四节 投资和经营的类型

根据商务部编写《中国对外投资合作发展报告》（2016 版）内容显示，近年来中国在非洲的投资领域涵盖面逐渐展开，但仍呈现集中状态。2015 年，中国对非洲的投资领域集中于采矿、建筑、制造，金融及科技服务行业（如图 2-1），仅以上五个行业的投资总量已经达到 285.6 亿美元，占到中国对非投资比例的 82.3%[1]。非洲是资源型国家，有工业化发展的需求，而我国又有一定的工业化发展基础，经济互补性明显，行业分布一定程度上体现了中非合作发展的方向。

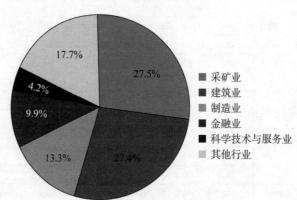

图 2-1:2015 年末中国对非洲投资行业比重

（数据来源：2015 年中国对外直接投资统计公报）

---

❶ 中华人民共和国商务部 . 中国对外投资合作发展报告 (2016)［R］.2016：88-89.

中国在非洲地区投资地域较为集中，地域上的选择也倾向于治安相对较好、制度相对完善的地区：东部分布区域主要在埃塞俄比亚、肯尼亚、坦桑尼亚；在西部地区集中于尼日利亚、加纳等国家，这些国家资源丰富，尤其是矿产，资源依托型的企业就集中在西部非洲这些国家。❶南非经济发展较好，也是中国新移民投资的重要流向地，2015 年末对于非洲国家投资额的排名情况中，南非更是以47.2 亿美元的总额位于中国对非投资的第一位（见图 2-2）。商务部副部长钱克明在回答记者问时也提到，截至 2017 年年底，中国在非投资几乎遍布所有非洲国家，其中对非直接投资流量达 31 亿美元，同比 2003 年增长了近 40 倍，其中民营企业也逐渐成为对非投资重要力量。❷

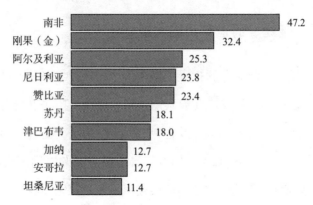

图 2-2　2015 年末中国对非投资金额排名前十位的国家

（数据来源于《2015 年中国对外直接投资统计公报》）

新移民在非洲的经营活动与中国的经济发展状况紧密相关。自改革开放后，进入非洲的新移民多从事纺织、餐饮、矿业等行业；21 世纪始，新移民从事百货、旅游、医疗等私营企业。此外还有不少涉及能源、矿业及基础设施建设等国有企业，比如安哥拉就有近百家国有企业。❸21 世纪初，非洲国家为发展本国基础建

❶　中华人民共和国商务部 . 中国对外投资合作发展报告 (2016)［R］.2016：87-89.

❷　白宇 . 商务部：非洲已成中国对外投资新兴目的地［DB／OL］. 人民网 http://finance.people.com.cn/n1/2018/0828/c1004-30256598.html，2018-8-28.

❸　徐薇，姚橄榄 . 南非华人的历史、现状与文化适应［J］. 广西民族大学学报，2018，(3).

设，制定相关政策鼓励外国来非投资，此举吸引了众多外国企业的入驻。2008 年金融危机的爆发更使得中国取代美国成为非洲国家最大的经贸合作伙伴。例如，截至 2016 年底，中国投资南非的各类企业已超过 300 家，其中大型中资企业达到 160 家，累计投资额已超过 130 亿美元。❶ 以中非发展基金为例，已累计对非 36 个国家投资 46 亿美元，其中项目多达 91 个，预计能够带动中国对非投资效益超过 220 亿美元，领域覆盖农业、基础设施、民生、金融、矿产资源。❷ 总的来说，中国对非洲的投资主要分为三个层面：能源、基建、通信等大型国有企业；实业投资、国际贸易私营企业；从事批发、百货等小型商贩。

一、能源、基建、通信等大型国有企业

基于战略考量，中国对非洲投资了多个大型项目，大多是大型国有企业如中国铁路工程公司、中国水利水电建设集团公司、海信、中兴、华为等，主要以承接大中型资源、能源、通讯、基础设施和工程建设为主。随着中国与非洲在承包工程和劳务合作领域的不断加深和拓宽，目前在非洲的中国国有和私营企业近 1600 家，已发展到涉及石化、交通运输、通讯、水利等国民经济各领域，而不再局限于生产技术含量较低的土木工程项目。❸ 以安哥拉为例，目前，中国已于安哥拉签订工程合同 170 个，分布于安哥拉全国的 17 个省。安哥拉的投资模式也是中国在非洲投资的一个范本。此外，中国在非洲建立了多个经贸合作区，比如赞比亚—中国经贸合作区、尼日利亚奥贡自贸区、毛里求斯晋非经贸合作区等。❹ 虽然中国对非洲的投资因西方的刻意渲染产生了许多负面舆论，但从积极方面来看，中国对非洲基础设施领域的投资还是促进了非洲国家经济的发展，一定程度

---

❶ 徐薇，姚橄榄.南非华人的历史、现状与文化适应［J］.广西民族大学学报，2018，(3).

❷ 白宇.商务部：非洲已成中国对外投资新兴目的地［J/OL］.人民网 http://finance.people.com.cn/n1/2018/0828/c1004-30256598.html，2018-8-28.

❸ 何敏波.非洲中国新移民浅析［J］.八桂侨刊，2009，(3).

❹ 徐薇，姚橄榄.南非华人的历史、现状与文化适应［J］.广西民族大学学报，2018，(3).

上避免了非洲国家经济对能源的过度依赖。❶该部分企业不是本文的研究对象，故不赘述。

二、从事批发、百货等小型商贩

商贩的经营模式是将中国的商品运输到非洲进行销售小商品的贩卖。20世纪末21世纪初，大批华人涌入非洲，白手起家，从摆地摊、开小商铺开始创业，以其灵活的经营手段、实物交易、"一站式"购物等特点形成华人早期从业的一种小规模经商的普遍模式，如今许多华人商城早已是商户林立。有数据显示，30万华侨华人在南非，其中从事批发零售业的华商就占到10万~20万；在津巴布韦的华商有10000多人，其中60%~70%的店铺都是由华商投资的，而这些华商在一开始的资金和规模都较小，是不断积累发展壮大的。❷❸来自国内不同省份的新移民在非洲乡村从事小规模的个体经营活动，规模最大的批发商都集中在南非约翰内斯堡。移民商贩进行贩卖的商品包括鞋子、衣服等日用品，一般是在中国生产，再运输到其所在国家。正如庄晨燕和李阳在对坦桑尼亚华商经营活动进行描述时谈到的，通过对雇员、客户的互动观察来分析华商在坦桑尼亚社会的经济融入，由于政府的限制，该地华商从中国进口生活日用商品再批发给当地零售商赚取中间的利润，利用中国制造业的优势来满足非洲的市场需求。❹

还有一部分商贩是直接在当地华商开的大型批发厂进购货物，这些商品价格实惠，基本符合当地人的消费水平和需求。但近几年也出现当地非洲居民反映中国出售的商品普遍质量低劣、假冒仿造等。例如在坦桑尼亚人们会以"Chino"一词指代中国制造的产品价低质量低；在非洲以"Feng Kong"指代中国进口商品便宜没好货，与欧美、韩国、日本相比，中国制造意味着低档和低廉；甚至埃

❶　李智彪.海外中非经贸关系舆情热点分析［J］.西亚非洲，2015，（6）.

❷　李其荣.在夹缝中求生存和拓展——非洲华商发展的特点及原因［J］.广东社会科学，2013，（2）.

❸　原晶晶.当代非洲华商的发展战略探析［J］.东北师大学报（哲学社会科学版），2011，（2）.

❹　庄晨燕，李阳.融入抑或隔离：坦桑尼亚华商与当地社会日常互动研究［J］.世界民族，2017，（2）.

及商会会长也直言，中国商品存在价格上的优势，但流通在市场上的产品大部分质量不过关。❶ 虽然其中不乏西方媒体蓄意渲染，但不可否认质量问题确实存在，这样的问题值得引起华侨华人的注意。针对目前出现的局面，新老华商都处于转型升级的关键期，关键在于转变观念、实现战略升级，更好地发挥自身在非洲、华人企业和中国之间的桥梁作用。

从创业者接受的文化上看，大部分创业者的文化程度较低。这也间接导致他们难以接触高新技术领域，同时比其他人更加依赖社会网络提供的资源，自身的发展受到局限。因此，整体上侨乡海外移民在非洲创业多投身于小商品、超市等入门门槛较低的生意。移民虽然多来自社会底层，但是他们敢于拼搏，在小生意里找到大商机。侨乡移民敢拼搏、能吃苦耐劳等优秀品质，让他们在非洲创业更容易获得成功。例如，为了挤占安哥拉当地市场，中国移民不仅开店铺，还雇佣廉价劳动力走街串巷推销商品。以下是一个受访者的描述：

"我们卖影碟片，卖我们中国的袜子等小商品，挑着担子走街串巷地去卖，这样的话，销量更大点。店铺还是开着，但是也要雇人走街串巷卖货。"

他们经营时"以一带多"，将同村同宗族或者配偶家庭的亲人带出国，团结一致，共同发展。店铺经营的规模一般根据人手或者资金灵活配置。例如，在非洲的索莱托，福清籍 F 姓商人同两位友人在当地合办超市，三年过后已经扩大规模，开办三家大型超市。随着经营规模的扩大，携带至莱索托创业的宗族亲友也越来越多。短短几年的发展，在莱索托的福清籍商人已经达到两千余人。莱索托八个城市的超市、商场等行业基本被福清商人垄断。他们从事的行业也从超市衍生到餐饮、五金、服饰等方面。在莫桑比克，福清人也渐渐取代湖北、北京人，几年光景几乎垄断当地市场。虽然其他地区华人早于福清商人至莫桑比克开店，但是由于单打独立或者保守经营，商店并没怎么扩张。福清人则团体作战，集中

---

❶ 李其荣，陈志强，谭天星，邵元洲.跨越与转型：国际商务视野下的华侨华人与华商［M］.上海：复旦大学出版社，2015.

家庭或者家族力量，大量店铺席卷而来，以莫桑比克南部首都马普托为"根据点"，建立贸易基地，后又在莫弟的贝拉和楠普拉两大城市内建立贸易点，形成三大贸易基地，垄断马普托的市场。而此时，别的地区华人想要再挤进开店就十分困难。

侨乡移民在创业过程中，除了"以一带多"、团结亲友、同乡共同发展，辛勤经营也是他们在非洲立足的重要原因之一。非洲当地店铺一般打烊比较早，而中国经营者则很晚才歇业，以增加营业额。在调查中，福清籍 H 姓商人表示，他在 2008 年借债 60 万前往南非开店，由于进入南非市场较晚，因此只能在距离约翰内斯堡三十公里的郊区开店。但是通过起早贪黑的辛苦经营，H 商人在两年后债务还清，并开始盈利。不过，随着非洲国家的货币兑换人民币的持续走低，华商们不断涌入市场，超市类的竞争更加激烈，对于福清商人而言，无疑是更大的打击。福清商人为了拓宽市场，甚至敢驻扎进治安环境较差的街区开店，其经营安全也时常受到威胁。

例如，福清 J 镇 F 村 I 先生于 2007 年到南非经商，2016 年 2 月 7 日在南非被黑人抢劫枪杀身亡。被害者家属怀疑是同行或者竞争对手买通黑人杀人。I 生前曾担任开普敦福建同乡会的副会长、同乡会的秘书长、警民中心的秘书长等职务，交往的人员较多且杂，被害者家属怀疑袭击事件背后很有可能涉及商业利益分配等因素，不过，开普敦警方并未为对买凶杀人说做出官方论断。还有在 G 村的 LD 夫妇在 2006 年出国，2008 年在南非被枪杀。而此次案件则坐实是买凶杀人，据凶手的笔录，中国人 LWZ 花 4000 兰特雇佣他杀害 LD 夫妇，同时凶手还抢走店内的 10000 兰特。N 村的 WLJ 于 2011 年在南非经商时候遇害，其妻改嫁，留下一双儿女在国内由年事已高的祖父母抚养。诸如此类袭击中国海外移民案件层出不穷，同时也造成大量"失依儿童"家庭的产生。因此，华商在非洲创业是机遇与风险并存。

三、实业投资、国际贸易等私营企业

商贩是进入非洲的排头兵，实业投资、国际贸易等私营企业则是在非洲经营的升华。与大中型企业相比，这些企业经营行业较为丰富，经营灵活、投入与产出快速等特点。与在能源、通信等领域的国有大中型企业不同，华侨华人经营着私人企业，涉及开采、制造、商贸、房地产、农场等行业。❶除此之外，还有一些移民在非洲做贸易，有国际贸易和国内贸易两种。在非洲从事国际贸易的新移民主要是将中国的商品运输到非洲，再到进行批发。国内贸易则是在非洲本土进行贸易往来。例如，福建福清移民及其家族成员在南非做副食批发贸易，这些移民自己出资购买当地地皮用来建设厂房，雇佣当地人和中国人为其工作，所有商品均在非洲当地生产，如此一步步地将经营做大。但近几年非洲一些国家汇率贬值，一些移民的经营受到影响，便转移到了其他经济形势相对较好的国家。私营企业经营灵活、决策快、成本低，相比大中型企业而言更容易在非洲扎根。又如我们的研究以阿尔及利亚的福清移民为个案探讨非洲中国新移民跨国经营及其形成机制当中谈到的，经营者 LZ 利用国内先进的生产技术、管理方式、机器设备、人才等，再利用非洲廉价的原材料、租地、厂房等，在中阿之间建立起铝合金的生产、加工、销售等系列全套服务，成功进驻市场潜力巨大的非洲市场和扩大了经营范围。❷

目前华人的经营模式以家族企业模式为主，该模式更能给经营者带来安全感和信心，构建起庞大且相对稳定的社会关系支持网络。但也存在决策不科学、缺乏规范的管理体制、任人唯亲、家长式作风、代际承接困难等弊端。因此，从总

---

❶ 李鹏涛.中非关系的发展与非洲中国新移民［J］.华侨华人历史研究，2010,（4）.

❷ 林胜，梁在，朱宇.非洲中国新移民跨国经营及其形成机制——以阿尔及利亚的福清移民为个案［J］.世界民族，2017,（4）.

体发展水平来看，新移民在非洲的私人企业经营尚处于初级阶段，还有诸多华商群体内部普遍性的问题急需解决，比如管理、人才、技术问题等。❶同时，在非的老华侨华人与新移民之间的隔阂亟待打破，增强彼此之间的认同感，熟悉当地民俗与法律，纠正经营中的不良行为。华商经营群体外部也还面临着贸易保护主义、货币汇率不稳定、法制环境薄弱或缺失的干扰及风险。❷此外，新移民在非洲经营还遇到了融资的问题，私营企业规模小，经营的大部分资金多数是从亲戚或朋友处筹借，且承受外部风险能力较差、经营上的不确定不稳定因素较高，如需将企业规模进一步扩大，原始融资方式往往不能解决问题。再加上非洲融资环境不佳，存在小额信贷利率高、担保要求高、银行系统不完善、审计账目管理等问题，中国政府又缺乏相应的政策支持，而国内的金融机构不愿承担海外资产监管风险等问题无法为中小型民营企业提供融资或担保，不少私营企业主因无法继续经营而选择关门回国。

第五节　非洲中国中小民营企业用工模式

一、非洲中国中小民营企业的多元化用工模式

本文试以一个在安哥拉经营的温州商人 Z 先生为例来说明在非洲的中国中小民营企业用工的特点。温商 Z 先生，现年 60 岁，系欧洲回流移民。2015 年初，Z 先生在安哥拉开办了建材厂和碎石厂，当年便收回投资并实现赢利，巨大的市场潜力让他决定扩大投资。2016 年初，斥资在安哥拉某省开采某矿山。❸经过近

❶ 李智彪 . 海外中非经贸关系舆情热点分析 [J] . 西亚非洲，2015，（6）.

❷ 李安山 . 非洲成为中国新移民重要流向地 [J] . 中国社会科学报，2014，（1）.

❸ 钻石是安哥拉第二大矿产资源，仅次于石油，总储量约 10 亿克拉，其中，50% 属于宝石级钻石，2017 年钻石产量为 943.9 万克拉，创造收入 11.05 亿美元，占该国 GDP 的 1%。

一年的筹备，矿山于2017年上半年投产。建材厂与矿山相距近四百公里，车程八九个小时（注：安哥拉路况较差）。建材厂由儿子小Z和外甥小C管理；矿山由同为外甥女婿的老R和老J管理。两家企业的员工构成如下表：

表2-2 Z先生企业的员工构成

类别		人数	简单描述
核心管理人员 （含Z本人）		6	儿子小Z：33岁，未婚，大学，团队中唯一学过葡语的人 外甥小C：35岁，初中，曾在欧洲帮Z先生打理生意 外甥媳小M：33岁，高中，小C的爱人，负责财务 外甥女婿老R：37岁，小学，Z先生三姐的女婿 外甥女婿老J：49岁，高中，Z先生大姐的女婿
技术员工	葡萄牙语翻译	1	在安哥拉生活了12年的华人，大学文化，葡萄牙语专业，年薪不低于20万元
	矿山工程师	3	聘自山东、广西和辽宁等地国企矿山，年薪30万元，外加工作签证、人身意外保险、每年回国探亲一次、年终红包等福利
普通员工	建材厂	10	公开招聘或当地华人介绍；包吃，月薪：200美元/月
	矿山	30	矿山附近村民或矿山工人介绍；包吃住，200-300美元/人
总计		50 安方员工：共计40人，占比80%	中方员工：共计10人，占比20%

注：表格内容根据调查资料整理

分析上表可以发现，Z先生企业的员工由三部分组成：以家族成员为核心的管理人员、当地华人和来自中国的专业技术人员、以非洲当地人为主体的普通工人。具体特征如下：

1. 管理人员来自家族内部。

核心管理人员控制企业的管理、生产、销售、财务等关键岗位，成员主要来自家族内部。除直系亲属小Z外，小C、老R、老J三位均是旁系亲属，且都投资30万~100万不等入股钻石矿山，占股2%~5%不等，他们既是企业的管理者，又是矿山的股东。建材厂投资较小，由Z先生独立投资。Z先生承诺月工资不低一万元，保证他们的投资收益，承诺如有亏损将全额退还本金，他们不用承担任何投资风险。非洲工作和生活条件艰苦，投资风险较大，如果不是 Z 先生这样承诺，家族成员不愿意来非洲，更不会投资入股。家族成员全部来自温州，除小 Z 外，其他人不会讲任何一门外语，是典型的温州家族企业的"非洲版本"。

2．技术人员从中国聘请。

矿山工程师高薪聘请于山东、广西和辽宁等地的国有矿山，他们均具有丰富的矿山开采及管理经验，负责矿山安全生产、机器维修和电路维护等工作，吃住均在矿山，确保随叫随到。每人年薪不低于 30 万元，外加工作签证、人身意外保险、每年回国探亲一次的往返机票、年终红包等福利。工程师们并没有像家族成员那样入股矿山，究其原因，可能是温州家族企业的内部关系网络具有较强的排外性，外人很难融入进去，且 Z 先生并不像对家族成员那样对他们承诺保证收益，兜低风险，因此，他们以工资收入为主。Z 先生不懂葡萄牙语，对当地法律法规知之甚少，因此，聘请在当地生活多年的华人担任葡语翻译。翻译人员熟悉当地的风俗习惯和法律法规，能够帮助企业处理与当地工人、附近村民及当地政府的关系。

3．普通工人从当地雇佣。

生产一线的 40 名员工都是安哥拉本地黑人，除建材厂有 4 名女性外，其余均为男性，年龄介于 20～40 岁之间。工人们学历和技能普遍偏低，3 人具有高中学历，22 人为中学或小学文化，5 人是文盲，上岗前经过 10～30 天不等的培训。每月工作 22～24 天，每天工作 8 小时，签订短期劳动合同，由厂矿按当地规定缴纳社会保险。如果加班，则按该国法律规定支付额外加班费。矿工全部是当地华侨华人介绍或老工人推荐来的，确保知根知底，信得过，好管理；没有矿山附近居民，因为管理难度较大。矿山挑选两位技术相对熟练的黑人担任组长，配合老 R 和老 J 管理当地工人，每月多 50 美元组长津贴。工人们全部不会讲汉语和英语，绝大部分讲葡萄牙语，极少数只会讲当地方言。

这两家企业虽然规模不大，但人员构成较为复杂，多元用工特征明显：从员工国籍来看，有中国人、安哥拉本国人和生活在安哥拉的华人；从文化和技能水平看，有文盲（主要是当地人）、中学水平（主要是家族成员）和高级知识分子及高技能人才（矿山工程师和葡萄牙翻译）；家族成员负责管理企业，中国工程师和当地华人翻译掌控企业技术，这两个群体收入较高，而当地工人则处在企业最底层，以体力劳动为主，收入微薄。

二、非洲中小中国民营企业多元用工模式形成原因

1. 家族式管理有利于企业早期开拓非洲市场。

海外华人家族企业的发展可分为创业、发展和社会化三个阶段，❶在非洲的华人私营企业以第一阶段、第一阶段末期或第二阶段初期居多。❷本章案例企业尚处于创业阶段，家族成员跟随 Z 先生一起闯荡非洲，人数虽然不多但是企业股东占据主要管理岗位，家族管理特征十分明显。Z 先生具有丰富的国际移民和跨国经营经验，市场反应敏锐，凭借个人出色的商业头脑及投资眼光，掌控企业的投资和经营活动，处在家族管理成员最核心位置。企业根据家族谱系构建起亲属关系和管理体系，形成家族企业独特的竞争力，这对创业初期、特别是在营商环境较差的非洲，可以有效降低信任成本，大家齐心协力，同舟共济，共同应对各种风险和挑战，对早期创业具有积极意义。家族式管理容易对非家族成员的积极性和稳定性造成影响，非家族成员能否在企业安心工作、能否受到公平的待遇，不仅取决于他们与管理人员的关系、能力能否获得家族企业信任，还要考虑家族成员对他们的包容性，以及企业的治理环境。❸来自中国的技术人员和来自非洲当地的翻译人员是企业的关键少数，掌握企业的技术资源，对企业的生存和发展同样重要。尽管他们很难取得像家族成员之间那样的信任关系，但企业主许以高薪和良好福利，有利于团结他们一起奋斗，保证企业顺利运营。

---

❶ 林勇.东南亚华人私营企业可持续成长的路径选择［J］.东南亚研究，2002，（5）.

❷ 刘伟才.华人私营企业在非洲：问题与对策［J］.上海商学院学报，2011，（1）.

❸ 林民书，岳媛媛.中国家族企业关系网：绩效与特质［J］.河南社会科学，2015，（4）.

2．中非之间技术人才结构性失衡。

非洲国家的劳动力市场存在结构性缺陷，即长期稀缺的技术工人和大量无技术、低技术工人共存；[1]中国与非洲之间的劳动力市场也存在结构性失衡，即中国劳动力成本上升、技术工人过剩与非洲工人价格低廉、技能工人稀缺并存。究其原因，因长期受西方列强殖民，民众受教育程度低，世界上文盲率最高的十个国家，有九个在非洲，文盲率均超过60%，最高的尼日尔达到惊人的84.3%。以安哥拉为例，该国近3000万人口，仅有39所高等教育机构，在校学生15万人，教师2000余人，每年只有约1200名大学毕业生，外加约160名海外毕业大学生。[2]非洲工人普遍缺乏技能，只能从事一些低端体力劳动或辅助性工作，且工作效率十分低下，非洲中国企业开始只能大量从中国雇佣工人。据唐晓阳在刚果（金）的调查发现，随着时间推移，中国员工比例会逐渐减少，成立不足五年的中资企业，中国工人的比例平均为三成；在当地运营五年以上的企业，中国工人的比例下降到17%左右。[3]这说明中资企业需要付出较多的时间和精力对当地劳工进行培训，才能实现当地工人为我所用。非洲当地技能工人数量有限，"物以稀为贵"，工资奇高，甚至超过同水平的中国技术工人。因此，非洲中国企业选择从中国聘请技术人员，实属无奈之举。

三十多年经济高速发展让中国成为"世界工厂"，锻造出技术过硬的产业工人队伍。以矿山工人为例，随着中国经济转型升级步伐加快和对环境保护前所未有的重视，中国政府关停了部分生产效率低下、安全隐患突出、环境污染严重及资源枯竭的中小矿山。据2017年8月原国家安全监管总局发布的《非煤矿山安全生产"十三五"规划》，到2020年将淘汰关闭非煤矿山6000座，使矿山企业规模化、机械化、标准化水平明显提高。[4]《2018年煤炭行业发展年度报告》显示，

---

[1] Johann Maree.Trade in the South Africa Collective Bargaining System in Comparative Perspective［J］.*South Africa Journal of Labour Relations*,Vol.35,No.1,2001,pp.1-37.

[2] 中国商务部，中国驻安哥拉大使馆商务参赞处．国别投资报告（安哥拉）［R］.2018.

[3] 唐晓阳．文化冲突视野中的懒惰与勤奋［J］.文化纵横，2011，（4）.

[4] 中国政府网：http://www.gov.cn/xinwen/2017-08/25/content_5220261.html.

2017年全国有大型煤矿6794座，从业人员271.34万人，到2018年，煤矿数降为5800座，从业人员为268.32万。❶据调查，2016年度中国煤矿工人每月收入不足4000元的占87%，月收入超过4000元的不足两成。❷从国内大型矿业上市公司并在刚果（金）、俄罗斯等国投资矿山的紫金矿业集团2018年度报告推算，该公司职工平均年薪为38000元。据此，中国国内矿山工人收入总体偏低，随着众多矿山关停，还面临转岗之困或失业风险。因此，这从侧面反映出中非之间技术工人存在结构性供需矛盾，只要薪酬合理，就能从国内招聘到愿意去非洲工作的技术人员。

3．中非之间巨大的劳动力成本差。

中非劳动力成本差距悬殊，非洲中小中国民企员工工资加工作签证、年终奖金、人身保险、回国探亲等费用，每人成本折合3万～6万美元；而当地工人月平均工资仅200～300美元，年薪3000～5000美元，至多相当于中国员工的10%～20%。中非劳动力成本比较如下表：

表 2-3　中国工人与非洲工人劳动力成本比较

比较项目	中国工人	非洲工人
工资	10000~25000 元 / 月（约合 2000~5000 美元 / 月）	200~300 美元 / 月
社会保险	按中国标准在国内缴纳	按当地标准缴纳
意外保险	在中国购买国际人身意外伤害保险	在当地购买人身意外伤害保险
探亲福利	一年一次，报销中国 - 安哥拉往返国际机票	无
年终奖	有	无
食宿	免费一日三餐及住宿	免费一日三餐及住宿
加班费	协议标准	日平均工资
工作签证及许可证体检及医疗	报销相关费用	自理
	报销相关费用	自理

注：表格内容根据调查资料而整理

近年来，中国国内人工成本大幅上涨，支撑中国经济三十多年高速增长的人

---

❶　资料来源：http://www.sohu.com/a/300281625_276522.

❷　资料来源：https://www.sohu.com/a/106816303_408639.

口红利已不复存在，而非洲大陆劳动力极为低廉。以埃塞俄比亚为例，人均 GDP 仅 800 美元，换算成人民币，月均不足 450 元，首都地区人均工资也仅在 500～800 元之间；非洲情况稍好点的埃及首都开罗，工人工资也只有 1000～1500 元。世界上最贫穷的 20 个国家，16 个在非洲。安哥拉的贫困率高达 52%，即每两个安哥拉人中就有一人处于全面贫困状态。因此，普通员工雇佣当地工人具有绝对的成本优势，能为企业省去不少劳动力成本。

4. 东道国通过法律、签证等手段控制外国劳工输入。

非洲各国政府为确保外国在本国的投资所创造的就业和经济效应能外溢到本国国民，保护本国民众的劳动就业权益，纷纷制定或完善相关法律法规。通过前面分析得知，非洲不少国家完整承袭西方宗主国的劳动法律制度，法制健全，规定详细，执行严格。通过具体法律规定，如有些国家的法律直接要求外国投资企业必须雇佣相应比例的本国工人，以达到限制外国工人进入本国劳动力市场的目的。如安哥拉早在 2000 年就颁布了《劳工总法》，2015 年颁布了新的《劳动法》，2017 年 3 月 6 日颁布第 43/17 号总统令，规定在安哥拉的企业最多只能聘用 30% 的外国员工，其余必须聘用安哥拉员工，且外国人在安哥拉工作必须获得工作签证。2014 年 5 月 26 日，南非签发了新《入境条例》，规定在南非的外资企业至少有 60% 的员工是南非公民。

在埃及，雇用一名外国工人的同时必须雇佣九个埃及工人。除法律手段之外，一些非洲国家还通过控制劳工签证、工作许可证数量等办法来达到控制外国劳动数量的目的，如在埃塞俄比亚，一家外资企业只能得到两张工作许可，如要增加外方员工则需要提出特别申请；一些国家则通过收紧工作签证的签发条件来控制外国劳工输入数量。

三、对非洲中小中资民营企业多元用工模式的反思

多元用工模式是众多非洲中小中资民营企业综合考量企业自身实际、充分整

合并利用中非两地各自人数资源优势，并遵守东道国法律法规的前提下做出的理性选择和适应策略，客观上有利于企业规避经营风险，降低人工成本，但也存在一些隐忧，应引起高度重视。

1. 家族式管理不利于企业长远发展。

科学规范的企业治理结构和管理制度是企业可持续发展的保障。中小民营企业仍未建立现代企业制度，家族式管理模式较多，以企业创始人为核心，家族成员担任主要的管理者，控制企业的所有权、经营权、决策权、执行权和监督权，企业运行多依靠亲情，"人治"色彩浓厚。

家族企业虽然具有决策高效、创业初期有利于降低信任成本等优势，但随着企业发展，任人唯亲的机制固化了公司的管理理念和经营方式，抑制了非家族成员员工的积极性和创造性。家族企业经营成败的关键取决于家族人力资源的数量多少、质量高低和经营意愿。Z先生企业家族管理团队是众多在非中小中资民营企业的缩影，成员学历偏低，管理知识和国际视野欠缺；外语能力差，无法同非洲员工沟通和交流；相互间争权夺利，钩心斗角。用Z先生的话说："家族中没能力的人都跟着我，有能力的人都在中国发展，不愿意去非洲。哪天我老了，这些人怎么办？"家族成员能力不足的直接后果就是所有事务都必须由企业主亲力亲为并做出决策，权力高度集中，不利于企业的长远发展。Z先生年届六旬，仍长年奋战在条件艰苦的非洲矿山，和工人们吃住在一起，他的身体状况和人身安全是企业最大的投资风险。

比家庭成员能力不足更尴尬的是，非洲中小中资民营面临企业后继无人的窘境，继承人拒绝去非洲接班。非洲恶劣的治安形势和生活环境让人望而却步，近年来大批非洲华人离开非洲就是明证。可以预计，未来几年非洲的整体安全形势不会有大的改观，甚至有恶化的可能。虽然不少中国人选择坚守，但面临较多的风险和不确定性，中小民营企业抵御各种政治和市场风险的能力更弱。年轻一代不愿去非洲冒险，生活在国内的家人整天为他们提心吊胆。Z先生极力说服在欧洲成长起来的儿子前往非洲参与日常事务，着力培养他接班，但小Z接班意愿明显不足，即便小 Z 现在帮父亲打理建材厂，但父辈几十年累积的从商经验、人际关系、风险意识等"隐性资产"短时间内也是很难继承的。

2. 压迫式用工导致族群矛盾和冲突。

在非洲的企业，无论是中国的还是西方的，都存在压迫性的劳动条件，形成压迫式用工。以非洲中小中国民企为例，企业对当地工人的薪水压得过低，工作和生活条件较差，工作时间过长，经常引起劳资纠纷和冲突。加班仿佛是中国企业的一种企业文化，中国工人吃苦耐劳，加班意愿较高，能按照企业要求加班加点，只要给加班费就行；而非洲工人则不同，因长期受西方文化影响，他们具有西方人的一些特点，比如严格按计划工作，要有茶歇、各种假期等，周末一定要去做礼拜或休息，头脑里就没有加班这个概念。当地法律也对加班作出了明确规定，如安哥拉的《劳动法》明确规定工人每周工作时间不得超过 44 小时。一些非洲中小中国民企存在强制加班情况，把国内的生产方式和经营模式带到非洲，对拒绝按照中方管理人员意愿加班或带头反对加班的非洲工人，中国雇主就认为他们不听话，不好管理，想方设法找借口开除或解雇他。被开除或解雇的非洲工人有的组织当地人来企业闹事，有的则寻求当地工会组织帮助或将中资企业告上法庭，而当地法庭偏向于保护本国工人利益。因此，压迫性用工可能会触犯当地法律或引发各种矛盾和冲突。

非洲人被西方殖民统治了几百年，他们生活和工作节奏比较慢，并未把赚钱作为人生的奋斗目标，工作只是一种生活方式。因此，他们在工作时经常无故请假、缺勤，发工资后的几天时间里，先去娱乐消费，把钱花光后再回来上班；没人监督时上班停下来闲聊、观望或做与工作无关的事。一些中国管理人员也因非洲国家和人民暂时贫穷落后而具有优越感，歧视当地工人，对他们颐指气使，有时可能会激化矛盾。一些非洲人也不愿意到中资民营企业工作，他们不理解中国人为什么玩命工作，认为中国工厂经常加班，不遵守当地法律，偷税漏税，污染环境，中国人不尊重当地风俗习惯等，中非人员都对对方表示不屑，形成"双向种族主义"。如果不能及时有效地沟通，就有可能酿成工人罢工、员工冲突、非洲工人破坏机器等恶性事件；如果遇上一些别有用心人的煽风点火，就可能会进一步恶化，造成严重后果。

3．过客式心态忽视非洲员工培养。

中资民营企业进入非洲的时间较晚，自 2000 年中非合作论坛成立以后才开始步入"黄金期"。2008 年世界经济危机以来，受国内"三荒（钱荒、人荒、电荒）两高（高成本、高税收）"问题的制约，大批出口导向型的低附加值企业被迫向外转移，纷纷将自然资源和廉价劳动力丰富、市场潜力巨大的非洲作为替代市场；另一方面，非洲各国工业经济还比较落后，正处在转型发展的关键时期，具有承接中国产业转移的愿望和需求；加之中非合作论坛为中非经贸合作搭建起互利共赢的发展平台。

在多种因素综合作用下，出现了一股中国民营企业对非洲投资的热潮。必须理性地看到，不少投资非洲的中小中国民营企业主具有"赚快钱"的心理，普遍有"在非洲赚几年就回家"的想法，"过客"心态让他们往往选择投资小、见效快、劳动密集、技术含量低的投资项目，如服装厂、开采黄金、钻石矿山等，梦想一夜暴富，希望尽快收回投资，快进快出，较少有深耕非洲、扎根非洲、打持久战的思想。

据一项研究发现，在非经营的中国人愿意入籍非洲国家的极少，以南非和安哥拉这两个中国人最多的国家为例，申请加入南非国籍并获得批准的人很少，在安哥拉经商的中国人中约 87% 的人表示他们肯定要回中国，其他非洲国家的华人大致也是如此。

逐利是资本的天性，原本无可厚非，但如果纯粹以获取利润最大化为目标，必然会导致急功近利。一些中小中资民营企业主为了省钱而忽视对当地员工的培养，不愿投入经费去培训、提高当地员工的技能，不愿资助中、非双方员工去学习对方的语言。

4．难以逾越的语言障碍。

语言是人们交流思想的媒介，是人类最重要的交际工具。非洲是世界上语言最丰富的大陆，受西方殖民统治影响，许多非洲国家沿用殖民者的语言，甚至作为官方语言，其中，南非、津巴布韦、尼日利亚、埃塞俄比亚等 16 个国家通行英语，科特迪瓦、喀麦隆、加蓬、阿尔及利亚、摩洛哥等 23 个国家通行法语，埃及、苏丹等国通行阿拉伯语，安哥拉、莫桑比克等 5 个国家通行葡萄牙语，赤道几内亚通行西班牙语、南非布尔人（荷兰人后裔）通行荷兰语，另外还有一千多种当地方言，语言极为庞杂。来非洲投资的中小中资民营企业家及其带领的管理、技术团队成员绝大部分文化水平中等偏下，语言能力更是一般，极少数人能使用简单的英语交流，而对于法语、葡萄牙语、西班牙语等其他语种几乎一窍不通，同当地人交流只能借助翻译或手语，离开了翻译寸步难行。通过前面的分析得知，非洲当地人因为贫困，受教育程度低，一般只会讲本国官方语言或当地方言，中非人员之间日常交流存在极大的语言障碍，短期之内很难逾越，而很多冲突和矛盾也都是因语言不通造成的。

第三章　侨乡新移民在非洲跨国经营的形成机制

第一节　引言

正如前面的综述与相关理论研究所示，前人研究为我们的研究奠定了良好的基础，但也存在一定的不足。首先，前人研究所指的华人跨国企业家指的是具有高新技术或高知识文化身份的精英，讨论的是在西方发达国家受过教育的专业人士回到中国来并在两（多）国之间创造商业机遇。学术界对来自中国沿海侨乡地区的无高新技术和低教育背景的"草根"移民的跨国经营关注不多。

其次，前人的研究较少考虑到南—南移民（south to south migration）这种模式在少数族裔经济讨论中的理论价值。前人对少数族裔经济（包括华人族裔经济）的研究根据的都是以发达国家为输入国，其理论前提（假设）是少数族裔（包括华人族裔）之所以创业或自我雇佣是因为受到主流社会的排斥或歧视，因此移民为了生存，不得不选择本地人不愿从事的工作或者自己开辟市场，从事主流经济所不愿做或被忽略但有潜在需求的行业。

这样，少数族裔经济就变成了"被动的生存策略""激烈的竞争""微薄的盈利空间"和"有限的发展"的代名词，❶ 然而这些特征在应用于南—南移民时面临

---

❶ Rath,J., and R. Kloosterman. "Outsiders' Business: A Critical Review of Research on Immigrant Entrepreneurship"［J］. *International Migration Review*, Vol.34, No.3, 2000, pp.657-681; Drori,I., B.Hongig and M.Wright. "Transnational Entrepreneurship: An Emergent Field of Study"［J］. *Entrepreneurship Theory and Practice*, Vol.33, No.5, 2009, pp.1001-1022.

着诸多挑战。因此，中国近年来出现于非洲的跨国移民企业家为丰富少数族裔经济理论提供了不可多得的好机会。

第二节　研究个案的介绍

目前关于跨国少数族裔经济的研究，比较多的是来自于个案分析。中国新移民在非洲的跨国经营的门类众多，所经营的产品、区域、营销（服务）对象等也各不相同。本研究以一个前往非洲阿尔及利亚进行跨国经营的福建福清 J 地企业家 LZ 为例来对跨国经营进行阐述。

一、福清 J 地与阿尔及利亚的基本情况

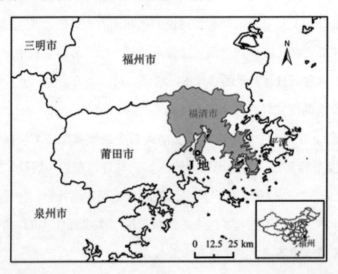

福清是福州的一个县级市，著名的侨乡，位于福建省东部沿海，福州的南翼。J 地位于福清西南部，总人口有 8.3 万人。截至 2012 年，J 地旅外华侨 3.3 万人，76.5% 为新侨。J 地的海外移民遍布世界 55 个国家和地区，主要去非洲、阿根廷和俄罗斯等国，其中旅居人数较多的是南非 8996 人，其次阿根廷 4301 人，俄罗斯 2142 人等。J 地出国的时间相对于福清其他地方来说较晚。不同于福州

（福清）其他地方的移民，J地移民中投资经营者较多，劳工移民较少，经营采矿、自来水厂、服装制鞋、铝塑钢生产、家具、房地产等。总之，J地出国的家庭几乎都有人在海外经营生意。跟福州其他的侨乡一样，这里处处可见一幢幢奢华的"小洋楼"，百万元户在这里已经算不上什么，千万元户约占全镇户数的10%，拥有过亿资产者也不乏其人。

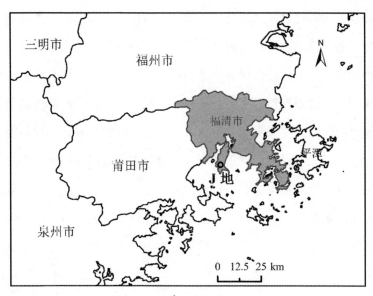

图 3-1 福清 J 地的地理位置

阿尔及利亚位于非洲西北部，北临地中海，东邻突尼斯、利比亚，南与尼日尔、马里和毛里塔尼亚接壤，西与摩洛哥、西撒哈拉交界。阿尔及利亚地多人少，大多数是阿拉伯人，穆斯林人口占99.9%，其首都是阿尔及尔，人口有500多万。阿尔及利亚是非洲国土面积最大的国家，同时也是非洲继尼日利亚、南非、埃及排名第四大的经济体。

阿尔及利亚与中国有着深厚的传统友谊。阿尔及利亚原来为法国的殖民地，新中国政府支持阿尔及利亚人民争取民族独立的武装斗争。1958年阿尔及利亚临时政府成立后，中国即予以承认。由于中国一直有向阿尔及利亚政府提供各种援助，所以中国人在阿尔及利亚的地位很高。

据访谈对象谈到，许多年龄稍微大点的阿尔及利亚老百姓都知道中国的开国领袖"毛泽东",说毛泽东曾经帮他们修铁路，教他们打"游击战"。2005年以前，这里的中国人还不多的时候，如果路上遇到堵车，阿尔及利亚老百姓看到有中国人的车被堵在里面，就会自动让出一条路让中国人的车先过去。2012年，中国建筑公司以价格为1090.5亿阿尔及利亚第纳尔（约合15亿美元）中标阿尔及利亚第三大伊斯兰教清真寺"阿尔及利亚嘉玛大清真寺"项目。该寺将成为非洲高度最高、规模最大的建筑，也将是世界第三大清真寺，多家企业参与竞争。与中国建筑展开激烈角逐的有来自西班牙、意大利、黎巴嫩以及阿尔及利亚当地多家承包商，由于中国标书的综合评分位于第四，所以中方觉得没有希望，心灰意冷都准备回国了。可没想到，后来阿总统布特弗利卡发话，一定要将这个项目交给中国人来做。当时的大使和中建公司负责人接到中标的结果时都觉得很意外。不过，由这个事件可以看得出，阿尔及利亚政府对中国人以及中国企业的信任。事实上，在阿尔及利亚的中国企业很多，但大多是"中"字头的大型国有公司，这些公司承担了阿尔及利亚石油天然气开采或者建筑工程包括铁路、国际机场、政府大楼、高级酒店、学校、医院、监狱等重大国计民生项目。据不完全统计，目前在阿尔及利亚的中国人约在五万以上，大多数是从事石油和建筑的外派的劳工，真正进行投资的华人移民并不多，而这些投资者很多来自福清J地。

二、LZ跨国经营形成的过程

LZ为福清J地人，1966年出生，男性，初中文化。早期时，他和其他的福清移民一样一直想出国打工，因此去过新加坡和迪拜。因为很多福清J地人在非洲经营生意，所以他于2009年4月也决定去阿尔及利亚考察一下商机。当时他就发现，阿尔及利亚的铝型材市场有很大的投资空间。当地人的门窗主要是用木头做的，需求潜力大。当地只有一家大型的铝型厂，尽管其生产的铝型产品质量差，但仍供不应求。中国生产的铝合金质量高，每年约有2万吨出口到阿尔及利亚，但仍满足不了阿尔及利亚国内的需求。看到了市场的前景，对铝型材生产一窍不通的他决定到阿尔及利亚投资办厂。LZ 先是回国联系了国内一个退休的铝型厂厂长，然后说动他跟着自己去阿尔及利亚进行实地考察。这个厂长到实地考察了之后，兴奋地告诉 LZ："这个厂如果能建成，那就是印钞机，而且印的不是人民币，也不是美元，而是欧元！"厂长被拉入他们的团队。接下来过程正如 LZ 所说的，"每一步都是非常艰辛的"。LZ 对阿尔及利亚的法律和语言等一无所知，他就聘请翻译请当地律师。从规划厂房并租地，到建设厂房，回国购买机器和设备并运输出境，安装设备，招聘人员等，每一个环节都充满风险，在探索中前行。终于在 2011 年，经过千辛万苦，铝型厂开始投产。对于长达两年之久的筹备时间，LZ 认为是需要的："从一个想法到现实，需要很多环节。每个环节对我来说都是没有经历过的，会遇到许多问题，但我们的胆量比较大，很多事情都是事在人为！"

该厂建于阿尔及利亚首都阿尔及尔的郊区，占地三万多平方米，前期投资约一亿人民币，生产线由刚刚开始的一条扩大到现在的三条，现在铝型材年产量能达到一万吨。由于办得比较成功，公司于 2014 年又斥资两亿办轧钢厂。轧钢厂还没开始投产，正处于筹建阶段，但该企业目前已经拥有了五个子公司：一个铝合金厂、一个铝合金加工厂、两个贸易（销售）公司（其中一个在国内）和一个钢铁厂。铝合金厂负责铝合金生产和冶炼，铝合金加工厂负责加工制作铝门窗和防盗门等产品，贸易（销售）公司则负责产品销售并在多国之间进出口原材料和机器设备等。就这样，该企业在中国和阿尔及利亚之间建立了铝合金生产、定做加工和销售等一条龙服务。

该企业之所以能成功，在于其经营过程中明显的跨国性。LZ 身上具有双重身份，在国内是一般的出国者（即移民），但在国外算是企业家。持续的与经常性的跨界活动成为 LZ 谋生的重要手段。LZ 每年往返于两国之间四五次，频繁地在亚非两洲之间穿梭来回。他的投资虽然在阿尔及利亚，大部分原材料来自阿尔及利亚，但投资资金筹集源于国内，生产机器设备和技术力量也来自中国。

他频繁往返于中国与阿尔及利亚之间，也正是因为如此，才能为他的经营创造了巨大的利润空间。以原材料为例，由于阿尔及利亚没有"收购""废品"的做法（习惯），所以生产铝合金所用的废铝在阿尔及利亚十分便宜，一吨废铝的收购价格为七八千元人民币，而中国每吨的废铝的价格是 1.1 万 ~ 1.2 万元人民币。原材料中的铝锭，他们也会在阿尔及利亚或者其他国家（比如欧洲国家、俄罗斯、澳大利亚等国）购买，正如 LZ 的助手说的，"反正哪合算我们就去哪买"。另外，生产所用的水、电和柴汽油在阿尔及利亚比中国便宜许多。相对于中国的成本，水和电在阿尔及利亚几乎不要钱。这些国外的优势也为他的生产省下了许多的成本。按 LZ 所说的："水几乎不要钱，我们自己打个水井，差不多一百二十米深，下面的水是抽不完的，而一度电就几分钱。一公升柴油五毛七八人民币，与国内的价格相差近十倍。用人民币三十多元钱就可以将小车的油箱加满。"

经营者 LZ 统筹利用国内外的资源和市场，并将国内外的资源和市场进行合理的配置。就铝型生产与加工来说，中国企业的优势在于其产品的质量，而决定质量的一个重要因素是技术。技术很大程度上是由其生产线上的工人所决定的。LZ 的铝型厂的生产设备与阿尔及利亚的相比并不具有优势。阿尔及利亚在首都有国有铝型厂一家，投资了折合八个亿人民币的资金，其设备全是由日本原装进口的，机器质量很好。但这些设备在不懂得技术的阿尔及利亚工人面前发挥不了其最大的效用，所以该厂生产出来的铝型材并没有比 LZ 铝型厂生产的好。为了应对阿尔及利亚本土工人技术上的瓶颈，LZ 将中国的技术工人带出国外，让他们带着阿尔及利亚本地的工人进行生产，所以 LZ 经常回国的一个主要任务就是四处招募铝型生产方面的高技术工人。

目前，LZ 在阿尔及利亚铝合金厂的中国工人约有 70 人，阿尔及利亚的本土工人有 200 人左右。两国工人在生产过程中的分工不同，劳动力价格也不同。一般中国籍工人的基本工资每个月有八千多元人民币，加上绩效，每个月的收入都有一万元以上，并承诺支付其每人两年一次回国探亲的往返机票。阿尔及利亚的工人每个月所有的工资加起来在 1000 ~ 2000 元人民币。中国工人一般是厂里的技术骨干，负责关键技术操控、攻关，并带领着阿尔及利亚工人进行生产，以保证其产品的质量。尽管 LZ 的工厂生产出来的铝型产品比当地企业生产的产品贵一些，但是受到了阿尔及利亚当地市场的热烈欢迎，产品经常供不应求。正如在阿尔及利亚负责销售的 LZ 的儿子说的："每天厂房外面都是排满了来取货等货的车队。有些经销商甚至为了要我多批给他们一些货，请我吃饭什么的。"

可以看得出，LZ 的经营活动已经被卷入经济全球化的浪潮中。LZ 积极参与其中，周旋于两国各方力量之间，在材料差价、技术力量、销售等企业运作的各个环节小心翼翼地计算，寻找最佳的经营方案。LZ 的经营之所以能够盈利，在于他很好地利用了两个国家或者多个国家之间的资源和市场，而这种条件是固定于一个地域的经营者无法拥有的。

第三节　跨国经营形成的机制

LZ 跨国经营的形成并非偶然，背后有着深刻的机制性因素。本文试从跨国经营者个人特征、输出地的条件和输入国条件三个方面来对跨国经营形成的机制进行分析。

一、跨国经营者的个人特征

1. 已婚的中年男性在跨国经营中具有优势。跨国经营者一般是已婚的男性，这是国外学者对跨国企业家的研究中已经发现的。[1] 本来男性在福州国际移民中的比例就高，而且从传统的性别角色的观点来说，男性会比女性对企业经营更具有兴趣或优势。此外，已婚的中年男性其生活阅历比年轻的移民有更丰富的积淀，对于收益值的期盼更高，所以容易成为跨国经营者。

---

[1] Portes, Alejandro, Guarnizo, Luis Eduardo and Haller, William J.. "Transnational Entrepreneurs: An Alternative Form of Immigrant Economic Adaption" [J]. *American Sociological Review*. Vol.67, No.2, 2002, pp.278-298.

2.跨国经营者比一般的移民更具有敏锐的市场洞察能力。市场机会往往稍纵即逝，只有那些眼光敏锐且果断的人才能迅速地抓住它，清楚地观察形势，准确地判断，发现别人忽略的甚至从没有发现的机会。在出国前，LZ 就在经营方面崭露头角：他在 20 世纪 90 年代跟朋友投资过挖掘机生意赚了钱，后又去江西开加油厂，经营不错后就转卖他人，营利一百余万元钱，这在当时的农村来说已属不易，所以 LZ 有着企业家敏锐的市场洞察力。

3.跨国经营者具有较高的冒险意识。调查中经常听到一句话："太阳能照到的地方就有福清人。"这种性格造就了福清人勇于打拼天下的精神。福清人敢闯爱拼其实是出了名的，不仅体现于出国，而且还体现于投资经营方面。在 LZ 的案例中，很难想象一个普通的中国农民，会斥巨资于一个遥远的、他完全陌生的国度，而且投资的是他完全不懂的领域。另外，阿尔及利亚的治安状况并不好，给他们的人身和财产安全都带来了潜在的风险，但他们并不畏惧。一个受访者谈到阿尔及利亚的治安状况："如果中国人在打电话时，对面有一个小年轻人走过来，而你没有注意到还在打电话，人家会突然抢了你的手机一溜烟跑掉了。所以我在阿尔及利亚买的手机都是很便宜的那种，国内就百来块钱的那种，远远见到有人走过来就赶紧结束通话并将电话放进口袋。"

4.跨国经营者有着多次跨国流动的经历，对异域环境有较强的适应能力和创新能力。如果说跨国经营善于创新，那也是由跨国流动带动的创新。LZ 早期时曾经去过新加坡并尝试通过新加坡去往其他国家。后来他还去迪拜寻找投资机会。很多 J 地人看到迪拜淡水资源较为匮乏，纷纷跑到迪拜去开办淡水加工厂。当时 LZ 也去了，但他觉得已经有太多老乡在做，便不做了。不仅 LZ 有多次的跨国流动经历，细看其家庭成员，也散居于世界各地（见图3-2）。LZ 的弟弟和妹妹都在日本，他的大儿子曾经想去日本。LZ 的小姨子在澳大利亚，他的小儿子就以"留学生"身份去过澳大利亚；LZ 的女儿则跟随着女婿的家族在阿根廷开杂货店，女儿在阿根廷生的孩子则送回中国由 LZ 的妻子和亲家一起照料；现在 LZ 的两个儿子都在阿尔及利亚帮助打理生意。LZ 的家庭俨然是一个国际大家庭，这样的背景为其跨国经营提供了不少人力资本的优势。福州的跨国经营基本上都是以家族式的经营，因此家族成员的跨国流动经历对其经营也有着有利的影响。由于有着多国的流动经历，他们积累了一定的创业信心，对异域的环境有较强的预判和适应能力，更容易懂得如何应对国外的制度约束、克服语言和文化等障碍，并在多个国家之间获得和维持可用的社会资本和网络。

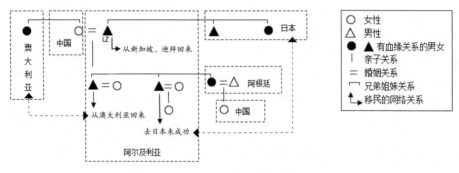

图 3-2　LZ 家庭跨国关系的示意图

　　由于多次出国的经历，LZ 会采取一些灵活的策略来应对经营过程中由于中阿文化制度差异而带来的一些问题，如上述的针对中国和阿尔及利亚工人的不同技能采取不同的分工和薪酬制度。不仅如此，中国工人较为吃苦耐劳，且出国挣钱的目的性明确，所以在轮班时对他们实行了"两班倒"制度（即工人每天工作时间达到 12 小时），而阿尔及利亚工人相对来说比较"懒散"，他们对阿尔及利亚劳动法规定的八小时工作时间的维权意识较强，所以对他们采取的是"三班倒"制。LZ 还会灵活地规避阿尔及利亚法律对其投资活动的约束。比如，鉴于阿尔及利亚政府规定外来投资必须与阿尔及利亚当地企业合作，且阿方所占股份必须超过 51%，LZ 就请了律师经过相关的法律程序，聘请两名阿尔及利亚本土人来挂名担任股东，但事实上他们不占任何股份。还有，阿尔及利亚政府公务职能部门办事效率较低，审批程序烦琐。有一次，LZ 急需阿尔及利亚政府某一部门提供一个文件的复印件，LZ 说："文件明明就放在桌面上，我都看到了，只要办事人员一伸手就可以给我，可对方办事人员懒声懒气地告诉我，明天过来取。这就是他们的办事风格。"所以，LZ 会私下加强跟这些职能部门的联系，平时送一些礼物给政府办事人员，加强和相关的政府公职人员的关系，便于他们在异国他乡顺利经营。

总之，从以上四个方面的分析可以看得出，成年已婚男性、敏锐的市场洞察能力、冒险意识、多次跨国流动的经历构成了跨国企业家的主要特征。拥有这样特征的跨国企业家资源，在有着移民传统的闽浙侨乡，还是相对丰盈的。

二、输出国中国的条件

1. 中国作为输出国宏观的条件。

从宏观来说，中国的有利条件主要体现于国家政策方面和中国生产技术方面。就国家政策来说，中国改革开放经历了从原来的"引进来"时期到 1998 年以后的"走出去"战略时期。中国政府十分鼓励对外投资，提出"两种资源、两种市场"和"一带一路"倡议，鼓励中国成熟产业和产能到海外发展。就中非关系来说，近几年中非领导人互访频繁，中非合作共赢共同发展已经成为中非关系的主要基调，这也为 LZ 去阿尔及利亚投资提供了良好的外在环境。

就中国的生产技术来说，相对于非洲，中国优势明显，拥有较为成熟的生产工艺和技术。以铝型材生产为例，中国已成为全球最大的铝型材产品生产国和消耗国，每年铝型材总产量约占全球总产能的一半。中国现有铝挤压企业 620 多家，其中有 20% 达到国际水平，加工成本低、品种多，产品质量可满足世界各国基本需求，具有很强的市场竞争优势。

对于非洲来说，中国的铝型材生产工艺和技术很有竞争力。而且，目前中国铝型材产能严重过剩，企业开工率不足，价格恶性竞争现象比较突出，很多铝型材生产商被迫关闭，产生下岗技术工人。这些工人如果有工作的机会和还不错的报酬，就愿意远渡重洋淘金非洲，这就解决了 LZ 从中国雇佣熟练的技术工人的问题。

2. 中国输出地侨乡的优势与条件。

（1）侨乡海外移民的传统和历史造就他们与生俱来的冒险意识和创业豪情。福州地处沿海，地狭人稠，自古就有着向外迁移的历史，这就造就了这个群体的人冒险精神和创业豪情。以福清人为例，他们不仅在国外创业，还成群结队在国内各地投资办厂，而且形成了一定的规模。所以这样的地域文化和历史传统更容易产生一些有着高追求的移民，将企业办在了国外。

（2）侨乡源源不断的移民汇款为跨国经营提供了资金支持。对于很多企业来说，创业初期的资金筹集难题一直是一个难以解决的瓶颈。正式金融机构对他们提供的金融支持十分有限，尤其对于普通的农民来说更是如此，而侨乡充裕的侨汇恰好弥补了这些方面的不足。在 LZ 的创业过程中，他丝毫没有感觉到筹集资金的压力。他的投资资金无法通过正规的融资渠道（比如银行贷款）获得，而是利用侨乡的民间借贷，通过家家户户将他们从海外寄回来的、闲置的侨汇聚集成巨大的可以投资的资金。尽管 LZ 借贷的形式各异，但主要是依托着血缘、亲缘和地缘的关系，操作起来简单易行，却十分有效。

（3）侨乡社会资本的作用。李明欢在福建侨乡实证研究的基础上提出"侨乡社会资本"的概念。但前人对侨乡社会资本的分析还只局限于社会资本如何促进移民的发生而言，对于侨乡社会资本怎么促成移民经济较少涉及。

结合前面所提到的经营资金的借贷过程，如果侨乡只有充足的移民汇款是不足以产生跨国经营的，还需要有一定的能使这些汇款汇集并形成一定规模的投资资金的机制才行。互惠互利和建立于道德规范基础上的强制信任是侨乡社会资本用于跨国经营的重要机制，镶嵌在侨乡社会所在的社会结构中，塑造了跨国经济活动的过程，并影响了其经营活动的结果。

首先，互惠互利机制。基于同一族裔内部的互惠互利已经在美国唐人街的研究中得到证实，但这些研究讨论的是雇主和雇员（即劳资双方）的关系；李明欢还以侨乡"出国借贷"来证明侨乡跨国迁移过程中的"互惠"原则：因为前期出国者曾经受惠于村民，所以他们成功出国后有"责任"为后来出国者提供帮助。

同理，在跨国经营过程中的借贷关系也存在侨乡村民之间这样的一个互惠互利期望。站在社会交换论的角度，社会就是相互交织、进行互惠交易（reciprocity transactions）的社会关系整体。社会互惠交易包含一系列的"账单"（chits），即先给别人提供好处，后再获得别人报酬。● 在侨乡跨国经营借贷的互惠交易过程中，存在着许多没有明确规定收益的借贷关系。借方被期望有很高的助人道德，因此借钱给经营者不主要是追求私利（好处），更应该是帮助别人。而作为贷方，他也无法为借方提供会有什么样收益的承诺，因为他们也不能保证自己高风险的跨国投资一定会产生什么样的收益，但唯一可以保证的是"你（借方）借给我（贷方）钱，如果我挣到钱了，我就会让你的投资有相应的回报"。这样，贷方不仅获得资金，从心理层面来说，还获得了宽松的投资环境（比如，可以不必急于偿还本金和承诺的高回报），从而间接提高了跨国投资的效率。这类借贷关系并非是正式的契约，但它起到契约达不到的效果。契约无法预测并规定跨国经营过程中可能出现的所有情况，所以侨乡社会会通过减少正式的契约来为他们复杂的经济活动带来有益的弹性，并按共享的行为准则和价值标准去支持和认可他们认为有益的经济活动，达到互惠互利。

基于这样互惠的原则，对于经营者来说，他们获得了大量的投资资金和宽松的投资环境。对于借方（村民）来说，他们也得了实惠。这些实惠不仅仅是投资者兑现的投资回报，还有其他方面的内容。比如，村民们可以让自己家中无业的年轻人跟随着 LZ 到阿尔及利亚的企业打工，见见世面，日后寻找自己的发展机会。以后这些年轻人甚至可以成长为另外一个 LZ。还有，从长远看，整个村庄的福利也可能会得益于 LZ 而得到改善。这些经营者一旦在国外挣到钱，就会捐赠家乡，发展家乡公益事业。事实上，LZ 的父亲在村里已经开始成为积极分子，负责募集善款用于村里的公共事业，老人家的这个新角色应该跟其儿子近几年来在海外获得的成功有很大关系。像以上借贷双方这些无形的利益联合就只能在侨

● Portes, A. and J. Sensenbrenner. "Embeddedness and Immigration: Notes on the Social Determinants of Economic Action"［J］. *American Journal of Sociology*, Vol.98, No.6, 1993, pp.1320-1350.

乡存在，它不可能会出现在主流的、正式经济的"台面"上。

其次，建立在道德基础上的强制性信任（enforceable trust）。在诸如中国侨乡这样的同质性强、凝聚力高的社会中，行动者倾向于通过强制性信任来建构社会资本，而建立强制信任的基础主要是道德。社会学家帕森斯、韦伯等以"价值投入"（value introjection）来解释在社会化过程中所习得的价值和道德等原则优先于契约关系的现象。❶

迪尔凯姆还提出"契约的非契约因素"，即认为契约的履行需要诸如道德规范这样的因素来制约。❷Portes 等则认为道德有助于限制个人的贪欲，"激励个人克服贪婪，符合他人或集体的要求，并成为他人或者集体的资源"。❸总之，经济活动若只有契约是不够的。

在福州侨乡，道德是经济活动的基础。留守于家中的多为老人、小孩和妇女，移民自己又长期身居国外，他们都没有投资的经验或精力。而这些跨国经营者是村中的精英、❹乡间能人，得到村民信任。笔者访谈 LZ 多次，总是发现 LZ 身边簇拥着村民。这些村民有些是主动上门问其是否需要钱的，有些则是需要 LZ 帮助其解决什么问题（比如让 LZ 带其孩子到国外工作）。就借贷来说，LZ 和很多村民之间没有完善的、正式的借贷合同文本，资金是否得到保障主要依靠相互间的信任。一个行动者在有被背叛的风险而自己又无能为力监督的情况下，仍然愿意将有重要后果的事情交付给对方，这是因为他相信对方会对自己有比较多的关心。这并不是因为"我认识你，所以我相信你"，而是因为"我们同属于这

---

❶ Parsons, Talcott, and Neil J. Smelser. *Economy and Society*［M］. New York: Free Press, 1956; Weber, Max. *The Protestant Ethic and the Spirit of Capitalism*［M］. New York: Charles Scribner's Sons, 1958.

❷ Durkheim, Emile. *The Division of Labor in Society*［M］. New York: Free Press, 1984.

❸ Portes, A. and J. Sensenbrenner. "Embeddedness and Immigration: Notes on the Social Determinants of Economic Action"［J］. *American Journal of Sociology*, Vol.98, No.6, 1993, pp.1320-1350.

❹ 甚至相较于出国打工的移民，他们也被村里认为是精英，参见 Lin, Sheng and Trent Bax. "Changes in Irregular Emigration: A Field Report from Fuzhou"［J］. *International Migration*, Vol.50, No.2，2012，pp.99-112.

个村子（小圈子），所以我信任你"。如果行动者有任何背信弃义，这个圈子里的人会惩罚他，让他在村中无地自容，他的整个家族在村中也抬不起头。❶ 相反，如果行动者信守承诺，就会得到奖励。这种奖励和惩罚一般来说是非物质的，但从长远看可以对当事人产生物质层面的结果。比如，传出好名声会让当事者在村里有着较高的社会地位，大家就愿意借钱给他。如果有一次失信，以后将不会有人相信他并再借钱给他，这样他就无法筹集到资金做成生意。所以，强制性的信任如果离开了道德就会动摇，而跨国经营就是一个很好的诠释。

三、输入国阿尔及利亚的条件

1. 阿尔及利亚社会局势相对稳定，人身较为安全。

相对于非洲南部，北非较为安全。2010 年底以来，阿尔及利亚的邻国突尼斯以及利比亚暴乱持续，但并没有涉及阿国。阿尔及利亚总统布特弗利卡自 1999 年执政以来，积极推行民族和解政策，坚决打击恐怖主义，至今已经第四次连任，因此目前阿尔及利亚的政局基本稳定。虽然社会治安并不好，针对阿尔及利亚军警、宪兵和城镇保安的恐怖袭击时有发生，但近年来未发生针对中国人的恐怖袭击事件，因此在阿尔及利亚的中国移民相对于在非洲其他国家的中国移民来说人身安全有保障。对于 LZ 的投资来说，因为其投资规模大（前期投入已经达到三亿人民币）、建设周期长（铝型厂 2009 年开始投入，2011 年才开始投产；轧钢厂 2014 年开始投入，2016 年才开始生产），所以 LZ 对阿尔及利亚的社会局势非常关注。当被问到去非洲投资最大的风险是什么时，LZ 明确告诉笔者就是担心阿尔及利亚社会局势。阿尔及利亚总统布特弗利卡（1937 年出生），年事已高，其身体健康一直是阿国最大的政治风险，直接关系到阿尔及利亚政党的平衡和社

---

❶ 还有学者曾以此来解释福州非正常移民中蛇头和偷渡者的关系，参见 Lin, Sheng and Trent Bax. "Irregular Emigration from Fuzhou: A Rural Perspective"［J］. *Asian and Pacific Migration Journal*, Vol.18,No.4,2009,pp.539-551.

会的稳定。

2. 非洲丰富的资源和前所未有的商机是吸引他们走上跨国经营的决定性因素。

非洲资源丰富，能源、原材料便宜，因此投资回报率高，这已经在前文有所叙述（如就 LZ 的投资，水、电、柴油以及废铝等比国内便宜）。就市场前景来说，2008 年以来，全球经济发展受经济危机影响，增速明显放缓。然而，非洲作为发展中国家和地区则在近年来保持着快速发展，2014 年非洲总体经济增速保持在 5% 左右，到处充满着商机。阿尔及利亚推行一系列的经济振兴计划，加速了经济对外开放步伐，在贸易、投资和工程领域采取了一系列的优惠措施以鼓励外来资本参与阿尔及利亚经济建设。阿尔及利亚还设立专门负责吸引外资的机构——国家投资发展局，简化各类投资程序，缩短审批时限，提供并落实各项投资优惠政策，对外国投资者实行国民待遇，保护外来投资者的权利和收益。广阔的市场前景为像 LZ 这样的外来投资提供了市场机会。

3. 中非经济之间的相互依存度加深，两地人口、物质、信息等流动的障碍减少。

跨国经营可以被看作由日益增长的不同国家的市场之间的关联性而刺激起来的资本主义的扩展。❶ 中国已经成为非洲最大的贸易伙伴，同时非洲也是中国实现"两种资源、两种市场""一带一路"的重要舞台。当前，非洲正在鼓励引进外资、推进的基础设施建设等与中国倡导的"一带一路"建设相对接，从而推动中国和非洲的共同崛起。具体到 LZ 所经营的铝型材来说，LZ 可以利用阿尔及利亚的优惠贸易协议，将中国相对过剩的产能转移到非洲这个新兴发展的国家，而阿尔及利亚从 LZ 的经营中既可以满足国内市场对铝型材的迫切需求，又可以解决当地劳动力就业的问题，还有助于当地学习中国先进的生产技术，达到相互依存、互惠互利。此外，随着全球化的深入，交通运输和通信技术的发展，人口的

---

❶　Portes A., Guarnizo L.E., and Landolt P.. "The Study of Transnationalism: Pitfalls and Promise of an Emergent Research Field"［J］. *Ethnic and Racial Studies*, Vol.22, No.2 , 1999, p.228.

跨界迁移的阻力大大减少、信息交流以及物质流动也更为便捷，这也加强了两地的依存度。

第四节　总结与讨论

"在国外，几十万可以办个小厂，几百万的企业就可以有一定规模，但在中国投资，没有一个亿免谈，而且在中国你的地也拿不到！"一个受访者这么描述他跨国经营的起因。随着中国投资成本的增加，跨国经营或将成为一种趋势和潮流。

联系到国际移民来说，跨国经营指移民不可能在一个地方（国家）建立他的职业或产业。跨国企业家就是那些游走于祖籍国和侨居国之间并在两（多）国之间开展跨国创业活动的人。与传统的移民企业家相比，他们不太依赖一个地方的资源及网络来成就他们企业的成功，而是通过全球流动性的资源（包括资金、人力和原材料等资源，见图3-3）。正因为如此，他们经常在两国或多国行走，而没有长驻一地争取成为侨居国的永久移民。

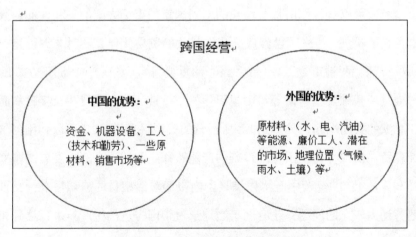

图 3-3　跨国企业家看到的跨国性资源

对美国、❶加拿大❷和新加坡的华人少数族裔经济的研究倾向于认为，华人移民是以创业或做生意作为进入主流社会以及寻求在移民国向上流社会流动的策略之一。然而，该研究的个案 LZ 却忽略对接收国的融入。虽然长期生活于阿尔及利亚但他们的归属感差，并没有融入的欲望。他们嘲笑阿尔及利亚的宗教信仰、风俗习惯等，经常歧视性地称阿尔及利亚人为"阿拉子"（"子"在福清方言中有歧视的意思）。他们的经营过于追求经济利益，功利性明显，投机性比较严重。比如，LZ 的企业在阿尔及利亚具有一定的规模，吸引了一些当地的媒体前来报道或者官员来参观，LZ 对此比较排斥。他说："我们不想出名，就想躲在一个角落默默地挣自己的钱就可以了。"这种"闷声发大财"以及"过客"的心理也为族群间的冲突埋下了一定隐患。事实上，工厂曾经爆发过几次比较大规模的阿尔及利亚工人罢工事件。其中一次是阿尔及利亚工人反对加班罢工。还有一次是因为厂方要求开除几名与中国管理人员发生肢体冲突的阿尔及利亚工人，阿尔及利亚工人联合起来以罢工来对抗。后来该事件引起阿尔及利亚媒体的报道，有些媒体甚至发表了反对华人移民的言论。从这个方面来看，该个案提供了一种不同于前人研究的提倡非融入的跨国经营的形式。

前人研究发现：跨国企业家通常会讲两种或更多的语言，对移民国文化熟悉且教育程度和专业技能程度高。❸然而，对于闽浙跨国企业家的研究发现，他们并不通晓他国语言和文化，他们也没有受到高等的教育或者拥有某种专业技术，却能游刃于国与国之间。他们之所以能成功创业，不仅凭着强烈的冒险精神、敏锐的市场洞察能力、由其丰富移民经历引起的纵观全局的能力，还依托的是中国

---

❶　Zhou, Min. Chinatown: The Socioeconomic Potential of an Urban Enclave［M］. Philadelphia, Pa.: Temple University Press, 1992.

❷　Lin, X. and Shaw Tao . "Transnational entrepreneurs: Characteristics, Drives, and Success Factors"［J］. *Journal of International Entrepreneurship*, Vol.10, No.1, 2012, pp.50-69.

❸　Portes, Alejandro, Guarnizo, Luis Eduardo and Haller, William J.. "Transnational Entrepreneurs: An Alternative Form of Immigrant Economic Adaption"［J］. *American Sociological Review*, Vol.67, No.2, 2002, pp.278-298.

和非洲宏观的社会结构的背景，特别是输出地侨乡社会的资源与网络，让其能够调动更多的资源，实现跨国经营。

目前，关于少数族裔经济的讨论还存在不少争议。在此之前，少数族裔经济研究基本上是站在对侨居国的研究的基础上的，所以看到的只是族裔内部的雇主与雇员、业主与顾客的关系。而根据对中国侨乡输出地的调查，发现少数族裔经济在输出地时更多是体现在这些跨国经营的资本的筹集过程中。

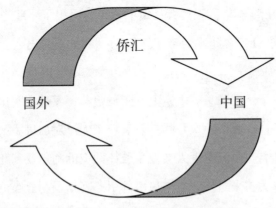

图 3-4　跨国经营中的资金流向示意图

以前学界对于侨汇的研究，一般认为侨汇被用在偿还移民费用、满足基本生活消费和炫耀性消费、捐赠和资助公益事业以及国内投资。❶ 该研究让人们了解到侨汇的另一个去向，即在国际移民汇款被寄回中国后又被重新征集后再次输出国外。其实，该研究个案的投资规模还不算大，笔者曾经听闻在柬埔寨投资房地产的福州移民，在短短的四个月内先期投入已经达到十多亿人民币。他预期总的投到柬埔寨的资金要达到七十亿。当建议他其实可以利用他在柬埔寨已经购买的土地向银行贷款时，他摇着头说："我们从不贷款，我们有的是钱，不就几十个亿！"可以说，身处于侨乡的经营者丝毫不担心钱的来源问题。通过族裔内部的互助来有效地解决族裔企业家创业初期的资金紧缺问题，已经在非华裔群体的研

---

❶　如：李明欢.“相对失落”与“连锁效应”：关于当代温州地区出国移民潮的分析与思考［J］.社会学研究，1999，（5）；林胜.非法移民产生机制的研究［J］.青年研究，2002，（10）；梁在，诸冈秀树.国际移民与发展：以中国为例［J］.中国劳动经济学，2006（3）.

究中得到了证实，[●]但在华裔族群经济的研究来说还相对较少。本研究证实，侨汇又通过一定的机制输出到国外进行跨国经营，而在这个过程中，侨乡的互惠互利和建立于道德基础上的强制性信任起到了重要的作用。侨汇不仅可以对侨乡经济产生影响，还会对国外（非洲）经济发展产生影响，这个发现也为下一步研究侨汇的作用指出了一个新的方向（关于侨汇在跨国经营中的影响，本文将于第六章继续描述）。

---

❶　Light, Ivan and Bonacich E.. *Immigrant Entrepreneurs: Koreans in Los Angles*［M］. Berkeley: University of California Press, 1988; Min, Pyong Gap. *Ethnic Business Enterprise: Korean Small Business in Atlanta Staten Island*［M］. NY: Center for Migration Studies, 1988.

第四章　跨国经营与侨乡社会网络

第一节　引言

一、关于移民社会网络的研究

关于社会网络的研究，很多学者从社会资本的理论视角入手探讨社会网络的实质。法国学者布迪厄于 1980 年提出了社会资本理论。他认为社会资本是实际的或潜在的资源的集合体，是一种可以从中吸取某种资源、持续性的社会网络关系。科尔曼对社会资本的内容做出的补充，他认为社会资本包括信任、规范、网络、权威关系、多功能的社会组织等。[1]

在 20 世纪末，Portes 等一批社会学家将"社会资本"的概念引入了移民领域，并提出了移民社会资本。移民社会资本指的是移民通过自身所处的网络和其成员身份来调动获得稀缺资源。边燕杰认为社会资本的内涵就是人与人之间的关系网络。[2]李明欢等学者认为侨乡社会网络不仅是侨乡社会资本的基本载体，[3]更是镶嵌在社会结构中的资源。[4]总而言之，关于社会网络的研究绕不开对社会资本的

---

[1]　詹姆斯·科尔曼.社会理论的基础［M］.邓方，译.北京：社会科学文献出版社，1999：35.

[2]　边燕杰.社会资本研究［J］.学习与探索，2006，（3）.

[3]　李明欢."侨乡社会资本"解读：以当代福建跨境移民潮为例［J］.华侨华人历史研究，2005，（2）.

[4]　王春光.移民的行动抉择与网络依赖——对温州侨乡现象的社会学透视［J］.华侨华人历史研究，2002，（3）.

探讨。

对于侨乡社会网络的研究，除了引入"移民社会资本"的观点，还不得不提及道格拉斯·梅西（Massey）的移民网络说。❶移民网络说就是以"社会资本"和"累积因果关系"理论为基础，认为早期移民为来自故乡的后来者移民提供各种帮助，同时他们会因为血缘、地缘、亲缘等因素而同故乡产生千丝万缕的联系。❷而移民网络说的"累积效应"还解释了成规模的侨乡社会网络对移民群体产生的影响：移民行为不再完全由最初推动移民的客观因素而决定。即便该因素早已发生变化，移民行为也不会因为客观因素的变化而立刻停止，反倒是会在一段时间内继续保持移民行为。❸西班牙马德里康普鲁滕斯大学移民与公民身份研究中心主任华金·阿郎戈认为移民网络理论具有时代的特点，重点关注移民行为如何产生以及其行为得以延续的规律，并且以移民网络为纲对移民的行为进行考察和解释。❹弗雷德·阿若尔德等学者还从早期移民带动的后来者移民的数量上的调查来证明移民网络具有累积性效应。❺雷德·阿诺尔德根据对美国的菲律宾和韩国移民，测算出平均每个菲律宾家庭、韩国人家庭分别带一个家庭成员和0.5 个家庭成员。而格勒米那等学者认为：每个移民迁移十年后平均带入 1.2 个"劳工类"移民。❻移民网络之所以具有累积效应，同移民网络的功能分不开。随着移民不断地加入，关系网络得以扩张。庞大的社会关系网络不仅能够帮助移民

❶ Massey, D.S., Arango, J., Hugo, G., Pallegrino, A. and Taylor, J.E.. *Worlds Motion: Understanding International Migration at the End of the Millennium*［M］. Oxford: Clarendon Press.,1998.

❷ 郭玉聪. 福建省国际移民的移民网络探析——兼评移民网络理论［J］. 厦门大学学报（哲学社会科学版），2009，（6）.

❸ Emma Herman. Migration as a Family Business: The Role of Personal Networks in the Mobility Phase of Migration［J］. *International Migration*, 2006,44(04): 191-230.

❹ 华金·阿朗戈. 移民研究的评析［J］. 国际社会科学杂志（中文版），2001，（18）.

❺ F. Arnold, B.V. Carino, J.T. Fawcett, I.H. Park. Estimating the Immigration Multiplier: an Analysis of Recent Korean and Filipino Immigration to the United States［J］. *International Migration Review*. 1989,23(04):813-838.

❻ G. Jasso.Family Reunification and the Immigration Multiplier: U.S. Immigration Law, Origin-country conditions and the Reproduction of Immigrant［J］. *Demography*. 1986,23(03):291-311.

降低迁移成本和迁移风险，同时让人们更容易获得海外雇佣或者海外商机的社会资本，从而引发更大规模的迁移，反过来进一步扩张了网络。❶因此，在移民迁移原因的横向比较上，梅西等认为随着时间的推移，推动移民迁移至海外某一特定地区的直接因素不再是经济、政治等，而是移民个体有效调动的关系网络的规模以及在移民网络中占有的社会资本等因素来决定。❷

　　虽然关于移民网络的研究，多是建立在对西方国家的移民群体的调查上形成的，但是随着改革开放后跨国移民愈加频繁，更多学者开始应用移民网络学说来解释中国侨乡的跨国移民现象。Liu-Farrer 主张的社会资本起初扮演的是促进移民的角色，保障了他们的生计，但是最终却成为阻碍他们向上流动的因素。❸黎相宜认为，网络具有聚集和动员的功能。移民群体通过社团等组织聚集在一起，组织内部成员通过长期互动会形成一定的行为规范、价值取向等。如组织内部成员将侨汇邮寄回家乡或者对家乡进行投资、捐赠等行为，都会鼓动其他成员纷纷效仿，从而实现了网络的动员功能。❹黎相宜虽然介绍了网络的功能，但是重点并没有介绍网络对经营的作用，而是探讨网络对移民的动员作用。郑一省教授在"网络学说"的基础上，进一步细化闽粤侨乡社会网络，认为其由华侨华人网络、侨乡民间网络以及侨乡政府参与的网络等网络重复覆盖构成，提出了闽粤侨乡海外华侨华人与侨乡之间是一个结构复杂的"多重网络"的观点。❺他强调华侨华人同闽粤侨乡之间紧密的联系、互动频繁是多重网络的渗透与扩张的结果。❻可

❶　Douglas S. Massey, Felipe Garcia Eapana, Jorge Durand and Humberto Gonzalez. *Return to Aztlan: The Social Process of International Migration form Mexico*［M］. Berkeley: University of California Press:237.1987.

❷　Ronald Skeldon. Migration and Development: a Global Perspective［J］.*Longman Development Studies*:17-40. 1997.

❸　Liu-Farrer. The Burden of Social Capital: Visa Overstaying Among Fujian Chinese Students in Japan［J］. *Social Science Japan Journal*, 2008, 11(2):241-257.

❹　黎相宜.动员与被动员：华人移民与侨乡社会发展［J］.广东技术师范学院学报，2011，（8）.

❺　郑一省.多重网络的渗透与扩张——华侨华人与闽粤侨乡互动关系的理论分析［J］.华侨华人历史研究，2004，（1）.

❻　许梅.海外华人与侨乡关系研究的路径探索——评《多重网络的渗透与扩张——海外华侨华人与闽粤侨乡互动关系研究》［J］.东南亚研究，2008，（4）.

以说，华侨华人与闽粤侨乡之间因为多重网络结构紧密联系在一起，而这种紧密联系也推动多重网络在侨乡地区的渗透与扩张。❶林海曦提出华侨社会网络是集血缘、地缘于一身的新型社会网络的观点。❷

移民网络不仅降低移民迁徙海外的成本，也降低他们迁移的风险，从而触发移民行为的持续产生。移民网络理论是介于"个人决策的微观层面与社会结构的宏观层面"的理论学说，它不仅强调人际结构对于海外迁徙行为的惯性作用，还有助于预测移民迁徙的趋势。❸在关于移民网络的研究中，前人更多的是探讨移民网络如何促进移民行为的发生，以及移民网络如何引导后续移民持续进行，鲜少将侨乡社会网络应用到移民创业中进行研究。

二、关于移民经济的研究

国外学者在对移民经济的研究中，Portes 提出了"聚居区族裔经济"（The ethnic enclave economy）概念，❹认为少数族裔经济在少数族裔聚集区内设立投资点，并且依靠共同的族裔性和族裔文化价值观作为经营基础，其服务的对象偏向于少数族裔群体。并且同一族裔群体内的成员，他们之间的关系是基于互利互惠的原则联系在一起，不论是雇主、工人还是业主、顾客之间，均是先给他人施以好处再从他人处获得报酬，❺超越纯粹经济雇佣和契约货币的关系。同时建立在道德基础上的强制信任，在经营活动中体现了经济活动中"契约的非契约因素"，❻

---

❶ 吴杰伟.华侨华人与侨乡文化互动的多重性——评《多重网络的渗透与扩张——海外华侨华人与闽粤侨乡互动关系研究》[J].华侨华人历史研究，2008，（1）.

❷ 林海曦.浙南地区华侨社会关系网络探析——以青田华侨个案为例[J].浙江社会科学，2014，（10）.

❸ 刘莹.移民网络与侨乡跨国移民分析——以青田人移民欧洲为例[J].华侨华人历史研究，2009，（2）.

❹ Portes, A. and Robert L.Bach. *Latin Journey: Cuban and Mexican Immigrants in the Untied States* [M]. Berkeley and Los Angeles: University of California Press,1985.

❺ Portes, A. and J. Sensenbrenner. Embeddedness and Immigration: Notes on the Social Determinants of Economic Action [J]. *American Journal of Sociology*. 1993,98(6):1320-1350.

❻ Durkheim, Emile. *The Division of Labor in Society* [M]. New York: Free Press,1984.

这些都有助于构建社会资本。聚居区族裔企业家的开店地点设在本族群聚居区且于该社区的社会结构和社会关系有着不以个人意志为转移的联系，既受惠于也受制于这些社会结构与社会关系。周敏用"聚居区族裔经济"理论来研究美国的唐人街华裔移民，认为华人聚居区族裔经济为华人移民在陌生的社会文化环境中逐渐适应当地社会并最终融入美国主流社会起了积极的推动作用。❶该研究关注的是弱势群体如何融入侨居国，聚居区族裔经济对族裔群体内个人或者整个群体向社会上层流动提供道路。Portes，周敏等学者研究的是聚集区族裔经济，研究的主要对象是经济，而社会网络只是解释少数族裔经济的其中一个因素。而且前人的研究只是针对在移民输入地的族裔聚集区内的移民经济活动而言，主要考察的是族裔群体的经济活动和个人的经济行为会在不同的环境中产生不同的后果和作用。

在此基础上，陈翊从资源获取的角度出发，分析侨乡跨国移民如何依赖侨乡和族裔聚集区的社会网络，从而实现成本最小化和利益最大化的创富经历。他认为，移民行动者无论是在侨乡做出迁徙决策，还是在侨居国就业或创业，都高度依赖移民社会网络所提供的路径和模式。同时，移民行为也被限制在与网络资源水平匹配的有限选择中。❷陈翊研究的对象是在发达国家族裔聚居区内的海外移民群体，移民网络对移民经营的影响是散落在对移民行为选择的影响中介绍的。同时由于研究对象所处于发达地区，因此并没有涉及关于移民网络对移民经营安全的研究。

还有的学者研究关注的重点在于企业如何持续创业的问题。丁良超提及海外市场网络以及海外技术网络的嵌入对不同创业时期的跨国企业绩效的影响。❸张

---

❶ Zhou, Min. *Chinatown: The Socioeconomic Potential of an Urban Enclave* [M]. Philadelphia, Pa.: Temple University Press.1992.

❷ 陈翊.移民行动对跨国空间社会网络的依赖——对浙南移民在欧洲族裔聚集区的考察 [J].华侨华人历史研究，2015，（3）.

❸ 丁良超.海外网络对跨国企业绩效影响的实证研究——基于创业阶段差异视角 [J].科技进步与对策，2015，（23）.

一力在对如何持续企业创业的探讨中认为集群的竞争优势来源于其网络本质。特别是集群网络形成与发展阶段，集群内组织之间的相互依存加速了资源集聚，推动知识技术不断累积共享；一旦进入成熟阶段，这种根植将转变成锁定，创新惰性成为产业集群转化升级的羁绊。❶ 张一力主要从持续创业过程中移民群体内部的社会网络嵌入以及与侨居国文化的互动融合的研究对创业进行探讨。他们的研究关注的重点都在于创业的持续问题，而不是针对网络关于创业的影响问题，网络只是创业研究中的其中的一个影响因素。同时，他们的研究都没有网络对经营过程中劳动力的雇佣方面的介绍。

可见，关于移民经济的研究中，移民网络对移民创业的影响只是散落在这些研究中，并没有专门探讨移民网络对于海外移民创业的分析。而且他们关于移民经济的研究，多是分析在发达地区做生意的移民群体的经济。在社会网络对移民经济的研究中，较少涉及移民在发展中国家或者欠发达国家或地区的经营情况。本书的研究就是建立在前人的基础上，借鉴前人研究的移民网络如何推动移民产生以及移民经营中移民网络如何对移民创业产生影响，探讨侨乡社会网络对非洲的中国移民创业的作用。

第二节　侨乡社会网络的概念与构成

一、侨乡社会网络的概念

关于侨乡社会网络概念没有统一的标准。但是前人对于社会网络的研究绕不开对社会资本的探讨。多数学者认为社会网络同社会资本二者相互融合、密不可分。❷ 社会资本不可被直接占有，它需要通过社会网络这一载体才能实现人与人、

---

❶ 张一力，张敏 . 海外移民创业如何持续——来自意大利温州移民的案例研究［J］. 社会学研究, 2015,（4）.
❷ 李明欢 ."侨乡社会资本"解读：以当代福建跨境移民潮为例［J］. 华侨华人历史研究, 2005,（2）.

人与组织以及组织与组织之间的资源互换。❶ 侨乡社会网络是侨乡社会移民与移民之间或移民与非移民之间由于有着共同的血缘、亲缘、地缘甚至业缘的关系而聚集在一起的，能够互惠互利的社会资本。侨乡社会网络形成的基础有两个：

第一，侨乡社会网络有着深厚的根基，它是依赖于农村的乡土社会所建立，因此强调熟人社会关系，以差序格局来确定远近亲疏，并推崇宗族和道德伦理以调整人际关系。

第二，侨乡社会网络从更大的范围而言，还是建立在共同族群归属和中华文化认同基础上的家国情怀。侨乡社会网络形成于侨乡当地，但也会随着移民迁移的步伐在海外重构。

二、侨乡社会网络的构成

1. 侨乡当地形成的社会网络。

侨乡地区形成的社会网络大致上分为三大部分：

第一，由血缘、亲缘关系为主要脉络所形成的亲戚宗族网络，主要有宗亲会等组织形式。

第二，以地缘关系为导向的邻里同乡网络，主要表现为同乡会社会团体。其中血缘和亲缘关系所构建的关系网络以家庭为基础，逐渐向外延伸至宗族。在乡土色彩浓重的侨乡地区，同族亲属也多聚居一处，形成的资讯网络就是多重网络关系叠加的结果。因为这种关系是天然形成的，相较于其他原因形成的关系网络更为稳固。移民从天然形成的血缘、亲缘的关系网络中获得一定的社会资本。正如费孝通提出的"差序格局"的社交圈子，网络内个体亲疏有别，但移民个体最为依赖的是由血缘关系缔结成的社会网络。因此，宗亲力量往往比同乡更为团结。

---

❶　Adler, Know. Social Capital: Prospects for a New Concept［J］.*Academy of Management Review*, 2002,27(1).

第三，利用业缘和友缘建立起来的网络关系。侨乡移民除了通过传统的血缘、亲缘、地缘等关系实现信息、资源的共享，还积极构建新的网络关系。以温州商人 W 为例，W 原先在罗马做服装生意，后通过其商业上的朋友 D 的介绍，去非洲投资金矿。D 在非洲当地有人脉，可以拿到开采证，只需要 W 进行投资就可以开工。W 因为信任其朋友，便从罗马辗转到非洲创业。

W 说："我这个朋友（D）是我在罗马做贸易的时候认识的。我当时在意大利的户口都是他办的。后面这五六年没有来往。他去非洲我也不知道，后面他打电话给我，要找我合作，去非洲投资。当时我这个朋友的表弟在安哥拉。这个表弟在那里有十七八年了，和当地政府的关系非常好。那我就相信他，我也没有看到这个表弟，我就是相信他。就是这样子，我的第一步在安哥拉的投资开始了。"

因为社会网络提供的人脉关系，W 在非洲较为容易申请到采矿权。W 自身具有一定的冒险精神，在对投资的行业完全未知的情况下，信任朋友的创业信息，便相继投资开采金矿和钻石生意。他对矿石开采一窍不通，但也可以依靠商业上积攒的人脉来招募组建采矿团队。

"这个行业是什么情况我不知道，我都通过朋友问朋友（了解的）。我山东济南有一个朋友，他懂得技术，帮我招技术人员。这个济南的朋友是我一个在缅甸搞金矿的朋友介绍的。我们都是朋友介绍来介绍去的，不然去哪里找我都不知道。"

正是通过业缘和友缘提供的人脉关系，W 与其商业伙伴协同发展，在非洲的经营获得成功。

2. 在海外重构的社会网络。

随着移民在海外活动，在侨乡当地形成的社会网络往往会在海外得以重构。在海外重构的社会网络也是因为血缘、地缘、友缘、业缘的原因联结到一起，因为有着共同的祖籍国和族群归属感，以信任、互利互惠等为基础，以在他国生存立足或经营发展为目标，而缔结而成的海外华人关系网络。海外社团就是这种海外华人关系网络的一种表现形式。

以抱团取暖、为社团内成员谋福利为目的所成立的海外社团，大多以侨乡为联结纽带。从地缘或者血缘角度出发所成立的社团组织，吸引聚集着来自同一地区或者宗亲的族群。群体内个人与集体存在共同的利益诉求，他们所占有的社会资本比起个人存量的总和甚至可能会有所超越，即在关系网络有限的情况下可能会无数倍地放大。❶ 侨乡天然的地域和血缘属性，使得同宗会或者同乡会成为大多早期社团成立的形式。但是交错堆叠的侨乡关系网络，"每个人在某一时间某一地点所动用的圈子是不一定相同的"，❷ 因此各种不同的社会网络之间并没有清晰的界限，但是却共同作用于移民创业的发展。

第三节　侨乡社会网络对移民跨国经营的积极影响

本节以信息的传播、创业路径、创业资金和劳动力四方面为切入点，分析社会网络对移民跨国经营的积极影响。

一、创业信息的传播

1. 网络对信息的叠加效应。

侨乡社会关系网络结构庞杂，地缘、亲缘等关系网络亲疏错落，在信息的传播范围和传播效力上具有叠加效应。具体表现在身处于复杂交错的侨乡社会网络中的人们，存在多种途径去获悉海外华侨华人发财致富的消息。侨乡社会的人际交往通常局限于一定的圈子当中，在较为封闭性的侨乡社会空间当中，侨乡的关系网络显得更加紧密、错杂。关乎海外华侨发财致富的消息，不但流传在具有亲密关系的亲人之间，而且关系稍远的亲朋邻里之间也同样可获知。身处侨乡的人们在关系网络中频繁接收相同的讯息之后加深了对于海外打工或者经商致富的固

---

❶ 庄国土，清水纯. 近30年来东亚华人社团的新变化 [M]. 厦门：厦门大学出版社，2010.

❷ 费孝通. 乡土中国 [M]. 韩格理，王政，译. 北京：外语教学与研究出版社，2012.

定印象，形成思维定式。

同理，基于社会网络所带来的聚集效应，在海外经商或是工作的华侨华人会成立社团组织，例如同乡会，并通过这种方式将同宗族或是相同地域所连接的关系网络扩展延伸到海外的华侨华人群体当中。因而通过类似的网络通道将消息传播回侨乡的，同样包括在海外创业失败、生意出现纰漏等，形成一种信息上的两端互通。基于侨乡社会的封闭性，人口主要由三类群体构成，分别是"六一"（指儿童）、"三八"（指妇女）、"九九"（老年人）。妇女和老年人群体之间的闲谈逗闷、家长里短、邻里事务在这种环境下被放大。在侨乡，围绕在他们身边的话题之一自然也包括海外移民及其相关。我们在实地调研中发现，邻里乡亲和走街揽客的三轮车师傅们都对村中各家各户移民的消息十分知晓。可见，通过侨乡社会网络，信息的传播具有叠加效应，不同的群体或渠道都有可能是信息源。

2. 网络对信息真实性的验证。

侨乡地区的人们依旧具有农村熟人社会的交往习惯，邻里相隔、鸡犬之声相闻，往来很是密切。人们在紧密的社会关系网络当中，被反复提起的海外华侨华人发财致富的消息很容易激起人们前往海外创业致富的念头，降低了对风险的担忧和顾虑，从而对此类消息更是深信不疑。在笔者对福清 G 村的实地调查中，某位访谈对象直言其女儿前往南非创业的一大原因便是认为国内发展前景不好，而其娘家的兄弟在非洲能够赚到钱。

"我女儿以前是在福清市做护士，我女婿是教书的。看她弟弟那边好赚，一年赚个二十来万，就那个时候，她工资才 2000 左右。"

基于攀比、不想落后于人的心态和赚钱等想法成为他们蜂拥海外创业打拼的驱动力；从另一个方面来看，侨乡社会中的关系网络将发财致富的消息以各种渠道传播、叠加，对于不断接收相同讯息的侨乡群体而言具有极大的诱惑力，让其看到成功的可能性，并最终驱使他们投身海外"淘金"的行列中去。

值得一提的是，从侨乡地区纷纷拔地而起的独栋小洋房和海外华侨华人定期的侨资侨汇也从侧面印证了海外创业致富消息的真实性和可靠性。在对福清 N 村的走访调查期间，笔者发现该村已大部分盖起小洋楼，数量至少多达 378 栋，而平房的数量却不超过 10 栋，差距可谓悬殊。凡是家中有外出创业或经商的人，盖楼房便是其成功赚到钱后的其中一件大事。而侨乡社会中的楼房便成为佐证发财致富的直接证据。当地还为老人建有提供文娱活动的场所，即"老人馆"，让老年人能够在闲暇之余聚集在一起打麻将、聊家常。

在笔者向他们询问村里人员的出国情况时，他们则表示村里的青壮年大多都出国打工或者创业经商，村里哪一户人家出国赚到钱了，没过多久大家就都知道了，消息传播得很快。而关于那些生意失败的例子大都快速淹没在谁家在国外发家致富类似的消息当中。在侨乡地区，庞大的社会关系网络是其海外移民的重要资源之一，大多数人为谋生计前往海外打工或者经商。对于这类群体来说，衡量成功的标准便是赚到比在国内更多的钱，因而就其难度来说并不算大，大多数人在海外能够做到。笔者在 N 村进行调研走访时了解到，据一位老伯表示，年入百万在村里面属于中等收入水平。层出不穷的关于海外经商赚钱的消息在侨乡地区不胫而走，即使明知可能在海外存在人身危险，例如在非遭袭等，但最为直观的小洋楼、荣归故里颐养天年的老华侨、侨联等组织对华人家庭的救助等见闻，再通过侨乡关系网络的层层传递、佐证，直接或间接地冲击着侨乡地区的人投身非洲淘金。这种看得见、听得到的事实成为一股思想和行动上的推动力。

二、创业路径依赖

王春光在解读温州持续的移民时，认为移民存在着路径依赖。[1] 其实，在移民海外创业的过程中，也存在着路径依赖。这些依赖表现在如下几个方面：

1. **创业地点和创业经验。**

对于侨乡的新移民而言，要独自在海外打拼事业并不容易，并且他们还肩

---

[1]　王春光.移民的行动抉择与网络依赖——对温州侨乡现象的社会学透视［J］.华侨华人历史研究，2002，（3）.

负着赚钱养家的任务。于他们来说，出国的首要目的是迅速站稳脚跟，实现盈利。他们大多是来自社会底层的边缘性群体，单纯依靠自己的能力很难在国外站稳脚跟，而此时侨乡社会的地缘、血缘、亲缘社会关系网络便起到了很大的支持作用。

首先，在侨乡社会的思想观念中，"亲帮亲"的乡土观深入人心。对被投靠的人来说，帮助亲友不仅仅是基于传统文化观念的驱使，而且在其能力范围内帮助亲友也能博得好名声，彰显自己在国外的成功。这种帮助和恩惠通过关系网络传递开来，这不仅仅是满足了他们的心理补偿机制，并且形成侨乡社会圈子对他们的肯定，增加了他们的威望和正面的风评。有研究认为，在外打拼事业的华侨华人以对家乡的文化馈赠等途径来获得一定的"社会地位补偿"。❶因为在他们看来，当声望的积累达到一定水平的情况下就可以转换成社会资本，即被投靠的人所帮助的人越多，那么其累积起来的潜在社会资本也越多，关系网络不断的扩展，在家乡当中的社会地位和名望也越高。

对于投靠的人来说，天然形成的亲缘和血缘关系网络省去了他们参与的准入条件；而对于新移民而言，投靠亲友所花费的成本低而得到的效益最快。❷再者，早期侨乡前往海外打工或经商的群体通过多年累积，已经积攒起相对稳定的人脉关系网络，后来的移民大多都会利用其关系网络，重复早先的出国路径，这能够在最大程度上规避风险和降低出国所带来的成本花费。从微观的层面而言，可以认为这种方式是风险社会当中的一种安全系数更高、更妥善的选择。伴随着移民活动的活跃和频繁，移民活动更加趋于理性选择，移民者希冀既要在安全、稳定的环境下实现迁移，又想要获得移民所带来的"效益最大化"。例如，在南非经营的大多数 C 村村民在确保自身创业成功后，其后来者，即该村民群体的同族或同村的人也会大多选择同样的国家进行经营活动。

---

❶ 黎相宜，周敏.跨国实践中的社会地位补偿：华南侨乡两个移民群体文化馈赠的比较研究［J］.社会学研究，2012，（3）.

❷ 黄英湖.海外闽商的网络资源及其发掘利用［J］.福建论坛（人文社会科学版）2011，（11）.

其次，侨乡移民对创业地点的选择实则是受到移民海外打工模式的影响。侨乡地区一直以来就存在"以一带多"的传统，与此相类似的是移民网络的"增殖效应"，即庞大的社会关系网络构建是通过不断吸收后来移民者来扩大族裔群体规模实现的。以福清侨乡为例，大多出国侨商文化程度并不高，受教育程度错落不齐。在这个群体当中，自身大多没有一技之长，并且在经济并不发达的乡村地区不能寻求到发展机遇。在侨乡地区频繁的接收关于海外发财致富消息的环境之下，他们更容易应回国寻找劳动力的较早华侨一代的邀请而受雇于海外经营者两到三年不等。待打工合同结束或是由于出国花费而欠的债务还清之后，雇员就可以自立门户。同时，这种通过地缘或者亲缘关系而建立起的雇佣与被雇佣关系，其行为很大程度上是受社会关系网络的约束，因而较少出现被雇佣者毁约或是雇佣者不支付报酬等情况。否则，其行为在侨乡社会会招惹非议，声名受损。福清侨联的 L 主任也表示，多数老板是在其与雇员的合同期满之后结算工资，因而打工者在这期间根本无法做到毁约。

L 表示："比如说我要雇员工，出国路费由我出，但是你必须在我店里面做满两年或者三年，那我工资才付给你。因为刚出去的人，没有一定的经济基础，不一定说每个人都有钱，都是赤手空拳出去的。学三年以后，我帮你找店铺，到时候给你发展。自己开店，正常的都是三年……如果你是他很亲的人，他会跟你订半年到一年的（合同），（合同期满）之后会帮你选个店铺开店。你没钱的话，他会资助你一点。对于很亲的人，他会资助你二十万或者三十万。如果不是很亲的人，他就给你五万、十万。毕竟你在我这边做（打工）过，就算作人情资助，但是还是要付利息的。"

对于后来的移民者而言，他们通过早期的打工积累经验和资金，在有能力后考虑创业时，更多地倾向于选择早期打工所在的国家和行业。加之日趋成型的侨乡移民迁徙模式——"海外打工—创业"，让他们在选择创业时更加果断和明确方向，而不再过多地思考其他创业方式。究其原因，是因为这种迁徙模式让他们能够获得早期移民的帮助，并且通过早年的打工经历让他们对所在国家的社会环境、风土人情、市场经营有了大致的了解和适应，减少了由于再适应和再了解过程中的麻烦和所耗费成本。

再者，早期的海外移民者能够为后来的新移民提供更多的帮助。早年迁移到海外的华侨华人通过适应和学习，在语言方面拥有更多的优势，对政策法规和海关流程等方面也更加熟悉。他们在报关等方面能够为后来的移民者提供便利的服务，甚至利用自身多年在侨居国累积的关系网络，为部分不符合条件的新移民提供"通关"服务。比如，早期的海外移民利用非洲国家的法律不完善、行政机构腐败等漏洞向其官员行贿，以此来达到顺利通关的目的。

L曾提及："非洲国家普遍有一个问题就是，官员很腐败……他们刚过去一两年，这些手续方面，通关方面语言不通。他们这些早去的人，语言通，有社会关系，然后他通关方面有便利性……再加上乡情跟亲情的关系，比如说我跟你是亲戚，我跟你是老乡，心里觉得我不会被人家蒙了。"

总的来说，在海外移民创业路径选择上起到重要作用的一大因素便是侨乡的社会关系网络。通过这种关系网络的联结，早期的移民者能够为后来者提供通关、资金、语言等方面的便利，更大程度地减少他们在海外的经营、人身风险，帮助他们能够迅速地在海外站稳脚跟。通过"一带多"的方式让更多侨乡地区的海外创业者进入侨居国，成为一股创业集群。

2. 行业选择。

侨乡社会关系网络对于移民的创业行业选择主要有两方面的影响，体现如下：

第一，侨乡的社会关系网络能够为海外的华侨华人提供人脉资源，降低其创业的风险。后来的移民者为了海外经营活动的顺利开展，大多会借助侨乡社会关系网络来为其提供便利，从而在最大程度上降低其创业可能存在的风险。基于各种考虑，移民群体在进行创业的行业选择时会更加倾向于前人经营成功的行业。对于这些后来的移民者而言，这样的选择能够通过侨乡关系网络得到业内相关人士提供的帮助，借鉴他们的经验，从而大大缩短创业初期的摸索周期，以期尽快地实现盈利。比如，侨商在非洲创办实业的过程当中会有意识地结交当地的权贵，这有两方面的考量因素：一方面是通过这种人脉资源起到威慑的作用，从而减少被当地人敲诈勒索的情况；另一方面是为了生意的顺利进行，通过"走关系"来保障在实际运营中的相关手续的顺利完成。基于非洲国家的官员贪腐程度高，华人圈子在非普遍形成要想做大生意，需要疏通"关系"的认知。若有"关系"，在非洲当地获取关于开发自然资源的申请手续时，更容易获得开发权或是批地办厂的资格。福清侨商也直言诸如采矿权等证照因其需要非洲当地政府的审批，因此矿产类的经营人士仍然较少。他们在探讨其中原因的时候将其归结于福清侨商前往非洲经营的时间不长，在人脉资源、资金等方面与早年海外移民的商人相比仍然处于不利地位。笔者在对温州侨商的访谈中了解到，在安哥拉涉及林木业、矿产行业等资源领域的就有部分温州侨商，在他们看来，他们能够获得经营的允许很大原因是跟当地的军阀或政府官员打通了关系，以此来取得开矿权。这与移民时间相对较短的福清侨商相比，在经营行业领域中产生了巨大的悬殊，也从侧面反映出福清侨商在非大多从事超市、商铺等准入行业门槛较低的行业的历史原因。主要在刚果从事五金、木材等生意的福清侨商 C 在其访谈中表示：

"就是我们在那边做生意是要做关系的。就是我们跟哪个将军或者哪个警察局局长之类的搞好关系，对生意有好处。我和他们的关系还不错就是。"

由此可见，后来的移民者为了能使海外的投资经营得到快速的效益，或是早年的移民者想要涉及一个全新的领域，那么社会网络的重要性是不言而喻的。比如，在社会关系网络当中，你可以寻求相关业内人士的帮助；或是与拥有相关行业深厚人际资源的人结成合作伙伴关系，借用该关系缩短运营周期，自身出钱投资，从而在较短时间内快速获利。与此同时，在创业者选择合作伙伴的时候，侨乡社会网络的监督和信任机制在其中起到一定的作用。多数被问及是否会害怕被合伙人坑骗的商人表示，这种事情虽然时有发生，但由于其中大部分都是亲戚或者同乡人，因此存在基本的信任；而一旦出现合伙人"卷款跑路"的事情，那么这个人的劣行也将声名远播，等于自断了事业的发展。因此在现实当中，合伙人违反合约的坑骗事件和概率并不高。海外侨民在创业的行业、合伙人的选择上同时都受到侨乡社会网络的影响,该网络也为他们的选择提供了保障。

第二,海外谋生的底层移民对于侨乡社会网络的依赖性更强,并借此寻求创业的机会。与拥有雄厚资金和丰富经营经验的精英移民群体不同,这类海外创业移民群体大多来自社会的底层,他们选择追随同乡人外出打拼是为了追求更可观的收入。这类群体受限于自身的知识水平、能力、资源等,更多地涌入了超市小商品批发等准入门槛较低的行业。首先,如上文所言,部分后来的移民者一开始会选择"学徒工"的方式在海外谋生,而不是直接投资,即先学习积累经验和启动资金再进行创业经营。而"学徒工"所要求的专业技能并不高,例如对于超市小商品批发行业等,因此对于后来的移民者而言更具有吸引力,令他们前仆后继涌入这类行业。

其次,竞争策略使得移民群体在创业选择时扎堆涌入某一行业。据笔者在调查中所了解到的相关案例,比如早年福清的部分侨商为了成功打败竞争者而采用了团体竞争的策略,从而能够达到垄断某一街道小商品生意的目的。在同一街道开店的通常是自己的亲朋好友,彼此之间相互关照,并且共同商定价格,通过店铺数量和统一价格的优势吸引客源,从而成功地将竞争对手挤出该街道,增强对该地区的控制和扩大市场份额。对于早期的移民者来说,侨乡的社会关系网络能够为他们提供人脉资源和资本运作壮大的潜藏力量;而对于后来的移民者而言,侨乡关系网络则为他们提供了创业的机遇。团体在源源不断地吸收新的移民者的力量,最终实现通过关系网络而增加占领地区市场份额,甚至在这一过程中形成了庞大的家族产业。

海外移民在进行创业路径的选择上具有历史惯性,即后来的移民者在对时间、资源等问题的考量上更倾向于走前人走过的路,在创业时大多利用侨乡社会关系网络来为其经营活动服务,而复制前人创业成功的路径在很多方面降低了创业过程中的风险。追根究底,个人所拥有的社会资本和能力与其创业选择的行业息息相关,而且效果影响最大表现在移民者的创业初期。客观地来看,移民者在创业初期由于缺乏社会资本，因此不得不更多地依赖于侨乡社会网络所能提供的帮助和便利。在自身能力、资源等主观因素和侨乡社会网络的局限下，早期的移民者在行业的选择范围上比较狭窄。

三、创业资金

1. 减小借贷风险，提高经营收益。

资金的筹集是侨乡移民在跨国经营活动中所离不开的重要一环。侨乡有着成熟的借贷机制，在移民出国时已经发挥了重要的作用。以前是只要有人想出国，就可以轻松借到出国的费用（有些非正常的渠道费用高至近百万元），现在是"只要是你想出国投资，都有人可以借给你钱"。不过，于借款人来说，私人借贷所存在的潜在风险是显而易见的。既然如此，为何这种借贷的方式还是盛行不止呢？抛开侨乡社会所存在的信任互惠机制等原因不谈（见第三章），还与侨乡社会纷繁复杂的关系网络紧密相关。差序格局背景下的农村社会格局和侨乡复杂的关系网络使得欠款不还者或是"老赖"更容易名声扫地。而侨乡移民因其物质条件和水平提高后，会更加注重自己的名声，因而借款的拖欠率并不很高。贷款人可以通过各种途径在庞大且发达的侨乡社会关系网络中找到借款者，而借款者也会迫于乡村社会的道德、宗族等压力尽力还款。

在田野调查中，笔者发现了一个相关的案例：借款者在海外经营时不幸遇袭身亡，而家中老小又没有偿还债务的能力和积蓄，部分或全部债务由借款者的家族近亲亲属承担，以此来帮助这个家庭渡过债务的难关和保住名声。对于贷款者来说，侨乡社会网络的紧密性保证其借出去的钱可以最大可能地被收回，从而提高了借贷的安全。而对于借款方来说，贷款者的信任也给他们的经营带来了弹性，最终有利于提高经营的收益。有些借贷虽然约定了收益率，但在实际还贷过程中，若有出现了经营不善的情形，有些贷款方也会理解借款方，允许延迟还款时间或降低利息，以帮助借款方渡过难关。这种自由空间正是正规的借贷系统

（比如银行）无法提供的，也为贷款方的非洲经营创造了良好的环境。比如，在非洲的经营存在着许多不确定性，经营者可以不必受制于正规借贷有关还款等严格的限制，只要借贷双方认可，贷款方便可以更加长远地规划，最终提高资金的回报率。

2. 收集闲置侨汇。

在侨乡，当地的侨汇资源是十分丰富的，而去非洲经营带动了闲置侨汇的流动（详见第六章）。以前学界对于侨汇的研究都是基于海外移民将侨汇输入国内的单向过程，即侨乡这些青壮年移民群体负责在海外赚取的钱财寄回国内用于赡养国内的父母小孩、生活消费、偿还移民费用、国内投资或者家乡公益性事业捐赠。❶❷❸❹然而，侨汇其实也是一个双向的过程，通过经营者自有资金、参股式投资到民间借贷等灵活多变的方式，依靠侨乡的社会网络机制，闲散的侨汇被重新征集后又输出国外进行投资，而在这个过程中发挥了重大作用的便是建立于道德基础上的强制信任和侨乡的互利互惠机制。❺

四、劳动力

随着经营体系的发展壮大，侨商在海外成功立足的同时对劳动力的需求也越来越多。勤劳的中国劳工比起非洲本地成本较低的劳动力雇佣更加受海外跨国经营者的青睐。

---

❶ 梁在，诸冈秀树.国际移民与发展：以中国为例［J］.中国劳动经济学，2006（3）.

❷ 林心淦.改革开放以来华侨华人在福清侨乡捐赠行为的文化解读［J］.八桂侨刊，2013，（4）.

❸ 曾少聪，李善龙.跨国活动、海外移民与侨乡社会发展——以闽东侨乡福村为例［J］.世界民族，2016，（6）.

❹ 李云，陈世柏.海外移民慈善捐赠行为的系统构成及其运行［J］.求索，2013（9）.

❺ 林胜，梁在，朱宇.非洲中国新移民跨国经营及其形成机制——以阿尔及利亚的福清移民为个案［J］.世界民族，2017，（4）.

1. 普通劳动力的雇佣。

在普通劳动力的雇佣问题上，除了对不限地域的技术工种的局限，大多数的雇佣者在寻找劳动力时更倾向于同村或者同镇上之间，因为他们对来自同地方上的人更具有信任感。而且聘用同乡，对于双方而言都是互利互惠的事情。一个受访者这样说：

"我在南非当老板，我叫我家里的亲戚朋友去帮忙，这就像我们古代的学徒工一样。学徒去南非的路费、签证费用、机票费用共大约七八万元人民币全部由我来付，但学徒必须在我店里面做满三年。学三年以后，我帮他找店铺，到时候让他自己去发展。"

借助社会网络关系，经营者从中获得勤劳的并可以信任的劳工；于投靠者而言，获得经验和去国外经营的机会。除此之外，这些经营者还在中国通过亲戚朋友的介绍，在全国招收大量的技术工人。这些工人一般拥有娴熟的生产技能，在国外的投资过程中可以担当技术把关这样重要的角色。

2. 管理阶层。

华侨华人企业更多倾向于家族企业模式，高层员工多为商人自家亲戚组成。不同于西方企业的职业经理人制度，在华商企业中，若高层员工由关系密切的亲属担任，管理者则会更加放心❶。不仅如此，海外华商还认为"自己人"对经营更加上心，也愿意放权给亲戚。比如，受访者 C 在刚果金有四个百货商店以及七个建材商店，虽然以股东的形式成立，但是其合伙人以及公司的高层人员是他的亲戚。前文提到的浙江商人 W 原在罗马做生意，后转战非洲，涉及多个领域。在访谈中，W 表示部分生意他并不亲自打理，均交给其外甥等人运营。

"自己家里人能够做得好，肯定自己家里人好。我的夹心板厂成立在安哥拉，我什么都不管，都由我外甥来。现在我又在那做鹅卵石生意，也是由他来管。我主要想在那做钻石生意，我最好也要找自己的亲戚，但现在中国的生活条件挺好

---

❶ 林胜，赵姬，高哲.移民跨国创业的形成与困境 [J]，福州大学学报（哲社版）,2017,(2).

的，去（非洲）那边很苦，不自由，因此有的人不想去。"

对于华商而言，由血缘、亲缘缔结的关系稳固于纯粹的雇佣关系。特别在涉及重要资产方面，聘请有能力的亲属担任高层管理人员发挥的作用远大于职业经理人。除此之外，华商企业高层由其亲属担任，同网络的互利互惠机制有很大的关系。有的华商的企业是倾家族之力（财力以及人脉等）而创办的，因此在企业发展成规模以后，管理阶层多是家庭乃至家族内部成员就不难理解。

五、创业安全与保障

前往非洲进行投资活动的日益频繁，海外移民在非洲的遇袭事件也随之增加。在福建福清的 J 镇，截至 2018 年 5 月，登记在档的失依儿童有 111 名，失依儿童的父母遇害地大多数集中于非洲（详见第九章）。在移民创业遭受安全威胁时，海外移民更加倾向于自救或者亲属朋友之间的相互救助。对于并未形成族裔聚集区的海外移民而言，他们由于分散居住，在安全受到威胁时，并不能够及时得到其他同胞的救助。他们在的社团组织或者同乡会更多的是发挥着口头安全警告的作用，在商户遇到袭击之后能够给予的实际帮助有限。但是，随着袭击案件频发以及案件恶劣性质升级，遭受安全袭击的移民数量陡增，导致移民间的联系更加紧密，侨乡社会网内的安全互助互救机制得到强化，打破移民个体在遇袭时只能"各扫门前雪"的局面。

南非"警民合作中心"的诞生就是社会网络强化群体内互助互救体系的结果，是海外移民抱团取暖，聚集在一起，利用网络的力量为网络内群体提供安全保障的体现。2004 年，随着袭击案件频发以及案件恶劣性质升级，一些华人华侨在中国驻南非使领馆的支持下，于南非同当地警方合作成立"警民合作中心"。至 2018 年，南非总共成立了 13 家警民合作中心，遍布南非 9 个省市，成为当地侨民与企业的"110"。

根据我们的调查，南非警民合作中心的经费来源主要分为三部分：一是中心会员会费。中心成员会费筹集根据职位不同从 2000 到 30000 兰特不等，自愿缴纳。中心主任、常务主任及常务委员会成员，会费按每年度缴纳，其他干部按届（两年一届）缴纳。具体如受访者（庄先生）所言："每个警民中心的具体规定不同，缴费也不一样，一般是主任 30000 兰特；秘书长、执行长、副主任、监事长、理事长、常务副主任各 10000 兰特；副秘书长、副执行长 5000 兰特；理事 2000 兰特。"

二是中国政府及驻南非使领馆捐助。每年使领馆会根据情况资助每个警民中心五万左右兰特，用于中心经费开支。2017 年夸祖鲁纳塔尔省华人警民合作中心第二届监事会成员就职典礼中，中国驻德班总领馆捐赠夸祖鲁纳塔尔省华人警民中心五万兰特。

三是侨民、侨资企业等临时的捐赠。除会费和使领馆捐助外，中心经费很大一部分来自热心侨民、侨资企业的捐赠。如 2017 年 8 月，北开普省华人警民合作中心举行一周年庆典，某矿业集团捐赠十万兰特，侨民个人捐款五千至一万兰特等。

从经费的筹集过程可以看出，在非洲的中国跨国企业家是警民合作中心的重要力量。侨商既是警民合作中心的助力者、共建者，也是受益者、共享者。通过警民合作中心这样的组织，在非洲的侨商形成了强大的社会关系网络。海外经营者正是通过这类侨团、侨社进行互动，扩大个人的社交圈，逐渐形成大型的华人社会网络圈，而这类组织也会为在非洲经营的侨商提供一个安全有利的互助平台。

南非警民合作中心协助当地警方维护华人聚集区的社会治安环境，并配置人员参与华人社区巡逻，保护在外的华人华侨的人身财产安全和经营安全；在华人安全事件发生后积极参与善后处理，督促当地警方严惩罪犯，并在华人内部有效地链接资源，给予遇袭遇难侨胞及时、有效的帮助。正如警民中心一个办事人员所言："有一华商特意写了一封感谢信，感谢警民合作中心牵线搭桥。以前华商经常遭到警察不明不白刁难和罚款，通过警民中心与当地警方互动，目前华商同警察局局长关系非常融合，生意也蒸蒸日上。"

警民中心还积极投身公益事业，向当地贫困地区和学校捐赠物质，提升华人在当地社会的地位和正面形象，改善了南非主流社会对华人的看法。南非警民中心的经验在非洲其他国家和其他治安状况不佳的移民目的国得以推广，通过类似于警民合作中心这样的组织，海外华侨华人之间的联系进一步加深，创业的安全也得到了一定程度的保障。

第四节　侨乡社会网络对移民跨国经营的消极影响

一、华人经营层次较低，难以升级

侨乡丰富的社会网络让跨国投资变得更加容易，但同时也让投资进入的门槛降低，特别对于没有雄厚投资资金、来自农村的侨乡草根移民群体而言，尤其如此。进入经营门槛较低、收回投资成本较快的行业成为他们异国投资的首选，因此，这些海外经营的产业技术含量并不高，竞争性较差。另外，华人依靠家族关系来进行经营和管理也为企业的壮大和升级埋下了隐患。家族式经营依赖一个家庭或几个亲友合伙的经营方式，虽然可以解决如上所述的在资金、人工等方面的需求，但由于缺乏现代管理制度，就会产生诸如任人唯亲、决策不科学、管理混乱等问题，因此华人在非洲经营的层次难以升级。

二、华人的扎堆经营和同质经营问题

在侨乡社会网络的作用下，互相模仿经营、重复投资成为必然。海外移民会根据自身社会网络提供的资源选择创业策略。海外移民对于社会网络所提供的支持比较依赖，他们的经营也被限制在与网络资源水平匹配的有限选择中，因此他

们更倾向于复制前人的创业路径，扎堆在早期移民的所经营的行业进行创业。随着后来的移民不断增加，容易在输入国形成同质经营的局面。即使有些移民的经营在有所创新，但又会很快因为网络的力量被后来者模仿。

三、华人之间竞争激烈，间接引起海外华人安全问题

侨乡社会网络对移民经营形成边界约束，难以拓展其经营范围，因此华人内部的竞争十分激烈。只要某一行业可以盈利，这些消息就会通由社会网络在中国的移民输出地传播开来，接着就会有大量的新的类似的投资迅速进入该地区，导致在非洲的华人内部大量的重复投资和产品（或服务）的过剩。以福清移民为例，大多数移民在非洲从事已经饱和的超市、小商品批发等行业。X 先生是福清人，在南非开超市和仓储。他表示："现在中国人过去开的超市超过一万家。（新移民）没地方进去了，密密麻麻的。以前是三条街一个华人超市，后来两条街一个华人超市，现在超市开在你对面的都有。"华人内部的竞争十分激烈残酷，很多地方还出现因华人内部竞争引起的恶性案件。这些恶性事件，轻则大打价格战互相内耗，重则对竞争对手进行恶意的人身或财产攻击，华人买凶杀人、华人自相残杀事件亦有发生。❶

四、社会网络也导致了一定程度的族群矛盾

由于过分依赖华人网络，经营者与输入国社会形成了一定的隔阂，导致一定程度的族群矛盾。在非洲经营的华人创业者在社会网络的作用下，形成较为封闭的圈子，容易抱团发展。他们不愿意与当地社会沟通，融入当地社会的程度较低。由于非洲相对较为落后的经济发展水平，再加上语言障碍、文化冲突和社会

---

❶ 林胜，朱宇. 海外华侨华人安全问题思考——以福建海外移民为例［J］. 福州大学学报（哲学社会科学版），2015，（2）.

价值观差异等原因，华人经营者中容易形成对非洲裔社群的偏见和歧视。甚至有些华人经营者无视非洲国家的文化风俗习惯和法律法规，不诚信经营、偷税漏税、伤害当地被雇佣者的合法权益，在非洲当地造成了一定负面影响。这些事件又被一些别有用心的国外媒体或邪恶势力所利用，污化华人形象，导致了紧张的族群关系。

第五节　小结

侨乡社会网络在移民创业中发挥着重要作用，移民从中获取他们所需要的社会资本。社会网络的积极影响为团结组织网络内群体，为网络内移民提供创业信息、资金、劳动力和创业安全与保障等，保障海外移民的生计，让他们能够在海外迅速站稳脚跟，促进移民创业的进程与发展。社会网络越强，意味着网络内部为成员提供的社会资本越多，对成员的约束也越强，带动网络内成员共同创业，规避个体创业所遭遇的劣势，最终形成企业集群。❶强大的社会网络对于弱势的移民个体而言没有拒绝的理由，他们或主动或者被动的聚集在社会网络内，享受社会网络带来的便利。但是社会网络的消极影响也显而易见。已经有研究认为，社会资本起初扮演的是促进移民的角色，保障了他们的生计，但是它最终成为阻碍移民在侨居国向上流动的因素。❷同样，社会网络对于海外经营而言，也产生了诸多不利的影响：社会网络让跨国投资的门槛降低，再加上家族式经营的特点，让华人经营的层次难以提升；移民通过侨乡社会网络大量涌入同质性行业，重复投资导致侨居国部分行业市场份额受到挤压，经营利润严重下滑；华人内部恶性竞争甚至导致华人的人身安全问题；过分依赖华人社会网络，融入当地社会的程

---

❶ 陈翊，张一力.社会资本、社会网络与企业家集群——基于宁波和温州的比较研究［J］.商业经济与管理，2013，（10）.

❷ Liu-Farrer. The Burden of Social Capital: Visa Overstaying Among Fujian Chinese Students in Japan［J］. *Social Science Japan Journal*, 2008,11(2).

度较低，导致了一定程度的族群矛盾。

为了打破社会网络带来的经营上的负面影响，第一，引导民间资本在非洲形成较为多样的投资项目和产业内容，不断提升华人在非洲经营的层次和水平，提高投资的知识专利和技术含量以避免华人的相互模仿、竞争。

第二，需要加强对华人经营的宏观调控，对华人在非洲经营进行统筹管理和规划，避免重复投资和内耗，甚至可以在非洲建立有一定规划、竞争力和影响力的产业园区，在华人经营中进行协调分工，促进移民创业的良性健康发展。

第三，鼓励华人经营者开放原有封闭的社会网络，主动融入当地社会。华人经营者要尊重非洲当地的文化和价值观，遵纪守法经营，在盈利之余多奉献当地社会，促进与当地社会的沟通与相互信任。

第五章 跨国经营与跨国商会组织

第一节 引言

到非洲去寻找商机成为许多侨乡移民的追求，但是这种繁荣现象的背后也存着一定的问题。随着中国人在非洲经营活动的不断扩大，其面临的问题开始暴露，这些问题具体表现在如下五个方面：

第一，华人在非洲的"内斗"较为严重。华人在非洲的投资缺乏分工，重复投资导致华人内部竞争激烈。相互拆台、打价格战、恶性竞争等现象层出不穷，既消耗了华人自身实力，也损伤了华商群体在非洲的形象。

第二，华人在非洲长期经营的意识不够。部分企业只注重眼前的利益，忽视长远的利益，有的企业没有长远规划，在经营上不规范，打"擦边球"，存在捞一笔就"溜走"的心理。[1]他们往往将自己当成是"客居者"，"（非洲）这里只是工作、挣钱的地方而已"。[2]有些企业往往只注重短期的利益，长期投资的意识不足。

第三，面临其他族裔的经营竞争。在非洲，始于17世纪中叶的印度移民已经颇具规模，他们主要集中在非洲南部和东部。[3]由于印度和非洲共同反殖民主

---

[1] 林胜，梁在，朱宇.非洲中国新移民跨国经营及其形成机制——以阿尔及利亚的福清移民为个案［J］.世界民族，2017，（4）.

[2] 陈凤兰.南非中国新移民与当地黑人的族群关系研究［J］.世界民族，2012，（4）.

[3] 时宏远.非洲的印度移民及其对印非关系的影响［J］.世界民族，2018，（5）.

义联系所带来的历史记忆，印度文化在非洲的影响深远。印裔侨民相比中国侨民，在非洲新兴国家的经营有着在制度、地缘和语言上的独特优势的软实力资源。❶ 在华商前往非洲进行经营活动时，与印度族裔的商人之间形成一股不可小觑的竞争。印度人在当地采取的是一种抱团发展的方式，他们的行业协会具有很强的影响力，且在行业协会规定之下的报价等经济行为具有遵守的自觉性。印度裔商人对华商跨国经营而言，既是一种商业环境之下的竞争压力，也是一种值得借鉴参考的对象，从而引导华商群体进行规范有序的经营活动，塑造更为良好的经营和品牌形象价值。

第四，对中国负面的舆论阻碍了中非关系的健康发展。随着中非贸易活动的活跃，贸易争端也随之增长，成为部分西方国家制造"中国威胁论"和"新殖民主义"的依据。指责中国正试图在非洲重复西方殖民者的殖民政策，并通过利益集团的宣传扰乱华商经济活动，阻碍了中非关系的正常健康发展。

第五，一些华商与非洲当地的族群矛盾冲突开始出现。近年来虽然中非外交关系发展良好，但在非洲的华人经营者与非洲输入国的经济、文化冲突仍不可忽视。例如，华侨华人封闭的居住与生活习惯使得中非民众之间缺少沟通与宽容而引发的猜忌；华侨华人不尊重当地文化，缺乏对非洲国家的风俗习惯和法律法规的了解，甚至无视当地法律而产生的消极影响。❷ 而关于华人商铺的打砸抢烧事件、罢工游行事件时有发生，成为华商群体人身财产安全的潜在威胁，严重影响了在非华商经营的活动秩序和稳定性。

基于此背景之下的华商在非洲的经营亟待需要改善这一不利的局面，因此，浙江某中非商会作为一个典型的跨国性商会组织顺势而生。

---

❶ 简军波.印度在非洲的软实力：资源、途径与局限性［J］.非洲研究，2015，（2）.

❷ 林胜，朱宇.海外华侨华人安全问题思考——以福建海外移民为例［J］.福州大学学报（哲学社会科学版），2015，（2）.

第二节　研究综述

目前学界对商会的定义因其视角不同而各有差异。❶❷ 简单来说，商会是集合了商人的业缘性群体组织，以商人的经济利益诉求为组织活动出发点，并可以由此延伸出其他非经济方面的职能。前人对商会研究更多的讨论是针对国内或国外的商会，更多聚焦在商会的历史研究、运作机制、融入问题、与政府外交联系等方面。在历史研究方面，如冯筱才研究了近代中国商会史的起步与发展，并讨论商会的性质与政府、会馆公所关系。❸ 马敏、付海晏总结梳理了学界在近二十年来的中国商会史研究。❹ 在商会的运作机制研究中，有王崇杰通过对广东省湖北商会的个案研究来寻找地缘商会的"嵌入式"发展内在动力和路径。❺ 陈剩勇、马斌在对民间商会自主治理的结构要素进行分析后，归纳出其运作逻辑和实现自主治理的基本条件等。❻ 在融入问题上，曹一宁关注到海外华人的融入现状与问题，以海外温州商会为例，提出从改变客人心态、维护自身权益入手对海外商会与华人融入当地主流社会进行初步探讨，❼ 并从其融入问题延伸到华人商会的经济转型，提出五点华人商会转型的对策建言。❽ 与政府外交联系方面，徐晞讨论了美国华人商会对促进中美关系的作用，认为商会助力了中美关系大格局。❾

---

❶　张科，蓝海林.商会的概念界定与理论解释［J］.商场现代化，2006，（16）.

❷　徐鼎新.中国商会研究综述［J］.历史研究，1986，（6）.

❸　冯筱才.中国商会史研究之回顾与反思［J］.历史研究，2001，（5）.

❹　马敏，付海晏.近20年来的中国商会史研究(1990—2009)［J］.近代史研究，2010，（2）.

❺　王崇杰.地缘商会"嵌入式"发展的内在动力与路径研究——广东省湖北商会的个案分析［J］.华中农业大学学报(社会科学版)，2018，（6）.

❻　陈剩勇，马斌.温州民间商会：自主治理的制度分析——温州服装商会的典型研究［J］.管理世界，2004，（12）.

❼　曹一宁.浅析海外华人商会与华人融入主流社会——以海外温州商会为例［J］.前沿，2012，（14）.

❽　曹一宁.海外华人商会与华人经济转型初探——以海外温州商会为例［J］.特区经济，2012，（3）.

❾　徐晞.美国华人商会对促进中美关系的作用与效应分析［J］.中国软科学，2016（9）.

在跨地域的商会研究当中，虽然数量较少，但仍有迹可循。如廖赤阳在对日本中华总商会进行详细考察后提到华人商会的华侨、日本、中国三个因素的界限并非泾渭分明，重要的是如何跨越国境合理和有效地整合和调配各种资源。[1] 刘宏以新加坡中华总商会为点，探讨其在区域商业联系建构中的重要作用，并如何体现本土化、区域化、全球化进程中的不可或缺的环节点。[2] 陈剩勇、马斌阐述温州在国内的异地商会兴起的生发机制，考察和探讨该商会在地方治理中的角色和作用，并解释异地商会兴起的意义。[3]

综上所述，其实商会的跨地域发展研究仍然寥寥无几，特别是针对在非洲跨国经营的跨国商会的研究尚待挖掘。本文将焦点投向浙江某中非商会这样一个具有跨国性的商会组织，旨在对其在华人非洲经营的作用进行探析。本书所使用的资料来源于笔者于2017—2019年对浙江某中非商会的多次实地调查所获得的数据。

第三节　跨国商会的特征

追溯中非近现代经贸交往可至新中国成立后，由于政治因素，中非贸易只能以民间贸易的方式进行。[4] 进入21世纪，中非双方互动加强，交流领域不断扩大。为落实习近平主席在中非合作论坛约翰内斯堡峰会"开启中非合作共赢、共同发展的新时代"倡议，响应"走出去"战略和"一带一路"建设，浙江某中非商会于2017年1月成立，并以"自主办会、服务立会、信义兴会、发展强会"为宗旨。对该商会的特征具体描述如下：

---

[1] 廖赤阳.日本中华总商会——以"新华侨"为主体的跨国华人经济社团 [J].华侨华人历史研究，2012，（4）.

[2] 刘宏.新加坡中华总商会与亚洲华商网络的制度化 [J].历史研究，2000，（1）.

[3] 陈剩勇，马斌.民间商会与地方治理：功能及其限度——温州异地商会的个案研究 [J].社会科学，2007，（4）.

[4] 李成.中非经贸合作的历史、现状及前景展望 [D].首都经济贸易大学，2007.

一、该商会具有明显的跨国性

其跨国性主要表现：首先，商会的会员来自国内外，吸引了来自中国和非洲甚至其他国家经商的个人或企业的加入。其次，该组织开展的是跨国活动。商会通过跨国经营活动构筑起跨国社会空间，跨越一个或多个国家边界来行使其功能，使得文化、经济和政治资本在空间中不断累积、转换、交流和使用，促使了经营活动在地域上双向或多向流动发展，而非局限于单一性地域（国内或国外）商业活动，以中非的网络链接来扩展自己的发展空间。这就使得商会在发展过程中，商会会长及众多参与者要注重跨国"场域"，统筹中非两地情况。相比一般商会而言，跨国商会战略视野不同，要放得更高，看得更远，综合考量因素更加多元。再次，虽然众多商会成员各异的个人社会网络共时嵌入跨国社会空间，但他们整体上的行动方向和目标是具有团体一致性的，是基于共同的跨国认同，即国家认同、族裔认同和文化认同。

二、该商会的会员跨越商界人士

会员可以分为团体会员、单位会员、个人会员及特邀会员四类。团体会员指在该市依法成立的行业商会、协会、学会等社会团体；单位会员指在该市依法注册登记的企业、事业单位、民非企业单位、社会中介组织或机构等单位。这些会员又可以分为：名誉会长企业、会长企业和执行会长、副会长企业和一般小微企业。名誉会长企业属于某行业龙头企业，是中国企业500强，在非洲业务以新能源与电力能源设备制造行业投资为主；会长企业是大型企业集团（注册资金>1亿，员工人数>2000），在非洲业务以矿业投资与运营业务投资为主；执行会长企业属于中小企业，是一家新三板上市公司，主要从事教育培训产业；在（常务）副会长会员企业中，在非洲业务投资主要分布在农林、旅游、矿产、商业服务、国际贸易等领域；还有其他一些中小微企业，加入商会有望以后成为新的经济增长点；个人会员指该市私营企业出资人和经营者、个体工商户、华侨、异地商会会员、全国致力于中非友好合作事业的热心人士；特邀会员指该市外境内企业和单位、个人、华裔、华侨等。在第一届入会会员名单当中，除特邀会员以外共计123家单位、个人、团体，其成分结构图如图5-1。

可见，商会既有业界商人或企业加入，包含单位会员中的48家企业、39位业界商人为代表的个人会员（涉及矿业、药业、传媒、鞋业、机械设备、贸易等行业）；又有教育科研单位（6所）和协会、学会等团体会员（30家）。此外，在该商会成立大会上还有政府职能部门人员、金融组织人员、各地商会代表等领导和嘉宾出席大会开幕式。

其参会成员有些具有多重社会身份和职务，同一场域中单个成员自身多种社会角色的身份叠加也意味着该商会在资源掌握上拥有更多更大的潜力。因此，从人员组成性质上来看，该商会是由无数大大小小的个人社会资源网络叠加起来，具有综合性、多样性、覆盖面广的特点。从商会整体而言，作为一个有着雄厚实力的团体在对外上更具有话语权和代表性，在资源争取和洽谈上更具有吸引力和倾向性，增强了商业竞争力。

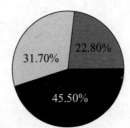

图 5-1 某中非商会第一届的会员构成情况

三、经费来源与收支基本自足

该商会经费来源于会费、捐赠、政府资助、业务范围内活动或服务收入、利息、其他合法收入六方面。除了创会成立之初会长出资200万、执行会长出资100万、常务副会长出资25万、副会长出资10万、常务理事出资2万、理事出资1万所筹措的经费（共筹集到近500万元的经费），还有每年稳定的会员会费缴纳收入（单位会员和个人会员会费1000元/年，五年为一届，每届一次性交会员费共计5000元）。商会成立之初，就有许多新的会员要求入会，就2018年一年的会员费增量就达到四十多万元。该商会建立起严格的财务管理制度，接受会员大会、审计机构的监督。经费支出主要集中在两块：其一就是本会专职工作人员的薪资，这部分在经费支出中仅占极小的比例；其二就是接待以及商务洽谈方面的费用，这是商会主要的支出。商会实现了收支基本自足，能够确保商会的日常事务顺利进行，保证了稳定发展的持续性。

四、与政府的关系密切

虽然商会是作为一种民间组织力量在发挥影响作用，但其筹建和发展过程中与政府职能部门的关系却不可忽视。该商会获得当地市委、市政府的批准才开始筹建。在商会成立大会上，该市的主要领导（如市委副书记兼市长、市委常委兼统战部部长、市人大副主任、副市长、市政协副主席、市政府秘书长）出席，市委副书记亲自为商会授牌。该商会聘请的高级顾问团中，很多直接来自政府相关职能部门。该中非商会在"一带一路"大背景下成立，因此被地方政府认为是推动该市融入"一带一路"进程的重要事件而获得大力支持。

该商会的成立既接受政府的引导、统筹整合华商资源，又主动对接起国家对外战略，搭建中非"一带一路"合作平台、教育合作等举措，获得了来自官方立场的支持，成为国家政策的具体实践者。就2017年而言，该商会已承接多达六次的人员来访考察，包括了马达加斯加总统府总统项目、领土整治和装备部长率领的代表团，布隆迪参议长代表团，科特迪瓦驻华大使，加纳副大使，纳米比亚驻华大使，葡语非洲四国使团，这些外事活动多由政府部门从中牵线。商会章程中还提及本会的业务范围之一便是承办市政府有关部门交办的其他事项。政府在外事活动中也会借助商会的"手"去探测非洲国家的合作意向，进而促成项目合作。

五、拥有内部层级网络

某中非商会一届一次会员大会暨成立大会议程审议通过了商会章程草案。在该草案中，该组织划分出了明确清晰的组织架构和人员组成。该会有会员大会、理事会、常务理事会、会长办公室、监事会五大组织机构。会员大会作为最高权力机构，理事会是会员大会闭会期间的执行机构，常务理事会下又设立会长办公室，而监事会是会员大会的监督机构。每个组织机构内又有不同的职能分工，层层递进，各司其职以发挥出最大的组织效能，详见图5-2。

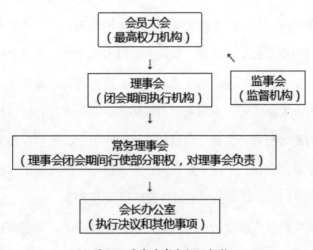

图 5-2 某中非商会组织架构

表 5-1　某中非商会会长会员权利义务分工

	权利	义务
会长	1. 召集和主持理事会及常务理事会； 2. 检查会员大会及理事会决议落实情况； 3. 代表商会签署重要文件。	
会员	1. 有本会的选举权.被选举权和表决权； 2. 参加本会的活动； 3. 获得本会服务的优先权； 4. 对商会工作批评建议及监督权； 5. 入会自由.退会自由； 6. 其他约定权利。	1. 执行商会决议； 2. 维护商会合法权益； 3. 按规定交纳会费； 4. 向商会反映情况，提供有关资料； 5. 完成本会交办的工作。

表 5-2　某中非商会五大组织机构及其主要职责

			权利	义务
会长			1. 召集和主持理事会及常务理事会； 2. 检查会员大会及理事会决议落实情况； 3. 代表商会签署重要文件。	
会员			1. 有本会的选举权.被选举权和表决权； 2. 参加本会的活动； 3. 获得本会服务的优先权； 4. 对商会工作批评建议及监督权； 5. 入会自由.退会自由； 6. 其他约定权利。	1. 执行商会决议； 2. 维护商会合法权益； 3. 按规定交纳会费； 4. 向商会反映情况，提供有关资料； 5. 完成本会交办的工作。
常务理事大会	2/3 以上常务理事出席	2/3 以上常务理事通过	在理事会闭会期间代替理事会行使除会长、副会长等职务的选举和罢免以及向会员大会报告之外的职能。	由理事会选举产生；人数不超过理事人数的 1/2。
会长办公室	2/3 以上成员参与	2/3 以上成员通过	执行理事会及常务理事会决议；研究需提交理事会或常务理事会讨论的事项；根据会长提名，决定秘书长及副秘书、相关机构负责人的聘任。	由会长、执行会长、常务副会长、秘书长组成；根据工作需要可随时召开。
监事会	2/3 以上监事或者授权代表参与	2/3 以上监事通过	对商会决议、工作执行等情况监督；对会费收支情况监督；对各级负责人工作情况监督；对商会人事选举、任免程序监督；对处理违反章程会员的执行过程监督。	会员大会设立的监督机关，对会员大会负责；所有监事在商会中不担任任何职务；监事应列席理事会及常务理事会，有发表意见权，但不享有表决权。

因为众多会员或会员代表在非洲，全体会员召集起来有难度，因此会员大会很少召开。会长办公室作为一个执行单位，其构成人群是具有代表性的各行业的精英阶层，对于市场、信息等熟知，因此能够更有针对性地行使执行理事会的决议的职能以及精准把握商会发展方向。商会会员依据其不同的级别，享受到商会的服务也具有差别。比如在 2017 年，该商会接待的六批次非洲国家的代表使团，商会的参与群体就集中在理事及以上级别的会员。对于商会所提供的外出非洲考察交流的机会，理事及以上级别会员也具有优先权，一定程度上形成了有会"会长优先，会长没空，会员来充"的局面。

六、"朋友圈"的运作模式

这里的"朋友圈"包含两层意思：一是指以官方微信公众号为代表的众多网络信息平台载体，形成一个信息互动交流圈；二是指以个人或单位为结点的社会朋友圈，通过一对多或多对多的方式达成社会资源在朋友圈内的流动，并不断拓展自身网络，链接所需的资源达成跨国经营活动的进一步深入和拓展。以该中非商会公众号为例，其中既有该商会的成立背景、组织机构等基本信息，还有非常重要的会员服务和咨询中心两大版块。内容包含了商会新闻、行业动态、政策法规、反馈信箱等众多与会员利益切身相关的信息推送。开通了商会会员点击获取信息的快速绿色通道，形成信息公开、资源对接、会员接收消化再反馈的循环运作模式。

第四节 跨国商会的主要工作

该中非商会作为一种跨越国界的资源集合体，既代表了众多参会会员的利益诉求，发散辐射自身影响，又具有浓厚的官方背景色彩。由于自身的角色定位和业界领头人的社会资本累积，商会能够以长远眼光来看待和开拓非洲市场，其理念和策略具有一定的战略高度。具体而言，该商会的工作内容涉及信息咨询协调服务、中非交流合作、谋划产业园区、非洲专业技术人才培养等内容。

一、提供商业信息咨询服务，链接资源

商会作为一个业缘性组织，具有巨大的潜在信息资源，而商机的发掘来自商人对于信息的掌控和实效性，因此信息咨询服务便是商会成员首要关注的一大重点。该中非商会对内在咨询供给方面涵盖了信息、法务、税务、贸易、投融资、安全、技术、人才等服务。安排在该市大学留学的非洲学生进行非洲市场调研，汇总分析非洲社会的商业机会，形成信息补充。

国别研究也是该商会的一项工作。在非洲，不同的国家有不同的发展侧重点，有的侧重于工业，有的侧重于贸易。而哪个国家缺少什么样类型的企业，哪个国家更倾向于欢迎中国企业商人入驻等信息，在商会层面上实际具有更准确的商业视角判断。例如，埃塞俄比亚考虑到其民族企业发展而更多地强调工业投资，那么商会就会引导会员进入投资办厂，并出面商谈优惠条件和政策。商业信息通过理事会进行线上发布，实现信息传达、需求对接、情况反馈的循环。该商会还为成员提供丝路基金、中非基金等帮助，实现国家战略与民间战略的相辅相成。另外，商会还开展学习教育活动，包括了国家当前政策法规、战略部署、国际商业法则等，引导商会成员在合法有序的前提下开展经济活动，避开雷区禁区，增强法律意识，规范经营行为，使商业合作稳中有序进行，形成良性合作可持续发展。

二、开展中非交流合作，引领会员"走出去"

商会还致力于中非友好交流与合作。非洲国家整体医疗水平相对落后，商会联系该市某医科大学，就对非医疗援助展开了合作，支持非洲国家建设现代化的

医疗教育科研中心，培养非洲当地药学人才，帮助实现非洲当地药学自我可持续发展能力，助推中非友好交流与合作。中非的友好合作关系将能为中国人在非洲经营营造一个十分有益的大环境。

该中非商会与非洲各国之间的商务交流考察活动往来频繁，既作为一股民间推动力量形成与非洲官方的联系，又得到来自国内政府部门的大力支持，例如全国政协、商务部、外交部等的委托牵头等。商会2017年六次接待使团来访活动，在接待过程中深度交流了马达加斯加经济特区建设；参与布隆迪工业化建设建言献策；讨论如何借鉴中国经验使其转化为一股科特迪瓦本土化发展的力量；与加纳在城市基础设施建设、综合服务机制中实现中非资源对接和教育合作；参与共同开发建设纳米比亚旅游度假区；完成与非洲葡语四国的商业投资合作等项目交流。

"若是单个商人去非洲寻找商机和合作，是没有多少人愿意跟你洽谈的，但以商会出去就不同了。"一位受访的副会长这样说。商会作为先锋，以群体利益代表的身份出击，而获得合作方更多的青睐。商会领头人的服务意识、商会整体的开拓进取精神、商业视野的高度，使得商会在开拓非洲市场方面成就巨大。商会积极为其成员的投资经营开拓道路、开辟市场，在中非交流考察中实现信息的对接整合，争取更多的利润空间、政策红利和非洲政府的支持等众多资源累积。

三、整合资源，谋划中非两地产业园区建设

商会始终将"反哺家乡"作为其工作内容，对内积极谋划中非产业园的建设，提出了建设中非会议中心、建设宝石交易平台、建立国际金融教育机构、建设非洲大宗商品交易市场四条设想并积极落实；商会还与某县人民政府签订投资建设的文化园项目，回馈家乡建设。除了在国内投资建设产业园，在非洲筹划的境外产业园也紧锣密鼓地进行中。例如与马达加斯加合作开发的"中马特区"致力于依托当地资源打造国际旅游中心，建设新兴经济特区；在东非第一大港

口——肯尼亚蒙巴萨由政府牵头建立物流园区；与蒙巴萨铁路项目相配套的工业园区建设等。

规划在非洲的产业园区可以促进华商内部的协同发展，消除内部冲突。华商在对非洲投资时，投资的行业相对集中、产品同质化较高，导致华人的恶性竞争，影响了中国企业形象，甚至是国家的形象。因此，通过产业园区的建设，可以对华人在非洲的投资进行宏观调控，避免华人企业内部恶性竞争和重复投资。

在非洲建立产业园区还可以实现积聚效应和"抱团发展"。单个企业在海外的发展之路是势单力薄的，很容易成为被攻击的对象，并且权益也得不到保护。借助园区平台，与同类型的企业尤其是龙头企业共同发展，就一定程度上规避了风险，能够获得稳定的发展空间与环境。产业园区合理的布局，又能够整合资源，形成产业的聚集效应，进而减少成本，实现会员企业的"抱团发展"。

产业园建设还可以成为企业在非洲投资的孵化地。我国众多企业在海外的投资初期都有着试探市场的动机，因此规模都是较小的，发展成熟之后再去扩大规模。一些企业可以在前期依托园区平台，慢慢熟悉市场环境，为日后的升级奠定基础。

四、与科研教育单位合作，进行专业技术人才培养

商会成立至今，始终注重文化软实力的培养，倡导中国科学技术"走出去"、非洲留学生"引进来"培养的双向流动。该商会成立之初，就意识到高校科研技术与人才培养方面的优势，吸收了本地六所大学和科研单位作为会员单位，而这些科研机构也为他们在非洲的长久经营提供了技术与人才培养方面的支持。对于校方而言，借助该商会的平台，开展中非的教育、科研、人文等的交流与合作，有利于将自己打造成"一带一路"上的明星学校，实现学校国际化发展的规划。因此，在国家政策和商会的推动下，在该市的非洲留学生规模每年都有五百余人，并且逐年上涨。比如，该市某大学2016年招收外国留学生约两百人，到

2017 年已经达到三百多人，其中非洲留学生占了 70%。

商会积极关心非洲留学生在中国的学习生活情况。商会于 2017 年被授牌成为非洲留学生的社会实践基地，平时与非洲留学生座谈，帮助他们解决一些问题。商会某企业会员更是出资一百万在当地一所医科大学设立奖学金，推动非洲留学生教育计划。这些都为商会在非洲发展积累了良好的根基。

目前，华人在非洲的经营面临着人才问题和属地化经营问题，而培养优秀的非洲留学生、加强和非洲留学生的联系，是解决这些问题的有效途径，也是为了华商在非洲长远的发展而服务的。2017 年，在国家多部门联合举办的全球首届非洲在华留学生就业交流会上，该商会作为协办方，积极组织会员企业参加招聘，在非洲留学生中寻找解决会员企业在非洲发展所面临的人才瓶颈。

第五节　跨国商会的作用

该中非商会作为一种跨国性商会，不局限于单一地域的市场活动拓展，而是在两地之间架构起交流互通的快速通道和平台，以整体形象力量出击，然后辐射带动会员进入。在企业代言人、合作的摆渡人、矛盾调节、民间外交、提升中国科学技术和文化传播方面发挥了重要作用。

一、企业代言人

该中非商会致力于打造高端的资源对接，辐射带动"朋友圈"内的商会会员经营发展，满足其增加竞争力、拓展原有产业的诉求。通过在外非洲需求调研、汇总分析掌握商机，在内迎接主动抛出合作橄榄枝的非洲国家组团考察，了解投资环境和布局开拓市场。在中非频繁往来的活动交流中建立与非洲各国的友好关系，累积人脉资源，建立起高层次、多领域的交流格局。在与非洲政府官方进行对话时，考虑成员利益需求，既为非洲国家的现代化建设积极建言献策，又为会员寻求经营合作机会，为获得官方经营活动认可迈出第一步。当会员在非洲经营遇到的不公平对待或受到相关政府机关抵制时，商会能够作为"代言人"出面解决，其权威性和话语权比起个人更为有效、快速。在与中国政府进行对话时，商会代表的是成员的利益，以团体的力量向政府反馈和争取企业跨国经营所需要的政策支持等，帮助成员在法律和官方认可的范围内进行经济活动，例如"一带一路"下的国家政策补贴、非洲援助项目的延伸产业等等。

二、合作的摆渡人

该中非商会在服务于会员的过程中，扮演着摆渡人的角色。虽然跨国商会在市场开拓过程中承接了许多高端的使团考察交流活动，且多带有浓厚的官方色彩，但其本质上是为了获取商业和政策信息，为商会成员探寻商机和合作机会。在众多商务性考察活动的接洽中，以商会会员的团体性利益代表的形象出现，将符合会员利益的信息转化为资源储备，上接下达，满足了成员对信息既快又准的利益诉求。信息咨询服务作为中非商会的一大工作重点，具有覆盖面广、实效性强的特点，商会成员通过商会资源挖掘商机、获取信息，减少由于信息了解不到位而导致的投资经营失败，弥合信息错位或缺口，增加成功的概率。

另一方面，商会领导班子的组成成员都是来自业界各行的翘楚，拥有很庞大的社会资源，对于非洲的人文、地理情况具有很清晰的了解和战略眼光。对于会员投入前或经营过程中有争议的事项，能够通过集体智慧予以评估和衡量。在他们的带领下，达成为成员出谋划策、衔接资源、开辟通道，有效帮助商会成员打通落地非洲开展经营业务的阻碍的作用，充当温商中非跨国经营的智囊团角色。

三、矛盾调停者

商会作为一个自发的自律性组织，对经济纠纷和矛盾的处理"仲裁"，维系会员间的友好合作关系也是其重要功能之一。在商会成立之前，在非投资经营的商人容易出现盲目投资、重复投资的现象，甚至华人内部之间由于"内斗"而形成恶性竞争。而该商会的成立在其中能够有效起到调解沟通矛盾双方、重新制定行业规则、督促华商规范经营的作用。有效利用商会规章制度、会长权威、会员舆论压力等对会员不合乎规范的经营投资行为进行规劝，扭转不良的竞争之风。

比如，在肯尼亚的某一区域有两家会员企业同时在做箱包生意，一段时间后该区域箱包市场就饱和了，大家都没利润可赚。该中非商会就出面协调，召集两家企业来进行协商。后来在商会的引导下，其中一家企业决定改去坦桑尼亚经营，而留在肯尼亚的这家企业按约定以参股的形式出资以支持另外一家企业去坦桑尼亚开拓市场。这样两家中国企业不仅避免了利益摩擦，而且使双方发展空间得到拓展，形成了互利共赢的局面。

除此之外，商会十分重视会员间的关系维护。通过企业交流会、中秋家宴等形式各异的活动，在经济上密切了业务联系，又维系了会员间的情感纽带，极大增进了会员企业间的友谊，营造出和谐发展、汇聚成团、互利共融的组织氛围，这对于华商在中非跨国经营的"抱团式"发展大有裨益。

四、民间外交官

跨国商会虽是民间组织，但其实质上又承载了政府部门职能的部分延伸，民间外交便是它的一大特色。该中非商会是中非两地友好往来的使者，在积极推动中非各领域友好交流和合作方面贡献出不可忽略的力量。商会承担起向非洲和世界正确说明中国的历史使命，与非洲各国政府经济部门、社会团体和友好人士建立友好合作关系，编织民间外交网络。比如，接待了如加纳、库马西、纳米比亚、布隆迪、科迪瓦特等国的代表团，与众多非洲国家的代表团进行了深入的交流，探索中非合作的路径。中非商会还通过承办或协办中非论坛等活动，延伸其在中非两地的影响力。

该中非商会还是中国政府与非洲当地建立友好关系的桥梁。商会的一些会员在非洲经营时间较久，在非洲当地积累了一定的社会资源，与非洲一些国家的领导人建立良好的私人关系。当某市官员要去非洲进行公务考察前，会经常先联系商会，让商会从中穿针引线。当政府遇到一些在非洲的紧急事件，也经常会咨询商会，从中获得商会的帮助。

该中非商会虽然仅仅是服务于该市当地华商的团体，但对外主动肩负起中非长期友好交流、共同发展的外交使命，作为一股民间力量积极推进交流，承接来自外交部、商务部的事务委托，从经贸领域深入寻求合作，探索外交、军事等方面合作意向，路线策略上更加委婉，因此商会能够完成一些政府部门做不了且不适合做的事。比如在资源问题上容易产生舆论压力和国际矛盾，但当商会中的资源型企业通过经贸往来购入矿产等自然资源时，作为一种民间商务，并不会受到来自世界各方的指摘和关注。但当国有企业参与资源贸易时，容易因其具有官方背景色彩而被舆论渲染成"资源掠夺者"，打上"中国威胁论"或"新殖民主义"的标签，从而严重损害了中国在非形象。跨国商会便是有效避免出现这种舆论危机的消解器。该中非商会作为中非两地民间友好交流的使者，在中国政府与非洲政府之间搭建起沟通的桥梁和纽带，通过自身努力积极向非洲人民展现中国友好合作、互利共赢的正面形象。

五、中国科技和文化的传播者

在非洲，该中非商会通过在非洲的一些国家（如加纳）建立眼科医院、培养当地药学人才等实际性举措，将中国的医疗技术与理念引入非洲，并改善当地落后的医疗条件和水平。在解决非洲人民实际困难的同时，又提升华商在非洲的美誉度，树立起华商良好的形象。其次，该商会在非设立培训点，引入包括农业技术在内的众多中国先进技术、管理理念等，提升非洲在这些方面的不足，帮助其更好的发展和华商企业落地拓展业务。

在国内，商会联合了当地几所大学，招收培养的非洲留学生呈一定规模。这些非洲留学生，既是非洲当地的精英人才，又不乏官宦子弟，具有一定的家族背景。这些学子经过在中国的教育培育，提升自身的专业能力，接受学习中国科技与文化。待学成归国之时，他们有可能成为他们各自国家未来的经济、政治方面的精英，影响力强，能够更好地起到宣传中国科技与文化的效果。以上这些影响编织连接出一张巨大的社会网络，成为商会未来在非洲发展的潜在人力资源和社会资源。其实，文化传播也不只是单向的，通过科技传播、文化品牌输送，不仅能提升中华文化的软实力，还能促进华商在思想观念上与非洲当地的衔接、加深中非双方的了解，从而利于跨国经营活动的开展。

第六节　小结

跨国商会在华人非洲经营的过程中发挥着多重角色作用，将分散各地各行业的华商凝聚起来，整合资源，实现"抱团式"发展，为不了解非洲市场、盲目投资的商人提供引导，开辟路径，降低经营风险和华人内斗。无论对于华商个人或政府层面，都具有极大的积极意义。

该跨国商会为何可以达到如此显著的效能呢？首先，跨国商会其实是华商社会网络的效应，即这些网络的建立和拓展建立于会员之间地缘、业缘，甚至是血缘的基础之上。商会会员的社会角色多重叠加和社会网络的联系，使得各种社会资源能够连接起通道并流动扩张，成为跨国商人潜在的社会资本储藏。

其次，跨国商会的出现是民间期待的结果，即满足商人的实际诉求与利益互惠是成立商会的初衷。在非洲经营问题的暴露和负面影响使得华商转变原来单打独斗的经营方式，选择抱团发展，发挥群体效应的作用，互惠互利。

再次，跨国商会的成立与政府的战略部署不谋而合，并为其提供有力支撑。对于商会成员而言，政策环境是商人经营首要判断因素，获得官方的认可等于拿到了生产经营许可；对于政府而言，以"一带一路"倡议为代表的众多外交部署，商人也是践行的主体之一，符合政府在政治经济因素方面的考量。

最后，当今世界的全球化背景与之前的经营环境大有不同。以微信公众号、朋友圈等现代科技技术支持的现代信息传播方式高效、快捷、便利，改变了以往华商经营由于时空差异一盘松散的状态，加强了成员间的交流互动。现代通信技术成为凝聚会员的黏合剂发挥了举足轻重的作用。

当然，跨国商会的运营当中还存在着不足，有待进一步改善。组织机构和会员庞杂，在运行过程中多具有"精英统治"的嫌疑，容易导致资源倾斜问题和因专注个人业务拓展而对商会运营投入力度不足等。由于商会内部会员众多，并且商会在信息反馈给成员时局限于会员的产业界限，一些经营规模较小的会员在信息资源的获益上相比有所偏颇，使得部分会员游离于商会网络的边缘地带，造成会员受益的范围较为有限和狭窄，容易产生打击会员积极性，松散会员之间合作联系的紧密度的不利影响。虽然在一定程度上商会能够起到约束成员经营行为的作用，但由于商会内部所涉及行业领域众多，在行业标准上难以统一和设定，无法做出强制性指标，因而更多的是领袖个人魅力的指引和团体内舆论、道德上的约束（如商会宗旨：信义兴会），缺乏有效的监督和制约机制。

该中非商会成立至今时间较短，目前还处在发展阶段，职能多限于经营，其功能作用还具有拓展延伸的空间。例如适度拓展社会服务职能，通过公益性事业的发展，积极参与非洲社会治理、履行社会责任，树立起负责任的组织形象。此外，在中非两地跨国交流中商会要融合优秀文化，既要中华文化走出国门，又不妨吸收非洲文化精华，提升商会自身文化意蕴。

第六章　跨国经营的筹资方式

第一节　引言

近些年，随着中国加大了对非洲的经济建设方面的援助，特别是"一带一路"倡议的贯彻落实更是加快了中国对于非洲的投资，大型国有企业在这一过程中扮演了最主要的角色，同时异军突起的民间投资也逐步走向大众视野，"跨国经营"这一民间投资的新形态开始逐渐被学界所注意到，相关领域的学者对其展开了一系列研究。作为侨乡民间投资的跨国经营主要资金来源的侨汇，在这个过程中也逐渐得到了更多的关注（参见第三章），但侨汇如何参与到跨国经营，还有待深入挖掘。根据已有的研究：目前关于非洲的中国新移民的跨国经营投资的资金来源，主要是通过两种方式：一种是新移民在祖籍国筹集并转移到非洲进行投资；❶一种则是新移民通过将早期在欧美地区所挣到的侨汇寄回国内进行投资，但是在经历了一些挫折以后重新筹集这笔资金转投非洲这一新兴市场。

前人的研究缺少对这两种筹资方式的研究，而本章的重点就是分别对这两种不同筹资方式进行探讨，并讨论这两种方式如何与侨汇相关。本章首先运用集体记忆的视角，以斯威士兰的福清新移民为例，分析侨乡出国借贷潮流形成的背景，归纳了出国借贷的不同模式以及出国借贷对新移民海外经营的影响。

---

❶　陈日升，何雪娟.侨乡民间出国借贷的兴起、运作特点及影响——以侨乡福州福清为例［J］.八桂侨刊，2016，（2）.

其次，本章又以早期在意大利挣得第一桶金、回国投资失败以后重新出国前往非洲、目前已经在安哥拉取得了一定的投资成果的温州籍 G 侨商为个案，讨论中国新移民在非洲的跨国经营的资金支持机制，即讨论非洲中国新移民如何得以筹集足够的资金实现跨国经营，而这些资金如何直接或间接地与侨汇相关。

学界关于侨汇的研究，往往是通过功能论的视角来研究的，即研究侨汇对于侨乡基础设施建设、教育教学发展、慈善慰问事业、公共事务的发展起到了重要作用，是其最主要的资金来源，特别是在炫耀性消费中起到作用，更刺激了新一轮的出国移民浪潮的迸发。但是相关研究领域缺少对于侨汇重新进入生产领域的研究，这也正是本文所要做出弥补的重要相关内容。最后，我们通过将新移民群体的跨国经营与跨国公司的跨国经营进行对比，找出其相似性与差异性，以便于更加全面地认识我国新移民群体的跨国经营活动。

第二节　研究综述

国外的学者一般从功能论的视角去研究侨汇问题，认为侨汇能弥补贸易逆差、[1]改善侨眷生活；[2]也有相当一部分学者注重探究决定侨汇数目的影响因素、[3]移民个人的汇款能力与其社会经济因素的关联。[4]而从国内的相关研究我们不难发现：一方面，对于侨汇的研究主要集中在侨汇在消费领域的耀眼表现，由于历史原因，国家对于华侨华人的投资有一个缓慢的接纳过程，因此导致目前对于侨汇

---

[1] Sumiyo Nishizaki. Gregor Benton and Hong Liu. Dear China: Emigrant Letters and Remittances, 1820–1980 [J]. *The Economic History Review*, 2019,72(2).

[2] Mary L. Held. A Study of Remittances to Mexico and Central America: Characteristics and Perspectives of Immigrants [J]. *International Journal of Social Welfare*, 2017,26(1).

[3] Paulo Reis Mourao. Income Inequality in Host Countries and Remittances: A Discussion of the Determinants of Portuguese Emigrants' Remittances [J]. *International Migration*, 2016,54(5).

[4] Murshed Chowdhury,Anupam Das. Remittance Behaviour of Chinese and Indian Immigrants in Canada [J]. *Review of Economics*, 2016,67(2).

被重新筹集进入再生产领域的现象的研究不足；另一方面，目前已有的关于非洲中国新移民的跨国经营的资金来源，主要集与新移民群体是如何在祖籍地运用各种社会资本进行资金的筹集或借贷的，对于将侨汇二次征集投入跨国经营的过程中的相关研究也鲜有发表。

关于第一方面的研究，国内学者取得了十分重要的成就，相关学者提出侨汇作为侨乡居民最为重要的收入来源之一，对侨乡的经济发展起到了十分重要的作用；侨汇的邮寄也伴生了相应的行业——侨批业，产生了一定的就业需求，减轻了政府促进就业方面的压力；❶侨汇的重要用途之一是用于偿还先前为了出国所借的债务，同时满足了留守在侨乡的新移民的家眷的生活需要，也是侨乡炫耀性消费这一现象得以形成的重要支撑；❷侨汇促进了侨乡的教育事业、公益事业的发展；❸侨汇起到了稳定婚姻关系的作用；❹侨汇对于自然灾害的救助起到了重要的支持作用；❺侨汇有助于稳定国家的宏观经济，侨汇的回流在一定程度上也促进了国内投资。❻近些年国家发展经济主要是靠投资、消费、出口三驾马车，其中又以消费作为主马车，重视扩大内需，在这样一种消费文化盛行之下，学界对于侨汇的研究也主要是在消费领域。

关于第二方面的研究，学界也取得了一定的成果，有的学者提出侨乡新移民出国资金的征集主要是以借贷为主要形式，侨乡的借贷是通过侨乡社会资本进行运作的；❼新移民出国的资金筹措往往是以家族为单位的，集整个家族的力量进行

❶ 程希.华侨华人与中国的关系：侨批业之视角［J］.东南亚研究，2016，（4）.

❷ 李明欢."相对失落"与"连锁效应"：关于当代温州地区出国移民潮的分析与思考［J］.社会学研究，1999，（5）.

❸ 林昌华.改革开放以来侨汇收入对中国经济发展的影响及启示［J］.华侨华人历史研究，2018，（4）.

❹ 林胜.侨乡跨国家庭的形成、维系与挑战——以福州为例［J］.求索，2019，（3）

❺ 陈昱昊，赵智杰.关于发挥侨汇作用的思考［J］.发展研究，2013，（11）.

❻ 张洁，林勇.国际侨汇对收款国宏观经济安全的影响分析［J］.华侨华人历史研究，2015，（2）.

❼ 林心淦.试析华侨华人资本之侨乡社会"根植性"及其培育［J］.福建论坛（人文社会科学版），2011，（1）.

资金的筹集；❶侨乡借贷由原先的口头承诺逐步演变为正规程序的"白纸黑字"，程序上运作上逐渐专业化，侨乡借贷优先从私人关系中发生，银行往往不被优先纳入借贷范围，侨乡借贷的偿还是基于道德基础的强制性信任，借贷违约的可能性几乎没有，集体的道德压力使得违约的成本大于违约的收益；❷侨乡借贷的"有限责任"，若借款人发生意外不幸去世或者生意破产，债主一般愿意自愿放弃相应债权，侨乡以出国为由头的借贷市场往往是供大于需，一家借款，八方提供；❸郑一省通过研究近代闽粤侨乡社会，认为往返海外与国内乡里的"水客"在侨乡金融网络的建构中起了重要的作用；❹沈燕清分析福清新移民与地下钱庄关系，认为侨汇的大量涌入为地下钱庄的生存提供了土壤；❺陈日升等人则认为侨乡出国借贷以乡土社会的熟人关系为运作基础，受乡土社会传统道德力量的制约与保护。❻

前人的研究为我们提供了不少的启示，帮助我们更好地认识到了侨汇的作用以及非洲中国新移民在跨国经营过程中的主流资金筹集方式，这对于本章的研究奠定了重要的基础。本章将对非洲中国新移民的民间借贷资金与自筹资金这两种资金渠道进行解构，以期望得到更为完整的非洲中国新移民跨国经营的资金支持机制的认识。

---

❶ 李明欢，江宏真，俞云平.一个旅欧新侨乡的形成、影响、问题与对策——福建省三明市明溪县新侨乡调研报告 [J].华侨华人历史研究，2014，（4）.

❷ 林胜，朱宇.国际金融危机背景下福建福清的海外移民活动 [J].福建师范大学学报（哲学社会科学版），2014，（3）.

❸ 陈杰，黎相宜.道义传统、社会地位补偿与文化馈赠——以广东五邑侨乡坎镇移民的跨国实践为例 [J].开放时代，2014，（3）.

❹ 郑一省.水客与近代中国侨乡的金融网络及移民网络——以闽粤侨乡为例 [J].东南亚研究，2006，（5）.

❺ 沈燕清.福清新移民与侨乡地下钱庄关系探析 [J].八桂侨刊，2012，（2）.

❻ 陈日升，何雪娟.侨乡民间出国借贷的兴起、运作特点及影响——以侨乡福州福清为例 [J].八桂侨刊，2016，（2）.

第三节　民间借贷资金的研究

一、民间借贷与集体记忆

学界对民间借贷的概念提法多样，但在内涵和外延上趋向一致。[1] 民间借贷是指未经国家正规金融机构做中介，直接在民间进行的资金融通活动。[2] 在本研究中，侨乡出国借贷是指在侨乡地区新移民跨国经营者为筹集足够的资金前往海外经营投资向个人或非经国家信用认证的金融机构借款的行为。侨乡出国借贷通常不需要签订正式的贷款合同以及担保人，有的甚至不需要任何形式的不动产抵押，借款方与出资方仅凭口头协议或一纸手写借条便可达成借贷。

本章想借用集体记忆理论来探讨福清侨乡社会形塑的集体记忆何以对出国借贷及新移民在非洲的投资经营产生影响。集体记忆理论由莫里斯·哈布瓦赫（Maurice Halbwachs）提出，[3] 他认为集体记忆是社会建构的结果，尽管记忆似乎是个人思维的过程，但对于那些发生在过去，我们感兴趣的事件，只有从集体记忆的框架中，我们才能重新找回它们的适当位置，换回或重构记忆。而为个体认同提供集体心理建构基础的模板，就是涂尔干所说的集体表象（collective representations）或莫斯科维奇所说的社会表征（social representations），时代精神、社会价值观、社会氛围、舆论与时尚、社会共识甚或意识形态都视为集体表征的不同形式。[4] 国内学者王汉生、刘亚秋通过对知青"上山下乡"的研究描述了社会力量对个体记忆的建构作用，阐释了"青春无悔"的集体记忆的形

---

[1]　陈峥，李云.三十年来近代中国乡村民间借贷研究综述［J］.中国农史，2013，（2）.

[2]　周素彦.民间借贷：理论、现实与制度重构［J］.山西财经大学学报，2005，（5）.

[3]　莫里斯·哈布瓦赫.论集体记忆［M］.毕然，郭金华　译，上海：上海人民出版社，2002.

[4]　周晓虹.转型时代的社会心态与中国体验——兼与《社会心态：转型社会的社会心理研究》一文商榷［J］.社会学研究，2014，（4）.

成。❶

笔者发现，我国侨乡青年通过借贷出国经营的潮流的形成，实际上是早期新移民海外经营获得了丰厚收入的生命经验建构出的"出国打拼值得"的集体记忆影响的结果。非正规借贷模式得以在今天国家信用体系和金融体系健全、居民防范金融风险意识较高的条件下仍能在侨乡社会良好地运行，也和这种集体记忆产生的"推力"密不可分。在本研究中，笔者将运用集体记忆理论分析侨乡出国借贷模式的"情境合法性"，以及对"一带一路"背景下侨乡跨国经营未来发展的影响。本研究基于笔者 2019 年在福清 Y 镇和温州的调查，主要运用实地观察、深度访谈等方法收集资料，了解侨乡出国借贷的不同途径、借款的详细过程以及跨国经营者的经营情况及债务偿还情况等，并将侨乡出国借贷的个案进行归类，以集体记忆理论分析民间借贷得以被侨乡居民广泛认可，并形成一股潮流的原因，以及出国借贷对"草根"跨国经营者的影响。

二、侨乡出国借贷的模式

20 世纪 80 年代，福清 Y 镇是一个经济不发达的小镇，和中国其他农村地区一样，当地居民经济收入较低，为获得更丰厚的收入，他们选择出国务工，家庭条件较好的则选择出国尝试经营小商店。他们前往的国家集中在日本、阿根廷和一些非洲国家，非洲的斯威士兰（The Kingdom of Swaziland）便是他们的目的地之一，通过家族亲戚凑钱，早期跨国经营者尝试在斯威士兰经营一家约 60 平方米大小的便利店，投入的资金在 200 万元左右。出乎他们意料的是，在几年的经营后，他们的年平均收入就达到了 100 万～200 万元不等，当初的成本很快就收回并开始盈利。于是，这一批早期出国的新移民在海外逐渐开拓他们的生存空间，并将在海外经营获得成功的经验带回国内介绍给自己的亲戚，带着亲戚一起

---

❶ 刘亚秋."青春无悔"：一个社会记忆的建构过程 [J].社会学研究，2003，（2）.

出国经营扩大超市的规模，或是介绍亲戚出国开经营服装店或杂货铺。这些跨国经营者的成功经历逐渐在他们原先所居住的乡镇传播开来，他们认为在非洲国家经营小商铺比留在家乡更容易赚取高额的报酬。

于是，镇里越来越多的人想出国经营，但据笔者访谈的 X 女士介绍，出国经营一家不算大的（50～60 平方米）服装店也要约 100 万元人民币的前期投入，多数人家中没有足够的积蓄，就产生了向"赚到钱回来的人"借钱出国经营的想法。据当地人介绍，在 Y 镇，几乎整个镇上的年轻人都出国经营了，很多人家里只留下老人和孩子，家里为了年轻人出国经营大都是尽全力支持。由此，侨乡出国借贷的普遍程度可见一斑。

笔者通过调研发现，这些"举债出国"的跨国经营者借贷的途径可归纳为以下两种模式：一是依靠家族亲戚等熟人社会力量的支持；二是依托"第三方"向当地早期出国经营取得成功的华侨华人借款。

侨乡出国借贷的第一种模式，是依靠直系或旁系亲属等家族亲缘关系的支持。这种借贷形式往往需要通过向多人借款才能筹到足额的资金。出国经营者通常先向父母或其配偶的父母借款，如果钱款不够，再通过直系亲属向表亲、堂亲等家族内部其他成员借款。众人合力出资，往往能够满足借款人的需要，而且由于向每个亲戚借款的数额平均在 2 万～3 万元之间，基本上不需要书面形式的借款证明和任何不动产抵押，仅凭口头借款就能够借到。家族的亲戚听闻出国经营收入丰厚，认为自己借出去的钱在日后悉数偿还有较高的保障，加上中国传统农村社会家族道义上的情感，一般不会要求借款人支付利息。因此，这一模式在出国资金筹集中较为常见。

侨乡出国借贷的第二种模式，是依靠"第三方"向当地早期出国经营取得成功的华侨华人家庭借款。由于当地出国务工或经营小企业的潮流和传统，侨乡已有一部分已经在国外有较高收入的华侨华人，他们固定每隔一段时间将钱寄回给留在家乡的亲属。这些侨汇在被用于各种支出后常有剩余，形成了一笔数额在几千到数百万元人民币不等的资金，为侨乡民间借贷提供了资金来源。但由于新的跨国经营者往往并不认识这些有闲置侨汇的侨眷，需要通过"第三方"转介，这个"第三方"可能是借款人的亲戚、朋友或者和这些侨眷关系较好的"熟人"。这种借贷模式由于不是借款人和出资人之间"点对点"地进行借贷，且借款数额较大，往往需要借款人手写借条盖上手印，并要求"第三方"作为担保人才能达成借款，加之这些侨眷抱着"以钱生钱"的心态，常会向借款人计算利息，每月利息在一分二到一分五左右，虽然普遍高于银行定期储蓄存款的利率，但大部分借款人也接受。这种借款模式还有一个有意思的细节，借款人通常会将在国外经营自己的商店之前，先去出资人经营的商店打工，所获得的工资除去必要的生活开支后用于偿还债务，等到借款人学到了一定的经营商店的经验后，再开设自己的商店，一方面既能使自己未来更加顺利地经营，另一方面也降低了因经营不善而无法偿还债务的风险。笔者通过访谈得知，通常借款人在经营一到三年后就能偿清债务。

在农村侨乡，只要村里有人因为要出国经营而向村里的人借钱，他们都会为其提供帮助。当地人常说："只要说是出国，借钱不是大问题。"农村侨乡社会已经形成了一个社会共识，即出国投资经营能获得较高的收入，借出去的钱既有收回本金的保证，还有获得一定利息收入或借款人回报的可能。

新移民群体主要是通过侨乡既有的社会关系网络，进行着信息的沟通，将国内外的相关政策、市场行情进行解读并传播。同时，一些将要前往这些地区进行打拼的人，凭借其在侨乡所固有的社会资本开始进行出国的前期准备工作，最终实现将社会资本转化为实实在在的经济资本（用于出国的金钱）。在借贷关系中，侨乡作为一个熟人社会，在程序上，借贷关系有些是由口头确立的，有些则要通过白纸黑字的借条；在利息约定上，一般呈现以下三种形式：

①利息固定。借贷双方有着固定的利息，一般是一分二（十万块钱一个月的利息为一千二百元），但不会超过一分五（当地人说超过一分五的为"高利贷"）。

②利息不固定。这种借贷关系下，还款人最后实际还款取决于其在国外经营打拼的成效，收益好了就多给点利息，收益不好就少给点利息，但总是会有一点

利息。这种形式的借贷关系往往在亲戚、邻里、朋友之间非常熟悉的关系中才会存在。

③参股形式一（同担风险）。这种形式的资金借贷在一定意义上不算是借贷关系，反而更像是投资关系，然而这却是侨乡切实存在的借贷形式之一。出资人将钱借给借款人，出资人与借款人共同享受盈利的好处，同时也要承担亏损的风险，但对外宣称他们之间仍是借贷关系。

④参股形式二（不承担风险）。这种形式与第三种形式所不同的是，出资方不需要与借款人一起承担他亏损的风险，无论亏损多么巨大，出资方的本金不会减少丝毫。尽管"欠债还钱"在我国于情于法都是需要恪守的准则，但是在侨乡针对出国移民的借贷关系中，如果借款人经营不顺不能够如约还钱，并不会发生任何逼债的行为，债主往往是主动宽限时限。若是借款人不幸身亡，那么债主更是会主动要求放弃还款，其他人也不会指责借债人不讲信用，反而会产生怜悯借债人的心理。即使存在着欠款无力偿还可以避免被追债的特例，但是这并不意味着侨乡借贷关系中的逾约行为的普遍发生，侨乡的强制性道德压力在确保自觉还款的过程中起到了至关重要的作用，借款逾约导致借款人在侨乡被贴上"不讲道德"的标签，会使得其今后在侨乡失去公众信任力，逾约所带来的收益会小于其所获得的损失。

由此，笔者发现侨乡的民间出国借贷模式具有两个鲜明的特点，一是它通常依靠家族亲属支持或熟人介绍得以运行；二是它受到侨乡社会的普遍认可和集体认同。在我国其他农村地区，民间借贷的信任基础是以血缘关系为纽带，熟人社会网络为依托构建的。而在侨乡，民间借贷行为固然也有传统中国社会亲缘、地缘构筑起的道义与信任以及互惠互利心理作为可行性保障。但促成出国借贷行为被侨乡社会广泛认同和流行的更为重要的社会性因素在于，出国打拼经营带来丰厚收入、过上美好生活生命经验，自20世纪80年代以来就跟随着回家兴修祖屋的新移民传回侨乡，在近40年的时间里，构建起历时性的侨乡社会的集体记忆。新移民在斯威士兰、南非、日本等国家经营超市获得成功生命历程形塑了一代华侨华人的集体记忆和"出国无悔"的情感认同。

据 X 女士介绍,她 2004 年赴斯威士兰,在当地经营一家超市,经过十五年的辛苦经营,超市由原先仅有便利店大小的规模扩大到了现在六百平方米大小面积,年收入在 250 万元人民币左右。这一收入远超留在家乡这个以农业为主,工商业、服务业不发达,户籍人口仅有 11925 人的小镇工作所能获得的最高收入。笔者访谈了解到,出国经营的新移民收入情况视其经营规模各有不同,普遍年收入在 200 万元人民币左右,少的也有 60 万～70 万元人民币的收入,稍好一点的则在 300 万～500 万元人民币之间,极个别的经营者年收入甚至可以达到 1000 万元人民币。出国经营可观的收入给侨乡的年轻人带来了很大的诱惑,也给侨乡人民带来了对年轻人出国经营的认同。"出国能赚钱"的社会记忆便是在这一批新移民经营过程中形成的个体历时性的生命经验中塑造出来的。早期出国经营的华侨华人在起步阶段也是通过家庭的支持,"东拼西凑"式凑齐了出国的费用,因此他们获得成功后也愿意借款给这些"后来者",而侨乡人民尽管没有出国经营,在上述的社会共识的影响下,他们也相信借钱出国经营的人是一种比较有保障的投资。因此,由一批批新移民个体生命历程共同建构的集体记忆带来的对出国借贷行为的信任,不同于熟人社会的"人情互惠"和"关系信任",前者以真实的生命体验为基础,而后者则以主观意愿和道义上的约束为基础。

笔者认为,一批新移民个体不断形塑的集体记忆,增强了当地社会大众对出国经营者的信任和期望,从而使"出国借贷"在侨乡社会获得了"情境合法性",即在没有正规金融借贷合同和不动产抵押证明这样具有法律效力的文件提供合法化的保障的前提下,单纯依靠借款人与出资人之间的信任维系而长期运行。

三、民间借贷方式对跨国经营的影响

侨乡的出国借贷,虽是一种独立于国家正规金融信用体系外的经济活动,但它在侨乡社会的运行,使侨乡民间资本在新移民之间流转,对新移民在海外的投资和经营都产生了重要的影响。

一方面，它使侨乡海外投资经营活动的主体不再局限于有丰富经验和有雄厚资本的移民企业家。一些没有足够经济资本的"草根"跨国经营者通过这一非正式的借贷获得了开拓海外市场的第一笔资金，从而有了实现更高水平的收入和更美好的物质生活的可能。

笔者调查了解到，以往没有充足资金的跨国经营者，只能选择出国从事一些简单的工作，或是在国外人流量较多的街边摆摊营生，由于不成规模、销量不大，利润也不高，难以实现日后经营店铺、获得高收入的目标。民间借贷在侨乡社会的兴起，给这些"草根"经营者的海外投资经营尝试提供了一个可能路径。

"举债出国"的跨国经营者并不会一开始就经营规模较大的商店。以在斯威士兰经营超市为例，他们往往先花 3 ～ 6 个月的时间在同村人的超市里当"学徒"，学习一些经营的细节：通过地缘关系，他们结识了当地的供应商，了解如何从国内将商品以较低的成本运送到斯威士兰港口，了解如何节约雇佣员工的成本，防止货品丢失，等等。在掌握了基本的"经营门道"后，他们选择经营难度较低、前期投入较少的便利店或杂货铺进行尝试，先保证能够还清债务再经营大型超市。他们以"干中学"的方式规避一些经营的风险，降低了经营的难度，提高了偿还债务的速度，也拓宽了他们在斯威士兰等海外市场的资源。

另一方面，侨乡民间借贷也对新移民跨国经营带来竞争，不利于新移民在海外市场的拓殖和移民流出地社会的发展。这些跨国经营者的受教育程度不高，对当地的语言、文化几乎不了解，正如前文所述，他们选择的经营模式也相对保守，难以形成长远的经营格局。他们出国经营的同时背负着数额较大（一般在100万以上）的债务，面临着较大的风险，加之非洲国家治安环境较差，因此他们经营的行业和商铺的选址往往出现高度的趋同。据了解，在斯威士兰华人经营的超市中，超过80%是福清新移民经营的，有一些街区甚至走几步就能看见一家华人超市或便利店。这种"抱团式"的选址和业务范围相似的经营不仅难以提高销量，经营者为了吸引客源还会选择不断压低销售价格，产生恶性竞争。据斯威士兰一超市经营者介绍，早些年一间两百平方米的仓储超市年平均收入在350万元人民币左右，现在由于竞争激烈，赚钱不比以前容易，年收入只有200万～220万元人民币，于是她离开斯威士兰到加拿大开拓新的经营，原来的商店家里人帮忙打理。"举债出国"的跨国经营者，多为短期经营，例如在斯威士兰经营便利店一段时间就可能前往南非经营服装店，根据个人不同情况，在偿清债务并赚取一定数额的资金后，他们便会选择回到家乡，而不是继续拓殖他们在非洲的市场。

由出国借贷潮流带来的"举债出国"的跨国经营者"抱团"学习如何经营，最终导致的是模仿程度高、业务相对单一的经营模式。短期来看，不少跨国经营者的收入水平和生活质量确实得到了一定的提高，但从海外经营市场的发展和移民流出地社会的发展来看，这些跨国经营者未来可能面临经营难、赚钱难的困境；尽管目前大部分"举债出国"的跨国经营者都能偿还债务，出现呆账、赖账的情况较少，但随着市场竞争的日益激烈，这一可能性也在随之增加；而大量的青年劳动力前往海外经营，使本需要劳动力来发展经济的移民流出地社会未来的发展也面临阻碍和迟滞。出国借贷模式带来的"连锁反应"对移民流出地可持续发展造成的"双重困境"，是"出国经营收入高"诱惑背后的危机。

第四节　自筹资金的研究

一、温州 R 地与安哥拉的概况

中国海外新移民的跨国经营所遍布的行业繁多，小到个体零售，大到能源矿产行业，目前学界对于这一经济过程的研究多见于个案研究。经济行为中所掺杂的经济理性以及各地社会背景的大同小异，导致不同行业的跨国经营行为表现出一定的相似性，因而可以通过对个案的详尽解析达到对于整体的一个宏观把握。

本研究以一个由意大利回到国内、再由国内前往非洲安哥拉的温州 R 地跨国企业家 G 先生为例，对非洲新移民跨国经营的资金支持机制进行阐述。

温州是一个具有上千年移民历史的地方，是改革开放中第一批沿海开放城市，由于其经济的快速发展，素来有"小香港"的美誉。温州在改革开放初期，很好地起到了带头示范的作用，凭借其独创的"温州模式"（小商品、大市场）引领时代发展潮流。截至 2016 年，温州共有海外侨胞 69 万，可以说浙江省内每三个华侨就有一个温州人。R 地属于温州代管县级市，1987 年被确定为首批 14 个沿海经济开发区之一，中国百强县之一。早在宋朝时期，R 地的人就不辞辛劳地远涉重洋去开创他们自己的事业，目前 R 地有旅居海外的侨胞 10 余万人。早前在法国、意大利的华侨中每五人就有一人是 R 地人，现在有很大一部分人像 G 先生一样开始前往非洲谋求新发展。R 地的华侨总体实力较强，不仅体现在经济实力雄厚，拥有资产 5000 万以上的达到了 2000 户人家以上，5000 万至 1 亿元乃至以上的人数也不少；也体现在他们在中国海外新移民群体中的影响力。据不完全统计，R 地人在海外华侨华人社团中担任会长、副会长、秘书长以上的人达到了 200 位以上。这些新移民大多数在国外建立了相关公司，同时也回到 R 地开展投资，实现内外联动，有力地促进了当地的经济发展与国际化水平。

安哥拉共和国位于非洲西海岸，非洲西南部，国土面积 124.6 万平方公里。石油、天然气和钻石、黄金、大理石等矿产资料丰富，钻石储量约 10 亿克拉，铁矿 17 亿吨，地大物博，国土富饶，经济发展潜力巨大，很有可能成为未来非洲最富裕的国家。它曾经是葡萄牙的殖民地，官方语言是葡萄牙语，有"非洲的巴西"之称。2002 年，安哥拉结束自 1975 年独立之后长达二十五年的内战，政局基本保持稳定，战后重建全面展开。自 1983 年中国与安哥拉建立外交关系以来，两国关系良好。2017 年，双边贸易额超 200 亿美元，安方对中国出口 203 亿美元，其中石油价值 198 亿美元，中国从安哥拉进口原油 5042 万吨，安哥拉生产的原油 60% 输往中国，是中国第三大石油进口来源国，仅次于俄罗斯和沙特。❶2018 年 9 月和 10 月，安哥拉现任总统若昂·洛伦索应国家主席习近平邀请两次访问中国，突显中安关系之友好。据笔者 2018 年 11 月访谈在安哥拉从事跨国经营的商人时了解到，在安拉哥的华人华侨人数最多时超过 26 万。近几年，安哥拉经济形势不断恶化，主权货币（宽扎）对美元汇率一路走低，绝大部分在安经营的华侨华人已选择离开，估计还剩 6 万～8 万人，其中，R 地商人有两千人左右。

二、G 先生的跨国经营过程及其资金渠道

G 先生 20 世纪 90 年代前往欧洲，经过二十年的打拼，从早期的受雇于人再到自我经营，在意大利实现了自己的贸易"奇迹"。回顾 G 先生的跨国经营历程，大致可以分为三个阶段，分别是早前欧洲打拼阶段、回国投资阶段、当下非洲跨国经营阶段。下面就不同阶段进行具体阐述：

1. 欧洲经营阶段。

G 先生 1958 年出生，小学文化程度。他 20 世纪 90 年的时候效仿 R 地诸多华侨前往欧洲打拼，最开始的时候孤身一人前往荷兰投奔其一远房亲戚，受雇于当地一家华人所开设的服装零售店。之所以一开始没有前往意大利，主要原因是签证签不过去，当时还只能够签到罗马尼亚、匈牙利、南斯拉夫等国。南斯拉夫当时与意大利仅仅相邻一条五十米宽的马路，G 先生后面就是从南斯拉夫偷渡进入的意大利，在当地一家华人开设的服装生产厂打工五年，每天工作十七八个小时，相当辛苦。

在还清偷渡费用、拿到居留证后，G 先生开始自主创业。刚开始，他从别人那里批发服装过来在罗马火车站附近摆地摊，小有积蓄后尝试租赁固定店面售卖。当时的罗马是整个欧洲最大的服装集散地，全欧洲的所有国家的服装批发商

---

❶ 观察者网：https://user.guancha.cn/main/content?id=44636&page=0

都来到罗马选购服装。具有敏锐的商业意识的 G 先生于是开始围绕服装贸易发展了集品牌、设计、生产、加工、运输于一体的一条龙产业链。他的妻子在意大利守店，他则频繁返回中国采购并托运到意大利，后来干脆在 R 地创办了一家小型服装加工厂，招聘二三十名工人生产，由其外甥女婿负责管理，形成中国生产、意大利批发兼零售的经营模式。

与在意大利生产相比，在国内生产省去了不少劳务费，"一件在国内生产的 T 恤衫相对便宜 5 元 ~ 8 元人民币，这样空间会大一点"。G 先生充分利用中国和欧洲之间的成本差（主要是人工成本，国内较低的人工成本增加了其贸易的利润空间；另一方面是欧元的贬值也降低了在欧洲生产的利润空间）进行服装贸易的跨国经营。在中国内地设计、选购原材料、聘用中国工人进行生产、从中国的码头发货柜走海关进入意大利市场，行情最好的时候 G 先生一年可以挣几个亿。

由于国家对外汇的管控严格，无法携带所挣的大量的欧元回国，Z 先生自 2008年始，在浙江义乌某国际小商品城注册了一个公司租下两间店面售卖意大利红酒。"因为欧元带不进来，货可以带进来，欧洲人希望你把东西买回去，你买的东西他不会查你的"，因此只得将欧元换购成产品。而选择红酒则是因为欧洲的红酒在国内有着很强的竞争力，红酒广受国民欢迎。于是 Z 先生在意大利用欧元购买大量的红酒，再用装运服装的集装箱装满这些红酒运回国，拿到国际小商品城进行销售。这样的小商品城云集着数量庞大的跨境贸易商，这些贸易商自发形成侨乡贸易，借力当今发达的电商，本人或其亲友从国外购回大量产品再以略高的价格售卖，既能实现营利，又能将国外服装生意所得的钱在国内转化为人民币。

服装贸易的跨国经营存在着批量大、不耐库存等缺点，一旦当年行情不好，那么大批量生产出来的服装就会滞销，导致当年的生产血本无归。2008 年世界经济危机发生后，欧元汇率不断下跌，意大利的经济状况持续恶化。2010 年，欧洲的服装贸易市场行情开始走下坡路，加之来意大利经营服装的中国人越来越多，竞争十分激烈，"我原来一天可以卖个一万件，现在就一天卖个一千件就差不多了"。在国内原材料和人工成本也在不断上涨等多种因素影响下，2010 年 Z 被迫关掉国内的服装加工厂，转而委托别的服装厂代工。最后，鉴于意大利恶劣的经济形势，2012年10月，G先生做出停止意大利服装生意的决定，义乌小商品城的红酒店面也于2012年停租，G先生让爱人陪女儿在意大利读书，自己则和儿子回到中国，寻找其他门路。

2. 回国尝试。

G先生自从2012年回到国内，再到2014年前往安哥拉考察并展开投资之前陆陆续续地在国内进行了投资，前后大约投资了六千万，主要集中在房地产行业、资金借贷和炒房。在国内的投资，按照G先生自己的话来说就是："我回到国内做，国内的生意也不好做，不是我的强项，有些东西国内好像做事复杂一点，国外简单，该怎样就怎样。"以其投资的地产行业为例子，G先生与国内某建筑公司一起合作投资了一块地皮准备进行房地产开发，但是各种手续都办好了以后，对方却发生了违约情况，在地皮的归属问题上发生了矛盾，最终导致项目搁浅。G先生目前正在与该公司打官司，最后协商的结果是G先生投资的钱转为个人借贷资金，该公司在一定期限内归还G先生的本金，并在努力尝试与G先生协商少给一点利息，G先生还要求将其前期花费的三百余万手续费尽数归还。谈到这次投资，G先生仍然表现出一定的愤懑，并说到今后一定会慎重对待在国内的投资，不再盲目信任他人。不得不说，G先生是幸运的，因为至少他得以要回本金，得到一定的利息，虽然比起预期收益大打折扣，但相比于国内许多投资诈骗导致投资人血本无归却还上告无门的惨案，他又实属是幸运的，当然这其中也体现了其雄厚的人脉实力。

Z先生还将钱借给朋友做生意。他曾经按每月一分二的利息借给其生意上的朋友八百万人民币投资一家水产公司用于购买渔船，但不料水产公司后来破产倒闭，借出去的钱也没能收回。笔者有一次跟随Z先生参加一个宴会，当一个人过来敬酒后，Z先生悄悄告诉我，这个就是借了他八百万的钱还未还的朋友。从表面上来说，他们的关系还可以，他们还是远房的亲戚，"不好撕破脸"，但是钱是要不回来了。

总的来说，Z 先生在国内的投资并非顺风顺水，无论是投资地产还是投资入股，都不成功。虽然他回国后也跟随众多温州炒房者的步伐，在北京、杭州、温州等地囤下了一些房源，他也抓住中国房地产最为火热的时候获利不少，但对于惯于投资的商人而言，这些投资只能算是小经营，且盈利太少，无法满足他们赚取更大收益的需求。

我们在做关于新移民回国投资的访谈研究的时候，访谈过诸多回流的移民企业家，发现他们当中只有少量的人在国内实现了成功的投资，大部分人出现了亏损。对他们而言，继续前往国外寻找投资项目仍是最好的选择。经过大量的访谈材料的整理归纳，我们渐渐从中得到了一些导致这种回归移民投资失败的原因，主要在于以下几个方面：

（1）移民因长年在国外，不适应国内的投资环境。如 G 先生这样的移民，长期待在国外，早已适应了国外的商业模式和信用体系，而这两者与国内有着天壤之别，"像国外每个人都很重视自己的信用体系，我借钱给你和你做生意我是放心的，国内就不同了。"长期在国外生活，便很容易忽视国内的行情和现状，导致在参与竞争中失去了自身的优势。此外，我国正处于社会主义建设的初级阶段，早些年的计划经济的残留导致了政治精英长期在经济领域产生了重要的影响。不同地方的商人总是自发地与某些官员产生一定的利益联系，同时地方官员为了保护当地的产业发展也会在一定程度上限制外来企业的无限扩大。以上的政商关系，远远不是长期浸润在国外简单的投资关系之中的新移民群体所能应对的。

（2）国内投资成本高昂。根据我们的了解，这些新移民回国投资主要倾向于办厂，比起国内办个厂动辄数百万还不一定买得到一块地皮，在国外投资只需要数十万就可以买到一块比较理想的地皮；另一方面国内近些年来对于投资办厂环境保护的要求也越来越高，而环保的设备动不动就数百万，加上其他的设备，七七八八地加起来，办一个具有相当规模的厂的成本不下数千万。

（3）国内产能过剩、市场饱和。国内早期经历了粗放型的经济发展模式，整个社会生产追求规模大、产量高,导致了大量的过剩产能亟待转移。海外新移民回国贸然投资只会进一步加剧这种局面,同时也导致自身的投资失败。

3.再次出国——前往非洲经营。

"常年做生意的人满脑子想的都是怎么赚钱,他不会想我可以休息一下或者怎样,(投资)已经成为他生活的一部分。"G先生的家人这样子评介他。从意大利回国后,G先生先后考察了俄罗斯、巴西、马来西亚等国,均未能找到合适的投资项目。以巴西为例,中国人移民巴西已有较长的历史,巴西境内华商规模庞大,主要集中在餐饮、贸易、百货等行业。但随着华商的高密度聚集,巴西国内可供华侨华人参与经营的市场已渐趋饱和,再加上该国治安相对较差,已有华侨华人生命财产受到影响的先例,G考虑到以上原因便放弃了到巴西投资的想法。

2014年,在得知G先生回国以后的投资并不顺利后,他早些年做服装贸易时认识的一位友人打电话问他是否愿意去非洲投资试试。早在这位友人之前,R地的一位在非洲某国担任华侨商会会长的朋友也多次邀请G先生前往非洲。直到这位友人的再次邀请才使G先生下决心前往非洲考察一番。G先生的友人早两年就去了非洲安哥拉投资办厂,生产"三合板"(G先生描述为三合板,用于组装简易房屋,可以起到隔音隔热的效用,往往在当地被用来建造临时仓库),这种产品的原材料从中国购买运过去,在当地生产然后出售。

G先生一看有利可图,在经过这位友人的协商邀请以后,欣然投资五百万加入,次年下半年开始盈利。按照G先生给我们的描述,这种产品的生产成本五块钱左右,但是销售价格可以达到十几块,利润大约是两倍左右,早先十年的时候当地做这个生意的中国人挣了几十个亿的都有。G先生早期的这笔投资并不被家人看好,最后还是G先生的冒险精神说服了他们,G先生就跟家人说当作是他去澳门赌博了,挣了就挣了,亏了就当是输了。后来,主要是受汇率的影响,生意并不理想,"亏是没亏,但是没钱赚,提价还没有汇率涨得快"。

G先生在安哥拉还投资建造鹅卵石厂。鹅卵石矿投资共计约四百万,确定下来后便着手处理资金筹集、招工、购买地皮、建厂、买进设备等一系列事务。前期的准备工作极其繁重，得益于熟人关系网络，G 先生的山东朋友和在缅甸的朋友都帮忙给他招聘技术员工。G 先生此前的投资都多少受到汇率的影响，但鹅卵石没有受到太大影响，"因为我材料是他们那边的，卖也是卖到那边市场，如果原材料是从中国运输过去的话，就会有很大的影响"。

除了上述两笔投资，G 先生还参与了安哥拉一家国有金矿的开采招标。经考察，G 先生看中了位于安哥拉邻近刚果共和国、刚果民主共和国的卡宾达省的一处葡萄牙人废弃的钻石矿山，并从国内聘请了专业采矿专家前往该矿山评估是否还有继续开采的价值，分析钻石的成色。经过国内专家的实地勘查，认为具有继续开采的价值。2017 年初，G 先生陆续投资三千万元从中国购置了大型采矿机械及相关设备，从山东、广西等地招聘了采矿专业技术人员，让当年跟随他在意大利经营服装生意的外甥、帮他管理国内服装厂的两位外甥女婿等人入股并一同前往安哥拉。因人手不足且利润相对较低，2018 年关停了鹅卵石厂，让外甥在罗安达全权管理三合板厂的生产和营销，两位外甥女婿协助管理矿山开采。矿山位置偏远，条件极为艰苦，且开矿风险极高，G 先生和工人一起吃住都在矿山。经过一年多的努力，2018 年 10 月，终于在葡萄牙人开采的基础上发现了新的矿脉并开采出了成色较高的钻石矿石。他目前已与国内的北京、深圳、香港一些地方的珠宝商、设计师洽谈了相关合作项目，只等项目投产就可以看见回报了。

目前，G 先生的女儿两年前已从意大利高中毕业并进入英国某著名大学就读，爱人已无继续留在意大利的必要而返回中国，儿子则在国内接受半年的葡萄牙语培训后一同前往安哥拉，协助其打理矿山。通过对 G 先生跨国流动和经营的经历可以看出，其经营活动也卷入经济全球化的浪潮之中。他虽已年逾花甲，资产丰盈，但却拼劲十足，主动从欧洲回流后，并没有选择在中国安逸地养老，而是继续前往充满未知和风险的非洲从事投资风险更大的矿山开采，其内在的动因值得深入研究。

G 先生在安哥拉的跨国经营呈现出产业化、投资大、回报周期长的特点。他在前往非洲投资的过程中，并未像大多数的新移民一样，以家族为单位进行集体借贷，然后负债前往非洲从事低端零售或者出卖劳动力，而是凭借其早期在欧美打拼所累积的原始资金、依靠之前的朋友引荐进入非洲的投资市场。通过对样本的跨国经营历史进行深入的剖析，我们不难发现，在他的原始积累资金从欧洲到国内再到非洲的这个过程中，他个人产生投资行为的意愿、个人的社会关系网络、跨国经营的历史经验等都起到了正面的推动作用，另一方面国内严峻的投资环境也推动其再次走出国门进行投资实践。而且作为自有资金所进行的投资行为，其承担风险的能力会更大，与之相应的高回报会进一步激发其投资意愿。

第五节　总结与讨论

在前文已经有所提及，目前非洲中国新移民的跨国经营行为的资金来源主要有两种：一种是新移民直接通过借贷在人口输出祖籍地进行筹集；第二种就是新移民将早期在欧美地区的跨国经营过程中所积累的原始资金进行转移，在这一资金被寄回国内以后进行二次收集，再转投非洲市场。本章则对这两种方式分别进行了探讨，以帮助学界形成关于去非洲跨国经营的资金支持机制。

Z 先生投资非洲的资金基本都是自有资金，且全部都是在欧洲多年经营的积累。在欧洲经营期间，他没有在欧洲投资其他产业，也没有购置住房，所有资金通过各种途径全部流回中国购置房产或民间借贷，这也从侧面印证了一些中国新移民并不想永久性移民欧洲，他们的目的只是赚钱。近些年，欧洲经济不景气，欧洲中国新移民就放弃欧洲回流中国，利用在欧洲积累的资金在中国或第三国投资兴业。从意大利回流后，Z 先生在安哥拉累计投资超四千万元，除为了让外甥、两位外甥女婿能尽心尽力参与经营而让他们各投资了 30 万～50 万不等之外，所有投资均未向银行融资或向民间借贷。2019 年又上马第二条生产线，投资近2000 万，Z 先生表示没有资金压力。

除了前文所叙述的侨汇被二次征集输出到非洲，新移民在非洲的跨国经营的资金来源方式，亦不能忽视更为普遍的一种方式——侨乡的借贷。无论是通过民间借贷抑或者是依靠早期在欧美打拼积累的原始资金，当下非洲中国新移民想要实现跨国经营，总是不得不努力充分调动两种资金，而这两笔资金都或直接或间接地来自侨汇。跨国经营过程中，这两种资金的作用并不是泾渭分明的，二者是相互交融共同支撑这一跨国经营过程的。

当世界处于经济低谷的时候，非洲依靠其广阔的地域、富饶的资源成为难得的一块投资热土，世界上其他国家和地区的资本争相进入这片大陆开展投资。自古就以勤劳而闻名于世的中国人自然也是不甘落后，中国新移民群体的跨国经营正是这其中的重要代表。伴随着"一带一路"，人类命运共同体的理念愈发得到推广和普及，中国与非洲之间的合作也必将迎来更加繁荣的新局面，新移民群体争相前往非洲这片土地开展投资活动，涉及的行业从小到一根针的日用百货的零售，大到国家基础设施建设、大型矿藏的合作开采，与国有企业为代表的官方大型投资相辅相成，一起在非洲这片异国他乡的热土上，书写着中非友好合作的历史篇章。

一次成功的跨国经营，最重要的一点就是资金的到位，缺少资金跨国经营就无从谈起。在对新移民群体的跨国经营过程的梳理中，我们发现今天中国新移民在非洲的跨国经营，与国际上广为人知的跨国经营形式——跨国公司的全球经营表现出一定的相似性，同时更多的是存在着差异性：

第一，无论是我国新移民群体在非洲的跨国经营，抑或是跨国公司的全球经营，都实现了资金的全球流动以及资源的全球配置；在这个资金输出的过程中，都给输入国带来了好的变化，帮助当地的经济发展、基础设施建设、教育教学的改善等方方面面都起到了促进的作用，改善了当地人民的生活，解决了相当一部分群体的就业问题。虽然不可否认，所有伴随着资金输出的跨国经营的最终目的都是为了实现盈利，但是它仍然给当地带去了实实在在的好处。

虽然从本质上而言，我们很容易认为我国新移民群体的跨国经营，是一种南—南国家之间的资金流动，而跨国公司的全球经营则是北—南之间的资金流动，这也往往被当成是二者的差异性来进行归纳。但是从相对主义的视角出发，不难发现今天的中国新移民群体对非洲的资金输出而开展的跨国经营，就好比与当初发达国家对广大发展中国家所进行的资金输出的跨国经营，资金都存在着输出方相较于输入方有着巨大的优势，资金流动的方向都是从富裕的一方流向贫穷的一方。

第二，回顾历史我们不难发现，我国新移民群体的跨国经营的资金来源，与发达国家的跨国公司的跨国经营的资金来源相比，二者之间存在着十分巨大的差异。我国新移民跨国经营的资金来源主要是移民输出所在地的熟人借贷以及来自欧美国家经营的原始资金积累；对于跨国公司而言，它们的资金的主要来源往往是大型的投资机构。两相比较之下，这些大型的投资机构往往有着自己固定的盈利点，它能够保证对一家公司的长期投资，被投资的公司可以制定长远规划，这有利于该公司成长为大型企业；而我国的新移民群体的跨国经营，其资金来源的私人性就决定了其投资的短视性，普通人往往在意的是自己的借款能否及时得到收回。面临着借款人要求自己按期给付利息、到期归还本金的压力，即使是自己的个人资金也存在着相类似的压力，因此这些新移民在跨国经营的过程中，往往选择的是那些成本可以短期收回并实现快速盈利的行业，他们缺少对于自己所创办的企业的长期规划，在长期投资中往往表现出一种无力感。这也就不难解释大批大批的新移民在海外国家从事着大同小异的行业：便利店（超市）、日用百货、鞋服、小商品，这些行业往往都是投资成本小、资金回笼时间短的行业，而鲜有如 G 先生这般敢于进行大型投资，如矿藏开采。新移民群体大量涌入同一类型的行业，造成了十分严重的同质化经营现象，从长远的角度来看，不利于我国新移民群体在非洲的跨国经营的持续健康发展。

由于历史、社会风尚、社会关系网络等因素的作用，目前新移民群体通过侨乡自有的渠道很容易筹集到数量可观的资金，然后将它们用于在非洲的跨国经营，但是比起跨国公司的有组织、有纪律的跨国经营，中国新移民群体在非洲的跨国经营还呈现出起点低、随意性强的特点。作为草根企业家，我国新移民群体的跨国经营往往更加贴切生活实际，这些新移民与当地人的交流也往往更加直接、更能传递出中国的国家形象。为了中非之间的友好合作关系更上一层楼，相关部门应当加强对于新移民群体在非洲的跨国经营的关注，及时了解和帮助解决他们在经营的过程中所遇到的困难。

第七章　跨国经营的回流现象

第一节　问题的提出

有迁出就会有回流。与侨乡地区青年人大批外出相伴的是，在国外跨国经营的侨民归国趋势在不断上升。该如何理解这部分群体回流的原因，成为本章要讨论的主要问题。他们因为哪些原因选择了回流，为何在侨乡移民普遍选择出国谋生的大浪潮下却做出相反抉择呢？

现有的研究对于跨国移民问题的探讨多集中于移民的出国问题探讨分析，新移民在他国生存经济、社会环境及行动特点有了较深的研究基础，而在移民回流原因的研究则较少。

海外新移民的回流行为受到多种因素的影响，国内外的学者对移民回流的原因进行了研究。海外新移民回流从微观上是个人和家庭的决定，但同时也离不开其所处的宏观的社会环境。从微观上看，移民的年龄、受教育程度、自身技能、心理因素、婚姻家庭状况等都会在一定程度上对回流行为产生影响。年龄是影响移民回流的重要因素，Kau 和 Sirmans 通过研究得出，年龄对白人迁移劳动力产生正向影响，对黑人移民的回流行为具有反向作用。[1] 英国学者 Christian 和 Dustmann 经过对英国回流移民的研究指出，低级技术移民的回流率低于高级技术

---

❶　James,B.Kau,C.F.Sirmans. "New, Repeat, and Return Migration:A Study of Migrant Types"［J］. *Southern Economic Journal*, Vol.43, No.2. 1976, pp.1144-1148.

型移民，这就意味着教育程度越高的移民选择回流的可能性越大。❶

同样，移民的技能状况也会影响移民的回流行为，Pohl 通过研究得出，高技能移民相比于低技能的外出劳动力更容易选择回流，但随着外出时间的延长，高技能移民回流的概率不断下降。❷心理因素也会成为移民做出回流决定的考虑因素，周建新和罗家珩认为在回归移民中，有一类以老年退休群体人员为主，他们在年老的时候，因为思念祖国而重返祖籍国定居。❸海外移民对于故乡、家庭的依赖和眷念，使他们更加渴望回到祖国。丁月牙认为，在全球化的背景下，回流行为更多的是个体微观层次的决策行为，这与移民个体及其家庭状况相关。❹

从宏观角度来看，祖籍国和迁入国的经济、政治、社会政策、文化等因素都会影响移民的回流行为。颜廷从宏观上，包括经济、政治和文化对在澳大利亚的香港移民回流的原因做出了分析。❺国家间社会经济环境的"推力—拉力"是研究国际迁移流出与回流的典型模式，梁方舟根据推拉理论将移民回流动机归纳为四种：一是无法融入目的国，加上来源国经济状况发生变化而回流；二是回流移民对来源国的偏好；三是为在来源国进行投资；四是具备在来源国实现更好就业条件的移民选择回流。❻

从移民输出国的拉力因素来看，其经济发展水平成为吸引移民回流的重要因素，颜廷和张秋生从经济层面对回流原因进行分析，认为中国经济的持续繁荣发展是澳洲新移民回流的基础性因素，相较于澳洲经济相对平庸的表现，中国的经济发展更有活力。❼陈程和吴瑞君认为一些新兴国家经济快速发展，国内就业和

❶ Christian.Dustmann and Y.Weiss. Return Migration:Theory and Empirical Evidence from the UK［J］. *British Journal of Industrial Relations*, 2007,(2).

❷ Pohl,C. "Return Migration of High-Skilled Immigrants," from Germany IFO Institute,Dresden,2005.

❸ 周建新，罗家珩. "回归移民"研究的脉络与趋势［J］. 云南师范大学学报(哲学社会科学版)，2018,（2）.

❹ 丁月牙. 全球化时代移民回流研究理论模式评述［J］. 河北大学学报(哲学社会科学版)，2012,（1）.

❺ 颜廷. 移入与回流：澳大利亚香港移民迁移趋势的转向与启示［J］. 华侨华人历史研究，2017,（4）.

❻ 梁方舟. 移民回流与来源国经济发展［D］. 北京：北京外国语大学，2016.

❼ 颜廷，张秋生. 澳大利亚华人新移民回流：历史、现状与趋势［J］. 华侨华人历史研究，2015,（4）.

创业环境改善，使原本外流的人才开始出现回流现象。❶颜廷认为中国近年来经济的迅速发展、社会生活环境的改善促使在澳大利亚的移民回流。❷国家经济水平的发展使海外移民看到了更多的希望，这也促使他们回到祖籍国发展。有关人才引进的政策也促使了海外移民回流。政府出台多项政策吸引海外新移民中的专业人才回国。❸海外移民在文化上无法融入迁入国，会促使他们回流。林胜和朱宇认为，金融危机导致移民迁入国的移民政策发生变化，移民政策收紧、在就业上保护本地工人，以及有的国家实行"鼓励移民回国计划"，❹这些都促使外来移民回流。

之前学者对于移入发展中国家的回流现象的研究相对较少，而且对于导致移民回流的宏观原因的分析大多集中在祖籍国方面，祖籍国的经济发展、回流政策的完善等吸引了海外移民的回流，但针对迁入国的社会环境等宏观因素进行分析的相对较少。此外，还有诸多研究将研究重点放在了欧美发达地区的移民回流问题。尽管欧美等发达地区是当今世界最大的移民输入地区，但发展中国家移民接收数量也逐渐攀升，"南南"与"南北"并存成为现今国际移民的主要格局。移民国南北差异明显，相应的移民者也有不同的心理预期及变化。因此，原有的此类以发达国家为主的研究具有很大的局限性，不足以完全解释当今移民回流选择背后系统性的因素。本研究将以福清在南非的移民为研究对象，从回流移民的社会经济及生活环境外生结构性因素和个人期望及归属感等内生个体因素相结合，综合分析海外移民是缘何选择回流的。

---

❶ 陈程，吴瑞君. 回流视野的大陆新移民［J］. 广西社会科学，2014，（10）.

❷ 颜廷. 移民与回流：近十余年澳大利亚华人与印度人跨国人口迁移比较研究——国际人力资源竞争的视角［J］. 南亚研究，2016，（1）.

❸ 庄国土. 回顾与展望：中国大陆华侨华人研究述评［J］. 世界民族，2009，（1）.

❹ 林胜，朱宇. 国际金融危机背景下福建福清的海外移民活动［J］. 福建师范大学学报（哲学社会科学版），2014，（3）.

第二节 研究设计

联合国经社理事会下属的统计委员会对回流移民的定义是曾短期或长期移民到原籍国以外的国家、之后回到原籍国并打算在原籍国停留至少一年以上者。本研究探讨的回流移民指在海外谋生的移民已离开原侨居地满一年，回流到家乡并且有可能伺机再流动的跨国移民。

福建作为一个海外移民主要输出地，其在非洲经营的移民成员具有很大代表性。我们于2017-2019年对福建省福州福清J镇的回流现象进行了调查。由于此类归国群体的流动性强，在侨乡出国大潮中仅是很小的一部分群体，我们难以对归国的实际数量进行确切追踪。故笔者选择利用在当地调查的机会，与当地居民进行聊天，了解当地侨民的真实想法。并通过非随机抽样，利用老师、朋友、当地工作人员等各种关系，对在侨乡当地，对从南非谋生回流的侨乡移民群体进行半结构化访谈，同时还包括其亲属、好友、当地政府工作人员、侨务工作人员等。面谈是在侨乡当地实地调研期间以不同的时间间隔进行的，其中有部分人受访者充当中介为我们介绍和推荐其他受访者，以滚雪球的方式选取访谈对象。每次访谈时间达一小时左右，并结合在当地的参与式观察，从而对于侨乡出国谋生侨民归国原因及现状有了更进一步的深入了解，充分地收集资料，以获取一手可靠数据，采用归纳而非演绎的思路来分析资料，为本研究提供了重要依据。

近年来，社会学理性选择理论自科尔曼采取个人主义方法论，整合宏微观主义对行动者进行系统分析以来，[1]在经济社会学及社会学分析中占据越来越重要的地位。周长城曾在其研究中提出，社会学理性选择理论是在人的理性分析选择下，为了满足自己的偏好是效用最大化做出的选择。[2]社会学理性选择理论在移民问题的探讨上也开始逐步关注除经济因素外的社会制度、文化、个人偏好等对

[1] 高连克. 论科尔曼的理性选择理论 [J]. 集美大学学报 (哲学社会科学版)，2005，(3).

[2] 周长城. 理性选择理论：社会学研究的新视野 [J]. 社会科学战线，1997，(4).

个人选择的影响，❶ 但这类移民理性选择理论更多地从社会经济学视角下，对于在宏观微观下的移民行动选择进行考察，却较少地提及移民者的感性追求对行动的作用即主观感受。

因此，本文基于社会学理性选择理论，从跨国回流移民的主体性出发，试图对影响回流侨民行为选择的因素进行新的探索尝试。根据以往研究结合实地调研结果，如果将支持移民回流的因素看作一个移民系统，❷ 那么跨国移民的经济、政治、生存、社会环境构成影响跨国经营移民的外生结构性因素，而个人和家庭的经济资本的变化及家庭生命周期下个人期望的转变，则构成影响移民选择的内生性因素，由此构建出本文的基本研究框架。跨国回流侨民在外部结构性因素和内生个人性因素组成的移民系统双重影响下，移民者的物质收入和心理安全感将随之不断影响和变化。他们正是基于对个人经济水平及精神满足最合理化做出的理性判断。

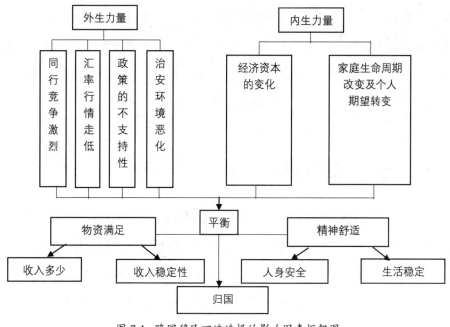

图 7-1 跨国移民回流选择的影响因素框架图

---

❶ 丘海雄、张应祥.理性选择理论述评［J］.中山大学学报(社会科学版),1998,（1）.

❷ 文军.论我国城市劳动力新移民的系统构成及其行为选择［J］.南京社会科学，2005,（1）.

第三节　非洲回流移民的特点

一、回流移民还有继续迁移需求

移民在海外发展受阻后，会选择离开原移民国回流另寻发展机会，这类回流带有探索性的特征，回流者仍有继续向海外迁移的需求，因此，也可以称他们为探索式的回流。近年来，由于国际局势的变化及以南非为代表的此类发展中国家国内环境的不稳定，跨国移民的生存和经营不可避免地受到了极大的威胁。但在侨乡以出国谋生为主流观念的背景下，对于大多数年轻的回流移民来说，更换移民国并选择其他的发展方式成为多数侨民的发展良策。而侨乡发达的社会网络恰好为回流移民的继续迁移提供了重要支持。哪里的发展机会更大，移民便会争相向哪投资，不断尝试新的目的地和新的商机。比如一个受访者这样描述："来南非三个月后，发现原来别人介绍的超市行业竞争已经很激烈了，钱挣得不多，所以把超市盘了回国。第二年听大家说阿根廷不错，所以转向阿根廷试试。"

二、回流移民出现了归根式回流

与回流后选择继续迁移的探索式回流移民不同，归根式回流的移民在离开原移民国回流后，将未来的发展重心放在了国内。归根式回流的这部分移民年龄偏大，在海外经营时间较长，已经挣到一定资金，想要回流发展或养老。中国人自古以来便有着较为浓厚的乡土情怀，侨乡的跨国移民更是如此。移民在选择出国时大多会给自己设定一个归国预期。而正如前文所提到的，在南非谋生的移民往往都能在几年内小有成就，并且伴随着经营能力的提升而积累了较为充裕的经济资本，一旦国外经营环境恶化，加上年老等因素的考虑，他们就会选择回国。

三、回流移民原来从事的行业投资规模较小，易撤资

中国移民在非洲的投资如果是实业投资，规模则较大，投资周期长，回报的时间久。回流移民所从事行业主要为超市、小商品批发与零售等，这些行业市场需求旺盛，投资资本小，回报快，亏损风险相对低。中国移民在南非通常花十几万到几十万元人民币便可以投资一家不错的服装店，利润可观，通常在两年内便可快速收回成本。一位曾从事服装业的受访者表示，在当地的商场卖服装，店面几乎就不要装修和摆设，把要售卖的衣服放在用旧报纸铺的地上，就可以轻易卖出去。因此，从业者并不需要投入太多的资金，这就为移民的投资行为提供了较大的自由空间，万一经营不善或者市场行情或者政局发生变化，就可以轻易撤资。

四、移民回流后仍采取跨国经营的策略

跨国经营战略，在此指移民即使人回到国内，但其在海外的产业却并没有撤退回来，他们仍依靠其在海外的家庭或家族成员经营。换句话说，所谓回流，更多的是移民人口的流动，而不是产业的回流。"回国时，我将南非的生意交给我侄子照料，自己回国发现家乡投资加油站近年来回报率比较大，成功率相对较大，若能在家里发展一定是在家比较好，所以就投资了。"回国发展的 H 先生将海外事业交给自己的亲戚，而自己则开始长期待在国内经营。以投资加油站、砖厂等行业为主，联合海外的分散投资发展成为回流后移民的主要选择，以此最大程度地降低风险，获取利益。这种风险和利益的平衡选择也成为移民回流的重要依据。

回流者回国后会利用其在海外积累的经济资本，回到家乡寻找新的投资契机。但出于对风险水平的考虑，回流发展的移民并不会完全放弃海外资产，而会

选择多国分散投资的保险策略。在海外创业回流的 H 先生向笔者表示:"国内投资风险很大,因为相比于国外尤其非洲国家竞争激烈太多,投资数百万的厂房可能很容易倒闭,所以我们不会轻易放弃在南非的生意完全转向国内。"

第四节 跨国移民回流的原因

在社会学中,理性的行动选择往往是依据合理化和满意度最优原则而做出的。从跨国移民为主体的角度出发,通过对调查资料的反复分析,我们认为影响跨国移民选择回流的因素包含多个方面,移民流入国的经济变化、政策变动以及治安环境等外生宏观因素,对降低跨国经营移民的经济收入和精神舒适感产生影响。随着跨国移民经济资本的提升,"回家过日子"这种追求稳定的内生性心理倾向不断出现。对于经济期待和精神满足的变化成为移民行为选择的重要衡量标准。

一、移民回流的外生因素

1. 移民国同行华人间竞争日趋激烈。

高经济回报吸引大量华人进入南非市场,同行竞争日益激烈导致投资红利下降。在 2003 年前后,福清 J 镇出现了前往南非的出国热潮,超市、酒吧等此类低成本的产业的投资成为南非的 J 镇移民的主要谋生手段。当地工商业不发达,消费人口众多,但是竞争并不激烈,用较低的投资成本往往就可获得较高的投资回报率,赚钱的速度也就比在中国快。

但正如前文所述,服装、超市等行业因利润可观吸引大批华人来南非经营,此类行业从业门槛低,撤资容易,从业人数近十年迎来井喷式增长,从几百家增长到上千家。但南非市场消费力有限,越早投资的行业也越早面临着市场饱和的困境,竞争不断加剧,经营开始走向惨淡。受访者 H 表示,自己在十年前前往南非华人商城区经营服装批发时，盈利丰厚，但近五年来服装行业的发展面临越来越大的困境。"现在华人商城太多了，南非各地加起来有二三十家大中小型综合性批发商场，但香港城、百家商城等都生意惨淡。在 2014 年一家店旺季一个月营业额 20 万～30 万，利润达 50%，而现在只有 10% 到 20%，周围的批发商都打包回国了。"最终，在一年前 H 先生踏上了回国之路。但对于跨国移民来说，由于条件的局限性，他们实际上总是很难同时达到收入和精神追求的最大化，而只能逼近"最优点"。在这样的背景下，对于原本就不愿参与激烈竞争追求安稳的移民来说，不得不选择回流，寻找新的发展机遇。

2. 移民国汇率行情持续走低。

南非等移民国受经济波动和政局影响，汇率发生大幅变化刺激移民回流。汇率即一国货币与另一国货币的兑换比例，受政治经济等因素影响，长期处于波动状态。在新的一轮经济危机之后，世界经济一直处于较为动荡的趋势，南非等发展中国家也不可避免卷入其中。加之种族运动之后，新的执政政府政策大幅地转变，使得南非国内经济总体发展水平下降。1994 年，南非 GDP 约为 1400 亿美元，位居非洲第一，是中国 GDP 的 25%，而在 2018 年，南非的 GDP 沦为非洲第二，只有中国 GDP 的 2.76%。❶制造业和贸易的低迷使非洲经济陷入衰退，出现滞涨，这不仅导致移民的经营利润大幅下降，更带来了汇率的频繁变动。以每年 6 月为例，人民币兑南非兰特汇率从 2007 年的 0.9246 上升至 2019 年 6 月的 2.0505，接近两倍的比例。笔者所访问的多位从南非回流的移民都表示，汇率的急速上升和经常性波动使得之前赚的钱几乎全没了。受访者 C 女士曾在南非经营超市，她告诉笔者，"来南非打拼赚钱是我们唯一的目的，以前很好赚钱，现在不行了，主要是汇率不一样，以前的一块钱差不多和人民币等值，而现在差不多四毛二三，之前赚的钱没有兑换成人民币，汇率下降，钱放在那就去了一半，眼看着多年心血快全白费了，搞得我们都很慌。"汇率下降造成移民赚到的大量的钱大幅度缩

---

❶ 数据来源于世界银行。

水，这不仅大大降低移民的收入水平，更动摇了他们在所在移民国继续打拼的安全感。最终，几年前，C女士和家人选择了离开南非回国，并最终转向总体发展环境相对较好的阿根廷投资。

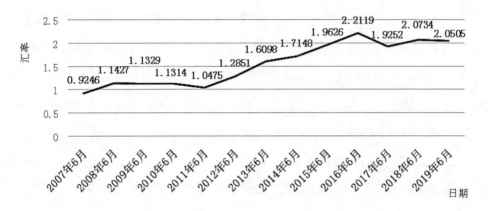

图 7-2　南非兰特兑人民币汇率

这样的情况同样发生在诸多发展中国家。Z先生2006年刚到同为非洲国家的阿尔及利亚考察时100阿尔及利亚第纳尔可兑换10元人民币，2010年时100阿尔及利亚第纳尔可兑换7元人民币，但在2017年，100阿尔及利亚第纳尔可换3元人民币。这一汇率急剧下滑的趋势促使好多国外投资企业家暂时停止扩大生产规模，有的年纪稍大的企业家甚至撤资回国发展，但现如今多数在非的中国企业家正积极寻找应对策略。新古典经济均衡理论的学者曾指出，移民者的移民行动与其预期报酬有着巨大关联，当所得到的回报率远达不到预期报酬时，回流便会发生。因此，在移民国汇率持续走低的背景下，跨国移民的货币和心理报酬均达不到预期，最终选择了回流并考虑其他的发展策略。

3. 移民国政府及社会对跨国移民创业政策显示出不支持性。

移民虽带动了当地的商品业等行业的发展，可所赚的钱最后通过流转又都重新回到了中国。同时，善于经商的华人蜂拥而至，也加剧了非洲商人的竞争压力。所以在今天，南非人常抱怨说钱都被移民们挣完了，也常会有各类反移民的社会声音。南非政府对于支持华人来非洲创业移民的积极性也大大降低。在南非新拟修订的《移民法》中，曾有四个人权组织提议修改移民条例，停止向外国父母所生子女发放出生证明，此条例是针对大量移民到南非并且生孩子而提出的。虽然最终结果还没有得到确认和公布，但一经提出便已大大影响了大量移民的积极性和安全感。首先影响到的便是大量年轻移民。

受访者 B 先生是在南非创业者，他表示："这个提法很不合理，出生证明是很重要的文件，就算不能入南非国籍，小孩肯定要有出生证明，要是不给出生证明，我们在南非出生的中国小孩就必须得带回去中国入户口，但若因此中国也不承认，那小孩就麻烦了，关系到小孩一生。来这只是为了赚钱，从不是为了其他的国籍，不可以因为这影响我们小孩子。"

阿尔及利亚则在 2011 年后出台政策，规定"开公司必须要当地人 51%，中国人 49% 的股份才得以通过"。这些政策的出台在解决本国因移民导致的种种问题同时，也在无形中限制了移民者在他国的发展空间，更破坏了他们在移民国发展的未来憧憬和安全感。因此，即便物质收入仍相对较高，但非物质条件受限，移民者在移民国变成似"局外人"的存在，本就不高的融入感因为系列"被边缘化"的措施得以强化，生存舒适感和满足感极大降低。因此，在物质满足和精神需求的平衡选择下，移民者最终做出回流选择，另寻发展机遇。

4. 移民国治安环境不断恶化。

社会经济的大幅度波动，造成南非严重的失业等社会问题，使得南非偷盗抢劫现象频发，但当地政府对此并未出台相关健全的法律政策，也没有采取强硬措施，这更滋长了当地的违法犯罪行为，给经营者带来一个纷乱的经营环境。相比于中国，多位在南非移民都表示，"从大层面来讲是在为南非的发展做贡献，但却要时刻警惕未知的伤害，而当地政府对待华人的态度让我感觉挺不公平的。南非政府给自己带来的保护感实在太弱，现在的南非生存环境给自己带来的安全感正在降低"。

面对南非的治安问题，在外经营的移民会为自己选择一个相对最安全的环境。这种适应性使他们对外界治安有种免疫心理，并学着用最保险的方式来保护自己，比如选择夜晚不出门，出门不穿漂亮衣服和首饰，不带太多的现金等方法。可对于大多数的跨国移民来说，即使治安环境较差仍不会有大量移民选择回国。但一旦治安问题切实发生在自己身上，产生生命危机感时，精神的舒适感和满足感就会被打破，移民便有可能最终选择回流。

受访者 W 女士表示，在出国之前，她与多数出国的移民相似，认为外面其实也不是很乱，没有哪个地方是绝对安全的。她和丈夫带着孩子在南非待了一年，事业刚有起色，却没想到在一天早上，家中突然闯进三个带枪抢劫的黑人，往床上打了两枪，把他们都捆绑了搜出值钱的物品后逃走。"幸亏孩子没有什么事儿，不然后悔莫及，还留在那就真的是要钱不要命了。"经历了这场惊险的遭遇后，W 女士和丈夫坚决选择了回国。

虽然在这之前，收入一直都是移民们选择出国谋生的首要动力，但一旦当生命安全感受到重大打击时，他们内心的衡量标准就会偏移。学者文军曾将这种移民为了保证自身生存而做出的行动称为"生存理性"。❶ 因此，离开所在的移民国回流并选择其他更加安全的发展环境成了最合适的决定。

二、移民回流的内生因素

1. 经营实力的提升为移民回流创业提供了客观基础条件。

在创业初期，国内与国外创业的风险呈现出的巨大反向对比，促使迫切希望赚到较多经济财富的年轻创业者选择海外投资。在他们看来，国内创业风险是巨大的，竞争环境日益激烈，完善的市场法规更增加了他们因为产品不合格导致所有投资化为乌有的风险，这让他们感到惧怕。而在南非，消费市场广阔，投资市场也远未达到饱和，投资者在两年内便可能快速回本，这为他们拥有更稳定的收入和更大的安全感提高了保障。可以说，移民者选择跨国经营在某种程度上是在

---

❶ 文军. 从生存理性到社会理性选择：当代中国农民外出就业动因的社会学分析［J］. 社会学研究，2001，（6）.

追求更高物质经济收入的同时，对国内激烈竞争、快节奏和高压力生活的一种暂时性的回避。

另一方面，创业初期资金的获取限制更迫使侨民选择出国经营。无论侨民选择何种投资方式，都需要高额的资金作为基础条件，这往往需要创业者利用发达的社会网络，依靠民间借贷获得。民间借贷的运作基点是短期内的高回收率。由于不同国家的市场行情不同，在本国创业若要取得同等高收入、高时效的回报，其投资成本很易达到南非的六倍以上。考虑到不同国度经营环境和投资风险的巨大差异，民间借贷者在选择借贷对象时更倾向于可以在一两年内便快速回本的海外创业者。以受访者Y先生为例，十年前通过民间借贷筹集到近百万的资金在南非经营酒庄，受益于当地的经营环境的消费市场，在两年之内便将借贷金额还清并开始积攒自己的资金。因此，出国经营的移民往往可以很容易筹集到创业资本，成为侨乡创业者的首选，而高投资成本的国内创业却让大多投资者和借贷者望而却步。

但在多年之后，伴随着海外创业者经营能力的提升，海外投资的高回报率为移民积攒了大量的经济资本，这既改变了他们的最初状态，为他们选择回国创业提供了资金的保证，并降低了投资风险，还给他们提供了更加多元化的选择空间。在中国高速发展的背景下，有一位移民向笔者表示："国内的大资本投资回报率在很大程度上还是高于国外的，要赚更多的钱，还是在国内发展。"回流移民尤其是在海外发展多年的归根式回流移民，利用便捷的交通通信，将资本转移到国内，继续开拓新的投资渠道。在海外经营多年的酒庄生意的Y先生回流到家乡，利用在海外积累的经营资本，在家乡附近购买店面，也做起了酒庄生意。但同时，回流后的移民为了防范投资风险，并未将海外的资产完全放弃，而是会选择交给在海外的家庭成员打理。因此，借助于海外优势，Y先生将自己在非洲酒庄的酒等商品一并运回国内销售，这样的跨国联合经营给Y先生带来了比以往更大的收益。

2. 家庭生命周期下个人角色和需求期望发生变化。

移民对稳定生活的追求不断提升促使其选择回流。新迁移经济学者曾提出，家庭是移民行动选择的基本单元，为了达到家庭成员所获福利的最大化和各阶段风险的相对最小化，不同时期的移民者会根据自己的家庭特点做出选择。跨国移民回流时期更多地集中在孩子成长期和自己的中年退休期。移民出国的最高峰集中在二十岁左右打拼的关键期，受侨乡氛围的影响，出国才能够赚到钱几乎成为每个人心中的一个理念。但当他们生命周期发生转变、子女长大时，出国与否不再仅仅依据收入这一个单一指标衡量。价值导向和情感主题开始逐渐替代金钱成为主要的考虑指标，他们开始更关注与孩子的成长，对生活的稳定性以及舒适感的要求不断地提升。

比如，受访者 I 女士曾在南非生活了五年，但是她觉得那样的生活方式并不适合她，后回国开代售机票小店。"这里的人过去都是为了赚钱，但是那里的生活太不稳定了，我们不想一定要赚那么多钱，约定好一结完婚就回来，在家里才是过日子的。"受访者 H 先生则说："我们为了儿子读书回来的，儿子大了需要我们自己多照顾，我们也不想孩子在国外读书在南非发展，还是希望他能够好好读书，考个大学在国内发展，就算不去创业，读书出来做个高级的打工者也很好。"正是这种家庭期望的转变，直接影响了移民的未来发展策略，因而选择回流。

另一方面，中年移民的回流预期也与其生命周期吻合，移民开始追求享受回流后的生活。正如前文所提到的，跨国移民始终保持着乡土情怀，多年的海外生活并没有让移民离开本根，相反，跨国的支持网络对移民平衡对收入和精神舒适度的追求产生重要影响。随着时间的推移，早一批移民进入中年阶段，多年打拼所积累的较为充足的经济和社会资本，为他们回国投资和养老提供支持。在经济资本上升的同时，这部分移民对精神舒适感的追求也在日益提高。在移民看来，出国更多是为了赚钱，不是来"过日子"的。在海外谋生的移民多将自己定位为

"客居者"，● 他们并没有太大的意愿参与进当地的社会网络，相反，更倾向于在条件允许的情况下频繁地回乡探访。跨国移民的家庭根基所在地并没有改变，在他们背后以血缘关系、亲缘关系和地缘关系建立起来的支持网络，将移民与家乡故土紧密联系在一起。同时，随中年移民年龄的增大，他们会选择让位于年轻人，让子女接替自己继续奋斗，以将产业长久延续下去。因此，经历多年的奋斗，当赚足自己满意的资本后，中年移民便会选择退休回家养老，将自己在南非的经营转交给下一代继承者，又或者是会将投资部分转向国内更加均衡发展。这种回家"过日子"的生活因为有了足够经济和社会资本支撑后，为他们带来了幸福感和满足感。因此，在跨国移民的这个生命周期时段，回流恰成为平衡利益和精神追求的最佳支点。

同时，随着中国的发展，除了更多有利的投资机遇和发展环境外，环境的改善恰好在更大程度上满足了移民对幸福生活的期望。移民者羡慕和享受在南非等国外有着优质的空气质量和真正大自然的生态环境和自然风光，而近年来国内环保事业的发展让他们感到了家乡环境的改善，这在某种程度上让他们更加享受归家后的幸福日子。因而，即使抛弃自己在南非的事业，对于归根式回流的移民来说，"回家过日子"的生活仍是他们在平衡物质收入和精神满足的理性分析后的最优选择。

第五节　小结

通过对调查资料的反复分析，结合社会学理性选择理论的一般观点，我们认为影响跨国移民的回流行动，是移民从自身主体角度出发，根据其回流后发展方向，在宏观结构和微观因素的共同影响下，做出归根式回流或探索式回流的理性选择。影响移民回流的理性选择包含多个方面，一个是社会结构和制度变迁下的

● 陈凤兰. 南非中国新移民与当地黑人的族群关系研究［J］. 世界民族，2012，（4）.

宏观外生结构性因素的影响，一个是个人的自身情况的变化影响个人的行为选择。如果我们将支持移民回流的外生因素和内生因素结合看成是一个有机的系统，那么移民作为行动者个体，面对变化的有机系统，他们总是会为了自己的生存和发展，理性地选择未来的发展方向做出移民行动。移民理性判断的标准除了一直以来理性选择理论所强调的追求利益的最大化外，还结合追求个人精神满足的最大化而做出的理性分析。在各方面影响下对于两者之间的平衡和最优成为跨国移民的理性选择标准。

但是，我们需要注意的是，上述外生以及内生性因素的作用都并不是单独存在的，跨国移民是受社会整体宏观微观的变化影响，同时，他们所具有的相似性心理追求，这都共同对移民者物质收获与精神满足感变化方面给予影响。在不断变化的条件下很难达到物资满足和精神舒适的最大化，但是却可以通过平衡选择接近"最优化"。因此，在内外双重因素影响抉择下跨国移民选择回流，其背后的实质是他们对于两个国家在平衡个人及家庭收入和精神舒适感的最合理化，也就是两者达到均衡和最优的理性选择结果。

第八章 跨国经营的"失依儿童"帮扶机制

第一节 问题的提出

在跨国移民的研究中，儿童仅作为移民研究的附属品，[1] 未有过多深入研究，对于经历人生重大变故对这些移民儿童的影响关注甚少。在跨国婚姻及家庭的研究中，视角多放在跨国家庭长期的分离对夫妻双方以及子女心理、行为等的影响。[2] 此外，也有众多学者关注跨国流动及新移民的跨文化适应、文化冲突等，虽然成果颇为充实，但是就侨乡"失依儿童"而言，他们不仅面临着跨国分离抑或是移民变迁的苦楚，同时还遭遇失去单亲或双亲的重大生活灾难，身体、心理、行为的问题更为严重。陈肖英对于华人在南非的生存困境及其安全威胁做了深入细致的研究，[3] 但是其焦点在于受到威胁的原因分析上，并未对于受到破坏的家庭及其遗留子女等进行研究。

目前，侨乡研究中对成人移民群体研究的成果众多，对儿童群体的相关研究较少。何毅在浙江青田的调查中发现，"失依儿童"的家庭教育相对更加残缺，人格发展容易出现障碍，对学习的认知容易出现偏差；[4] 文峰简析侨乡留守儿童问题

❶ Dobson, M. Unpacking Children in Migration Research［J］. *Children's Geographies*, 2009,7(3):355-360.

❷ Batista, Catia, Aitor Lacuesta and Pedro C. Vicente. Brain Drain or Brain Gain Micro Evidence From an African Success Story［R］. IZA Discussion Paper 3035, Institute for the Study of Labor, Bonn,2007.

❸ 陈肖英. 南非中国新移民面临的困境及其原因探析［J］. 华侨华人历史研究，2012，（2）.

❹ 何毅. 侨乡留守儿童发展状况调查报告——以浙江青田县为例［J］. 中国青年研究，2008，（10）.

的"洋"特点，认为"洋"留守儿童问题存在家庭、政府和社会等多层次原因；❶童小军针对"失依儿童"的跨国家庭领养模式展开探讨，分析跨国家庭的养育对"失依儿童"的影响；❷潘玉进等以温州市龙湾区和瓯海区的侨乡为例，分析探讨华侨留守儿童家庭教育资源、人格与行为的特点及其关系；❸李子涵、邓纯考对父母出国留守儿童生命成长历程个案群的轨迹进行探析，发现侨乡留守儿童接受教育的标准社会时间滞后，被动接受环境变化，家庭内社会化不足；❹王佑镁从媒介的使用与满足出发，探讨提升侨乡留守儿童媒介素养的途径等。❺

上述研究更多关注的是侨乡留守儿童，尚未关注到侨乡"失依儿童"这一特殊的群体。侨乡"失依儿童"与中国其他地区乡城移民中出现的"失依儿童"相比，在生活环境、家庭情况和文化教育等方面具有一定的特殊性，侨乡"失依儿童"的现实需求和受助情况更值得学界的关注和研究。

福清 J 镇隶属于福建福州，是我国著名的侨乡。据当地侨联统计数据，截至 2016 年 12 月，全镇总人口约有 8.3 万人，但出国（境）人员共计 3.3 万人，分布在世界 55 个国家和地区，其中改革开放以后去海外的新移民人数有 2.5 万人，占了该镇海外移民数的 76.6%。❻

J 镇出国务工或经商的人员多在非洲、东南亚和南美等地，由于人口输入地政治经济环境复杂，部分欠发达地区对枪支的限制不严格，抢劫、盗窃等事件时有发生，治安问题较为严峻。J 镇出国人员的人身安全和财产安全受到一定程度的威胁，状况堪忧。他们的安全问题越来越严峻，仅 2018 年初至 5 月，J 镇出国

❶ 文峰.侨乡跨国家庭中的"洋"留守儿童问题探讨［J］.东南亚研究，2014，（4）.

❷ 童小军.跨国领养：失依儿童家庭养育的另一种模式——以美国家庭领养中国儿童为例［J］.中国青年政治学院学报，2007，（4）.

❸ 潘玉进，田晓霞，王艳蓉.华侨留守儿童的家庭教育资源与人格、行为的关系——以温州市为例的研究［J］.华侨华人历史研究，2010，（3）.

❹ 李子涵，邓纯考.父母出国留守儿童成长历程探究［J］.当代青年研究，2017，（4）.

❺ 王佑镁."跨国寄养"背景下我国农村侨乡留守儿童媒介素养研究［J］.现代远距离教育，2013，（4）.

❻ 2016 年 12 月，福清市侨联统计数据.

务工和经商的青壮年已有 38 人遭遇枪击导致残疾或死亡,20 人遭遇暴力抢劫身亡,14 人遭遇车祸身亡。[1]2018 年以来,J 镇外出的移民平均每个月死亡 14 人(即每两天约有一人死亡),这在出国人口仅 3.3 万的小镇来说已经很严重。他们留在国内家中年龄尚小的子女失去了父母的照顾,在国外出生的孩子被送回 J 镇由年长的祖父母或亲戚代为照顾。这群特殊的儿童在日常生活的各个方面都需要社会各系统提供帮助和扶持。因此,以 J 镇为典型个案研究侨乡"失依儿童"社会帮扶机制的构建对"失依儿童"的社会化和移民流出地的可持续发展具有重要的意义。

在"一带一路"背景下,侨乡前往发展中国家的移民规模将不断增加。"失依儿童"则是这种新的流迁模式对移民输出地的发展产生的负面影响。本章社会生态系统理论为理论视角,以侨乡"失依儿童"的现实需求为切入点,分析侨乡"失依儿童"帮扶机制的构建。以福建福清 J 镇为例,侨乡"失依儿童"帮扶机制主要存在以下特点:(1)微观系统上,家庭对"失依儿童"的支持存在基础性缺位;(2)中观系统上,学校老师和朋辈群体对"失依儿童"的帮扶未能突出实效;(3)宏观系统上,社会相关部门对"失依儿童"群体的救助政策较为单一。因此,建构联动多元的帮扶机制,使微观系统、中观系统和宏观系统三者之间形成体系化的社会救助网络,是侨乡"失依儿童"救助模式的发展趋势。

第二节 研究设计

一、相关概念的界定

目前,学界对"失依儿童"的界定标准不一。非政府组织将无人抚养的儿童界定为"失依儿童"。有的学者在此基础上做出进一步界定,认为失去双亲或者

---

[1] 2018 年 5 月,J 镇侨联统计数据.

其他成年人照顾，由社会机构或者其他人士支持才能维系生活的未成年儿童属于"失依儿童"范畴。在本章，"失依儿童"是指由于各种原因失去生身父母和其他具有亲情关系的成人正式照顾的十六岁以下的儿童。❶本章所研究的是侨乡"失依儿童"，指的是侨乡这些父母在国外均遇害，或一方遇害，另一方因一些原因（如母亲改嫁）无法承担抚养义务的十六岁以下的儿童。这些儿童大部分在国内出生，少部分则在国外出生后因父母遇害被送回国内。

"失依儿童"的规模在逐年增长。根据 2015 年 1 月的统计，其数量仅为 54 人，但在一年多之后的 2016 年 3 月数据则上升至 70 人，到了 2017 年 10 月数据又上升至 101 人，而截至 2018 年 5 月其数量又增加到 111 人（年满十六周岁的"失依儿童"会被自动排除，不在这些数据统计之列）。可见，随时间增长呈上升趋势，海外移民的安全受到严峻的挑战。

在福清 J 镇登记在档的 111 名"失依儿童"中，在国内出生的有 98 个，占"失依儿童"总数的 88.3%；在国外出生的有 13 个，占"失依儿童"总数的 11.7%。他们的父母双方或一方在国外经商期间遭遇意外丧生，目前多跟随祖父母一起生活，家庭经济条件普遍较差，生活难以维系。J 镇"失依儿童"中，年龄最小的三岁，最大的十六岁。由于海外移民的人身安全问题日益严峻，"失依儿童"的数量也在增加，平均每个月都会增加几个。当地统计会将超过十六周岁的"失依儿童"从其失依儿童的名单中删除。因此，事实上 J 镇这类儿童的数量要多于 111 人。

二、理论视角

生态系统理论（Ecological Systems Theory）源于生物学，20 世纪 70 年代以来，逐渐成为社会学研究中一个重要的理论视角。1979 年，心理学家布朗芬布伦

---

❶ 曹海彬.农村"失依儿童"社会支持网络分析——基于湖北省黄陂、安陆的调查研究［J］.青年探索，2008，（2）.

纳（Bronfenbrenner）进一步发展了社会生态系统理论。布朗芬布伦纳在《人类发展生态学》一书中建构了社会生态系统理论的模型，认为儿童的成长受到微观系统、中观系统、外层系统和宏观系统的影响。❶2004年查尔斯·扎斯特罗（Charles Zastrow）进一步阐释了个体的行为和个人的成长与社会环境中多系统之间的交互关系，在微观系统里加入了个体的心理与生理等因素，以及心理与生理之间的相互影响，注重分析个体本身对环境的反映。❷综合借鉴布朗芬布伦纳和查尔斯·扎斯特罗的社会生态系统理论，在本章的研究和分析中，笔者对微观系统、中观系统和宏观系统的定义如下：微观系统指处在社会生态系统中的个人和家庭；中观系统指与各微观系统之间联系或有交互关系的小群体，例如老师和朋辈群体等；宏观系统，指个体不直接接触的、比小群体更大的社会组织机构及社会环境，包括制度、文化和亚文化等。侨乡"失依儿童"的社会化过程离不开微观系统、中观系统和宏观系统的交互影响，"失依儿童"的社会帮扶机制能否实现高效运行与各系统内的帮扶措施是否完善有紧密的联系。

第三节 侨乡"失依儿童"及其需求

一、群体的出现：向发展中国家移民带来的必然产物

虽然华侨华人在海外遇袭事件频发，但是社会上对"失依儿童"家庭的报道却比较少。一方面是因为遇害家庭不愿意向外界述说家庭悲剧，认为再次提及惨剧是对他们心理上的二次伤害。另一方面，侨乡"失依儿童"的案例在近几年才在部分侨乡地区大规模出现，而福清J镇的"失依儿童"案例较为典型。

---

❶ 田萍.社会生态维度下弱势群体社会支持网络系统建构［J］.求索，2013，（10）.

❷ 师海玲，范燕宁.社会生态系统理论下阐释人类的行为与社会环境——2004年查尔斯·扎斯特罗关于人类行为与社会环境的新探讨［J］.首都师范大学学报，2005，（4）.

"凡有华人处，必有 J 镇人"正是对 J 镇华侨分布广、历史悠久的真实写照。以前，福清移民目的地集中于如美国、日本、英国等经济发展水平较高的国家。近年来，随着发达国家存在的移民就业和发展机会逐渐饱和，福清移民也开始寻找新大陆求得发展机遇。非洲、南美这些发展中国家经济相对落后，但挣钱机会多，便成为福清移民的又一新选择。❶ 据 J 镇侨联 2016 年 12 月统计数据，J 镇目前在南非的华侨有 8996 人，占出国（境）人员总人数的 27.03%；在阿根廷的华侨有 4301 人，占出国（境）人员总人数的 12.93%，即过三分之一的 J 镇青壮年出国目的地集中在南非和阿根廷。

笔者在访谈中了解到，在国外经商的人多在一些欠发达地区（例如南非与莫桑比亚交界地区）经营便利店、服装店和小型超市。J 镇出国经商的青壮年，有一部分结婚后在国内生育孩子，等孩子满月之后就出国务工或经商；有一部分为了获得在国外居住和工作的合法身份，选择在国外进行生育，等孩子出生之后申请国外的户口。当孩子拥有国外的户口后，父母作为孩子的监护人就能获得当地的居留权和合法的工作权，以保证他们能在国外顺利地经营。

"失依儿童"家庭的增加除了同侨居国的安全环境有关，还同海外移民在侨居国从事的行业有关。值得注意的是，笔者在温州等侨乡了解温州移民在非洲的情况，虽然诸多温州移民也谈及在非洲遭遇的安全问题，但是鲜少听闻有大量区域性的"失依儿童"家庭产生。相对比于温州侨乡，福清的移民更多地涉及的行业是小商品批发、超市经营等入行门槛低且收益见效快的行业。福清去非洲做生意的群体更多的是在外开超市，做矿产或者其木材生意投资类的人相对较少，而且遇到袭击的群体也多为开超市做小生意群体。不仅是因为该类群体基数大，而且他们一般规模小，自卫能力较薄弱，资金流动性大，收银台内存放较多营业额，因此更容易成为袭击者的目标。

在遇到抢劫时不配合劫匪，而是倾向于反抗，特别是有配枪的人员更容易遭

---

❶ 林胜，朱宇 . 国际金融危机背景下福建福清的海外移民活动［J］. 福建师范大学学报（哲学社会科学版），2014，（3）.

到警匪枪袭。有一位受访者表示:"你如果在店里有配枪,如果遇到抢劫,第一个就是(射杀)有配枪的。他不管你反抗不反抗,马上干你(配枪者)。你不反抗(就没事),最怕反抗的。你要跟他对着干?那不行,他有枪。被干掉的都是想去反抗,然后去拿枪的。你反正让他抢你就没关系。"

而男性在遭遇匪徒袭击时,往往扮演反抗者的形象,甚至店里配枪的多为男性成员,因此男性的遇袭概率远高于女性群体。福清新移民多以青壮年为主,小本买卖的经营更多是家庭男性劳动力承担,或者是夫妻档。老人和小孩多留守在侨乡,依靠年轻夫妻从海外寄回家的侨汇生活。特别是在海外的遇袭事件中,成年男性的反抗力量大于女性,因此他们被犯罪分子杀害的概率远高于女性群体。据了解,不少移民家庭出国创业时间较短,资金积累少甚至是负债出国,在这种情况下扮演顶梁柱的父亲遇害后,母亲半数以上会选择改嫁,整个家庭失去主要劳动力,家庭困难成为必然。

由于移民的输入地多为发展中国家的欠发达地区,这些地区环境复杂,政治经济不稳定,治安状况较差,当地政府未能对枪支、毒品等危险品进行有效的控制,出国经商人员的生命财产安全受到较大的威胁。❶据一位曾出国经商的当地居民介绍,J镇出国经商的人在一些欠发达地区由于治安问题经常需要"关着门做生意",即顾客无法进入商店,只能通过商店的透明橱窗挑选商品,选中所需商品后通过商店门上的小窗口支付现金给店主并取货。尽管如此,抢劫杀人事件仍时有发生。在国外务工或经商的J镇人无暇顾及他们的孩子,加之当地的危险系数较高、学费昂贵、教育水平较差,因此在孩子一出生之后,他们中很多人就会把孩子送回国内由家中的老人或其他亲戚代为照顾。这些出国的年轻人在国外经商时遭遇持械抢劫、车祸等意外身亡,即便是幸存者也失去了劳动能力,他们年龄尚小的孩子失去了父母和其他具有亲情关系的成年人的正式照顾,成为"失依儿童"。近年来,这些发展中国家的治安状况严峻,J镇的"失依儿童"数量增

---

❶ 林胜,朱宇.海外华侨华人安全问题思考——以福建海外移民为例[J].福州大学学报(哲学社会科学版),2015,(2).

加，形成了一个备受社会关注的特殊群体。

二、"失依儿童"的现实需求

"失依儿童"的现实需求是研究侨乡"失依儿童"社会帮扶生态系统的重要参考。侨乡"失依儿童"的需求不仅仅是生活上的经济需求，更包括心理层面上的社会情感需求等，具体表现在以下三个方面：

1. 经济支持：维系日常生活的基本保障。

J镇出国经商的年轻人在出国前缺乏经营资本，大多数出国的年轻人都举债前往国外经营小商店，举债金额从几十万元人民币到几百万元人民币不等，这些债务通常需要在国外经营好几年才能还清。由于遭遇持械抢劫意外身亡或残疾，这些家庭只能选择将国外的店面退租或变卖，剩余的钱则用于治疗或办理身后事，几乎没有积蓄，有一部分家庭至今尚未偿清当年的债务。家中的主要经济来源断了，年长的老人只能靠剥海蛎换来微薄的收入维持生计，"失依儿童"的家庭经济拮据，而"失依儿童"在生活上和学习上都需要不小的开销。调研过程中我们遇到一户"失依儿童"家庭，祖孙三人栖身于一幢老而破旧的房子中，平日里他们就一起睡在位于二楼角落的一张床上，那已经是整个房子里唯一可以用来休息的地方；更有一户"失依儿童"姐弟三人没有自家的房子，平时全靠寄居在叔叔家，才不至于流落街头。因此必要的经济支持，是"失依儿童"维系日常生活的基本保障，也是"失依儿童"社会化过程中较为重要的物质需求。

2. 落实户籍：享受义务教育和社会保障的前提条件。

在国内的适龄儿童要享受国家的九年义务教育和其他基本保障，首要的条件就是要拥有中国户籍。按照我国户口登记条例规定，新生儿的监护人在孩子出生一个月之内凭《出生医学证明》即可办理户口登记。但一部分在国外出生的失依儿童并无国内认可的《出生医学证明》，加之父（母）亡故，申报户口则需提供孩子与祖父母的亲子鉴定证明材料，户口登记受到一定的阻碍。由于户籍问题，他们在中国不具有合法的公民身份，无法拥有接受义务教育、获得基本医疗保障、社会救助等一系列权利。目前，在国内出生的失依儿童均已落实当地户籍，但仍有少数在国外出生的失依儿童尚未取得当地户籍。

3. 情感寄托："丧父（母）之痛"的修复与心理引导。

笔者在观察"失依儿童"与他人的交流过程中发现，"失依儿童"不愿意与他人交谈，性格内向。在访谈中，"失依儿童"的祖父母也向我们反映了"失依儿童"少言寡语的性格特点。"失依儿童"失去了父母的陪伴，心理上造成的影响还未完全修复，每当过年过节看到其他孩子有父母陪伴时，"失依儿童"就会从这种对比中重新回忆起自己的父（母）已不在人世的失落和悲伤。"失依儿童"缺失了和同龄人之间的相处，缺少社交活动和社会情感上的体验，又缺乏成年人的正确引导，对周围环境的心理体验是孤独的，甚至会在言语表达中表现出了心理上排斥，拒绝与人交流。由此，"失依儿童"的社会感情无法通过日常生活的体验得到满足是"心理问题"的出现的主要原因。失依儿童社会感情的缺失，对失依儿童接受教育、成长成才造成了阻碍。

第四节 侨乡"失依儿童"帮扶机制的建构

当前对"失依儿童"的帮扶存在不足和缺位，帮扶的长效机制和联动系统尚未建立。结合生态系统理论的视角，笔者从微观系统、中观系统、宏观系统三个层次分析"失依儿童"的帮扶机制，具体表现为：

一、从微观系统上看，家庭对"失依儿童"的支持存在基础性缺位

"失依儿童"的家庭教育是典型的"隔代教育"，祖父母比较溺爱孙子（女），对孩子的学习不重视，只希望他们平平安安地长大。加之 J 镇年轻人出国经商已经成为当地的一种社会风潮，很多监护人给"失依儿童"灌输"不会读书就出国

学做生意"的理念，导致"失依儿童"忽视自身的学业，逃课、早恋等现象较严重。

有一部分"失依儿童"在父母去世时年龄尚小，家人会向孩子隐瞒父亲或母亲去世的消息。访谈时，一名"失依儿童"的奶奶告诉笔者："孙子的父亲去世了，一开始不让孩子知道，后来（孩子）他爸爸的遗像拿回家，孩子看着照片说，照片上的人是他爸爸，他的爸爸已经死了 ❶"。"失依儿童"失去父母，其祖父母也遭遇"白发人送黑发人"的丧子（女）之痛，在经历了晚年的丧子之痛以后，面对着儿子留下的孩子，他们不可避免地将对子女的思念都转化成爱倾注到孙辈身上。再加上原先就存在的对孙辈的疼爱，两种爱集于一身就造成祖父母对他们的"过度保护"：比如在孩子们被同龄人嘲笑他们没有父母这样的事情发生以后，为了避免孩子受伤，就让孩子待在家里不让出去和其他同龄人玩。祖父母本身也是"失依老人"，他们也面临着各种压力，内心的伤痛无处诉说，当看到发生于孙辈身上的一些心理问题时，自己也显得无助，未能够对"失依儿童"提供精神上的支持。

隔代教育的先天不足加之家庭经济条件的限制，"失依儿童"难以得到正确引导，长辈较保守的教育观念使"失依儿童"与社会的联结纽带变得脆弱。部分"失依儿童"由于环境的改变、学前教育的不足及父母的离去等原因，不能及时适应目前的生活和学习环境，对外界产生抗拒情绪，甚至产生反社会人格。笔者调查时发现，"失依儿童"普遍因缺乏父母的关爱，性格内向，不喜欢与同龄人或者老师交流，在学习上有一定的困难。目前，J镇"失依儿童"专项救助项目正在建设中，但还没有专门针对"失依儿童"家庭的帮扶行动，以血缘关系和亲缘关系为核心的微观系统对"失依儿童"的帮助存在较大的不足和缺位，导致"失依儿童"的帮扶机制从基础的环节就出现了运行上的失灵。

---

❶ 于福清 J 镇访谈失依儿童家长（女，55 岁）

二、从中观系统上看，学校和同龄伙伴对"失依儿童"的帮扶未能突出实效

笔者在 Z 村的幼儿园以及初中的走访中了解到，学校更多的是对家庭困难的"失依儿童"学杂费等进行减免，而在日常的学习生活中学校并没有对该类学生群体有更多的照顾。一方面是学校正式编制教职人员较少，代课老师较多导致教职人员的流动性大。往往一年甚至一个学期，代课老师已经不在该学校教学，因此教师对"失依儿童"心理等方面的关注度并不长久。另一方面，由于教职人员较少，所以教师或者班主任的教学任务较多。因此，教师没有更多的精力关注班级中的"失依儿童"。

大多数学校对于存在经济困难的"失依儿童"未能提供助学金的支持，大部分贫困的"失依儿童"学习上的开销仍由每年侨联提供给"失依儿童"家庭的生活补助和慰问金维持。一些在国外上过幼儿园和小学一年级的"失依儿童"，由于学习方式和授课语言的改变，回到国内上学需要更长时间的适应，学校也仅是安排这些"失依儿童"重新就读小学一年级，未能对这些需要文化适应的儿童提供基础知识的补充以及学习方法上的辅导。笔者在 J 镇的 X 小学调查中发现，这些"失依儿童"需要一年多才能逐渐适应中国的环境，他们重新学习一年级课程之后仍不能跟上国内授课的节奏，学习成绩和其他孩子相比仍有较大的差距。当地侨联工作人员介绍，当地大部分学校的老师尚无针对"失依儿童"的特殊情况给予这一群体必要的关注，"失依儿童"在学校里与同学、老师交流甚少。由于学校层面未能建立起针对这一特殊群体的长效帮助机制，学校的教师及同学对"失依儿童"仍保持较为边缘化的态度，"失依儿童"学习上的正常发展依然受到阻碍。

三、从宏观系统上看，政府等相关部门对"失依儿童"群体的关注和帮扶仍较为有限

由于"失依儿童"家庭是近几年伴随海外移民安全问题才衍生的社会问题，当地政府暂时并没有出台一些针对"失依儿童"家庭救助政策。对于"失依儿童"家庭的救助更多的是走"低保"程序，救助的覆盖范围受到局限。侨联 Z 主席也表示："因为低保条件有明确的规定，你家里有劳动力就不允许享受了。有的说没有劳动力你家里户头上有钱也不行。"

同时，当地政府相关部门对"失依儿童"的帮扶以直接提供资金支持为主。政府目前仅对"失依儿童"进行经济上的补助，多以直接发放慰问金、补助金等形式在儿童节、春节这两个特定时间点进行，对于不同家庭，救助标准没有实现人性化的增减。据调查，政府为"失依儿童"的经济补助名额仅有 40 个，远远不够 J 镇 111 名"失依儿童"的需求。

政府对弱势群体提供的服务性措施主要集中在残疾人群体和老年人群体上，J 镇"失依儿童"作为弱势群体中的一部分，尚未得到基层政府部门足够的重视。笔者通过访谈得知，"失依儿童"家庭要想享受低保，必须要有中国户籍，而且申请低保耗时较长，有一部分家庭经过五到六年才得以从村委会上报办理低保。政府提供的直接物质补助仅能维持经济困难家庭的"失依儿童"日常生活开销，未能对"失依儿童"的教育和未来发展提供实效性的帮助。政府目前所提供的低保金远远低于"失依儿童"健康成长所需要的投入：2013 年的低保金每人每月仅有 50 元，到了 2018 年低保金每人每月也只有 350 元。低保所给予的补助仅是杯水车薪。此外，"失依儿童"的保障制度建设仍然存在较大漏洞，随机性比较强。有受访者表示政府对"失依儿童"家庭进行慰问受到领导者意愿的限制，对"失依儿童"家庭的救助可能也会随着领导者的换届就不了了之。比如："我们镇以前一个姓王的当书记，最早的时候一年会拿 2000 块。现在镇长已经换了，换成陈

**，就没有一分钱。"

而且，政府针对"失依儿童"的社会保障问题、心理健康问题尚未有针对性的帮扶机制。

然而，侨联作为团结服务归侨侨眷和海外侨胞的群众组织，对"失依儿童"的帮扶取得了一定的成效。笔者从 J 镇侨联工作人员处得知，自 2003 年以来，当地侨联开始收集整理"失依儿童"的相关资料和档案，每年对在档的"失依儿童"给予经济支持。对于没有落实户籍的"失依儿童"，当地侨联联系当地派出所，专门建立"一侨一号"系统，帮助"失依儿童"完善个人信息和户籍材料，进而取得户籍。截至 2018 年 5 月，111 名"失依儿童"中除 4 名儿童没有户籍外，"失依儿童"的户籍落实工作基本完成。111 名"失依儿童"的资料包括其失依的具体原因都由侨联收集并存档，J 镇侨联每年都会发放数十万元的经费给当地"失依儿童"，经费来源则是市侨办、市侨联的拨款以及来自 J 镇侨商的私人资助。侨联在六一儿童节、春节等特殊节假日到"失依儿童"家中进行走访慰问，每年发放约四十万元的经费用于补助"失依儿童"的生活，平均每个儿童一次能获得约 1500 元，孩子们得到的补助金具体数额会依据他们的家庭经济情况好坏而进行适当的调整。在侨联的组织下，每年约有三十位爱心人士也会在节假日走访慰问，给予特困的家庭一些生活用品。

侨联正依托其在华侨华人的丰富资源，联系 J 镇出国经商取得一定成就的华侨华人，拓宽"失依儿童"帮扶资金来源和渠道。此外，侨联协助经济困难的"失依儿童"家庭提供相关证明材料向政府申请低保，帮助"失依儿童"家庭渡过难关。侨联还与福州的某大学合作，在 J 镇联合设立"失依儿童教育研究基地"，吸引社会专业力量参与到"失依儿童"的帮扶中去。总之，侨联为"失依儿童"提供的帮扶取得了一定成效。

以地缘关系为纽带、以侨商经济实力为支撑的社会帮扶体系正在 J 镇逐渐形成。然而，社会力量作为社会弱势群体支持体系的重要组成部分，在对"失依儿童"的帮助上仍然存在较大不足：目前对于"失依儿童"的帮扶主要是以经济援助为主，"治标不治本"，虽然一定程度上改善了孩子们的生活条件，但是孩子们的教育、社交、心理等主要方面的问题还是无法解决；当地没有相关的社工机构或公益组织能够系统地开展帮助和关爱"失依儿童"的相关服务项目。侨乡"失依儿童"的社会帮扶机制要实现高效运行，不可缺少诸如社工机构、公益组织和高校等组织提供专业化支持。专业机构提供的帮扶措施能够更好地解决"失依儿童"的多方面需要，为"失依儿童"搭建社会网络资源，使侨商提供的资金发挥更具实效性的作用。

因此，宏观系统处于社会生态系统重要的一环，宏观系统的建构的不完善难以带动微观系统和中观系统的升级。微观系统、中观系统及宏观系统的帮扶措施难以形成一个完整的社会支持网络。家庭照顾和养育的不足、学校教育的忽视、社会组织和救助政策的局限等各个救助环节内部之间联系微弱，使得失依儿童群体的救助难以规模化、专业化地长效开展。总之，J镇侨乡"失依儿童"的帮扶措施尚未形成一个环环相扣、协调运行的机制，社会帮扶系统运行过程出现失调，长效机制和联动系统尚未建立。

第五节　小结

"失依儿童"现象的背后是海外移民在国外创业安全受到威胁的一个缩影。"失依儿童"的家庭结构也是众多去海外打拼的移民家庭的缩影。青壮年远赴海外打拼创业，家乡剩下丧失劳动力老人以及未成年儿童，"割裂的家庭"是大部分侨乡地区家庭的真实写照。一旦留居海外打拼的年轻人遭遇安全威胁，那么另一端留守在家乡的老人和小孩不仅痛失亲人，同时也没了经济来源。特别对于没有完成一定资本积累的家庭，整个家庭更是会陷入困顿。

在"一带一路"背景下，侨乡前往发展中国家的移民规模将不断增加，❶"失

---

❶ 林胜，梁在，朱宇.非洲中国新移民跨国经营及其形成机制——以阿尔及利亚的福清移民为个案［J］.世界民族，2017，（4）.

依儿童"群体大规模地出现则是这种新的流迁移模式对移民输出地的发展形成的负面影响。现有的社会帮扶机制的不足和社会帮扶系统的不完善，对"失依儿童"的社会化和侨乡的可持续发展造成了一定的阻碍。这一现状主要反映了当前移民输出地社会对他们的移民向发展中国家迁移的这种模式的转变准备不足。

针对当前侨乡"失依儿童"群体的特殊性和帮扶措施存在的不足，建构联动多元的帮扶机制，使微观系统、中观系统和宏观系统三者之间形成体系化的社会救助网络，是侨乡失依儿童救助模式的发展趋势。

从微观系统上看，应该展开对"失依儿童"家庭进行专门服务的制度，比如将有相同或类似需求的"失依儿童"家庭结成小组，联系专业的社工介入家庭开展辅导，引导"失依儿童"监护人更好地照顾"失依儿童"，解决"失依儿童"因父（母）亡故而产生的心理问题。

从中观系统上看，当地学校应完善学生家庭情况摸底制度，对家庭经济困难的"失依儿童"提供奖助学金申请上的帮助。当地学校需要将"失依儿童"学习情况及时反馈给当地教育主管部门，使教育主管部门能够及时针对"失依儿童"的具体学习情况做出帮扶政策上的调整。学校教师需要引导家庭完整且与父母关系良好的学生和"失依儿童"互相结对，通过发挥朋辈群体的作用弥补微观系统上家庭对"失依儿童"关怀上的缺失。学校还需要考虑到从国外回来的"失依儿童"的独特需要，组织教师对学习上有困难或难以适应国内教学环境的"失依儿童"独立开班教学，帮助"失依儿童"跟上教学进度，改善学习状态。

从宏观系统上看，政府作为"失依儿童"社会支持网络中的引导者和协调者，需要引进有相关经验的社工机构、公益组织、高校等组织开展"失依儿童"心理健康等专业化帮扶服务，并建立"失依儿童"帮扶项目质量评价体系，以保证形成对"失依儿童"帮扶的长效机制。政府还应该出面协调各个部门（比如公安和民政系统），在当地协商出一种行之有效的办法，对有困难的"失依儿童"开通"绿色通道"，专事专办，解决他们的诸如落户和低保等迫切的问题。政府还应该加大新闻媒体的宣传力度，引起社会更多的爱心人士对"失依儿童"这一群体的关注，使"失依儿童"们的困难处境得以被社会所认知，以便于对接更多的社会资源来改善孩子们的处境。最后，政府还要对前往发展中国家经商的移民进行必要的安全和风险防范教育，尽量避免海外华人华侨遇袭遇难事件，从源头上杜绝"失依儿童"的再发生。

第九章 对策与建议

本项研究积极将研究成果转化成为智库成果，为国家相关部门建言献策，取得一定的成效。现节选六节介绍如下。

第一节 管理华人在非洲的投资经营，坚实中非关系

一、华人在非投资是一种历史必然

中国正在加快"一带一路"实施的步伐，大量成熟的产业和产能亟待转移到海外进一步发展。中国目前已经拥有先进的管理技术和经验、富余的产能和充裕的民间资本。随着国内劳动力成本和土地价格的大幅上涨，越来越多的中国人将目光投向海外，以期寻求发展机会和空间。而非洲国家正在积极谋求工业化和现代化发展，他们急需引进先进的管理、技术、资本等要素。在此背景下，在非洲进行经营活动的中国民间资本的规模也急剧增加，形成了一定规模的"移民企业家"，受到学界的多方关注。

据统计，目前在非洲的中国移民规模已达到一百一十多万，而其中的中坚力量无疑是在非进行投资经营且数量庞大的移民企业家。这类群体主要将力量集中于实业投资和商品贸易。通过将中国的小商品出口到非洲，再以批发零售的方式卖给当地人，直接影响非洲当地百姓的生活。而实业投资则是在非洲开办工厂，

行业涉及农业生产、开采挖掘、食品加工、工业制造、建筑业等多领域。其投资的资金规模也从几十万到上亿元人民币不等，这类个人投资在非洲目前已经极具影响力，对于当地经济和社会的发展起到了极大的促进作用。

二、华人在非投资存在的问题

尽管华人对非洲的投资经营产生诸多积极作用，但其经营行为也暴露出许多不容忽视的问题：

1. 短期投机的特征明显，不重视长期发展。有部分在非华人经营者仅仅只是以"淘金"的心态和投机心理来进行经营活动，将自我定位为非洲的"过客"，干的是"一锤子买卖"，对非洲社会缺乏融入和归属感。其经营活动的目的片面追求立竿见影的获利效果，缺乏长远的规划和目标，而非考虑在非洲本地的长期发展。

2. 不讲诚信，无视非洲当地法律，不尊重当地文化。有些华人经营者为追求更大的利润而兜售假冒伪劣产品，严重损害了中国商品在非洲的声誉，也对非洲的华人整体形象产生了负面影响。还有些经营者出现违犯非洲当地法律法规的现象，比如偷税漏税，违反劳工法，随意解雇劳工、迫使其加班和不为其购买保险等。此外，还存在中国商人的"自我主义"、夜郎自大，不尊重、不熟悉非洲当地的风俗习惯和宗教传统，甚至对非洲的文化存在歧视、偏见和侮辱。

3. 只与当权者打交道，喜欢用钱来解决问题，在非洲形成不良的风气。有部分的华人经营者在非洲经营时将在中国的一套"经营观念"搬到非洲，例如结交权贵走"上层路线"，贿赂政府官员，采用了一些不良的经营方式而忽视了非洲当地百姓。在非洲形成一股不良风气，即一旦有经营上的问题，通常倾向于找官员花钱了事，走关系。而这种不良风气也会带来许多衍生的问题，例如，非洲警察会形成一种认知，即"中国人喜欢给钱"，因此为了索要钱财会专门拦中国人的车辆。在进出海关时，非洲官员会因其持有中国护照而百般刁难，实则是为了索贿，但对比其他国家的人态度却毕恭毕敬。

4. 华人内部出现大量重复投资，内耗很大。在非经营华人主营的仍然是管理和经营模式简单粗放、缺乏技术含量的产业，虽然对于非洲当地百姓而言这种模式不容易复制和介入，但对华人而言却容易效仿，其准入门槛和要求较低。一旦一个行业可以获利，那么这些消息就会迅速在华人圈内传开，紧接着便有大量的资金和相同或可替代产品涌入该地，导致了重复投资和产品（服务）过剩的情况在非洲华人群体内部屡见不鲜。甚至由于残酷的行业竞争和市场挤压还引起多地的恶性案件。这些恶性事件轻则是华人内部之间互打价格战，内耗严重；重则危害商业对手的人身和财产安全。

三、带来的负面影响

以上这些在非华人投资经营所暴露出的问题也带来了严重的负面影响：

1. 让中国政府在非洲实施的援助政策的效果大打折扣，阻碍中非关系正常发展。近几年，中非双方关系朝着良好势头发展，中国国家领导人对中非的友好合作关系给予了高度的关注。然而，单纯由政府层面进行互动合作的中非关系是不可持续的，中非关系的健康发展，民间元素俨然撑起了"半壁江山"。非洲曾出现有地方小报公然造谣中国人制售的牛肉罐头是由人肉加工而成的，虽然这样的恶意中伤是凭空捏造的，但也从侧面反映出中非关系因部分华人的某些不当经营行为而受影响。中国政府积极在非洲实施各种援助项目等活动，但相比那些援助的基础设施，非洲的当地百姓更多可见的是大规模蜂拥而至的中国商人涌入。如果对待某些华人经营者的不当行为再不加以管理和引导，中非关系的健康发展将由此受到严重影响。

2. 部分华人的不良经营行为也成为一些国家和反动势力恶意攻击中国在非政策的借口。中非关系在一些西方国家眼中存在诸多争议。他们和一些非洲的媒体都夸大的认为，中国明是与非洲进行各项合作，实际上是在非洲大陆上推行"新殖民主义",给中国人打上"黄祸"和"剥削者"的标签,认为中国掠夺了非洲的能源,加剧了当地的失业,从而影响了非洲经济和社会的发展。这些指责经常将批评的矛头指向华人经营者,拿华人经营者的不良经营行为说事。

3. 部分华人的不良经营行为严重影响了中国人在非洲的整体形象。在没有大批的中国人涌入非洲之前,非洲的老百姓十分尊重中国人。比如,根据我们的调查,在阿尔及利亚一些年龄稍微大点的老百姓都知道中国的开国领袖"毛主席",在谈到以前中国人曾经帮他们修铁路、教他们打"游击战"的故事时饱含着无限的情意。2005年以前,当地中国人还不多的时候,如果路上遇到堵车,阿尔及利亚老百姓看到有中国人的车被堵在里面,都会自动让出一条路让中国人的车先过去。但现在这种情况已经随着中国经营者的不良行为而消失殆尽。

4. 部分华人的不良经营行为也给华人自身带来了伤害。部分华人经营者存在贿赂官员、逃税漏税、漠视相关法律法规、生活方式相对封闭等行为,由此对华人在非的整体形象产生了负面影响,在当地积累起一些社会矛盾,从而导致华人与当地人的矛盾冲突事件的增多和事态的扩大。特别是近年来,前往非洲经营的华人群体规模激增,在非遇袭的事件层出不穷,成为华人人身财产安全的一大隐患和威胁。

笔者通过在浙江和福建两地的调查走访中发现,华人在非洲有很高的伤亡率。而这些伤亡事件所导致的"失依家庭"(即双亲在海外意外而亡导致的孤儿家庭)增加了中国地方政府的工作负担。

从长远角度来看,由华人自身的不良经营行为而引起的中国产品形象的破坏将对中国经营者在非经营活动和获利产生不利影响。长此以往下去,中国将会很快丢失在非洲所占有的市场。

四、建议

在2014年新时期的中非关系定位中,李克强总理指出,中非正处于提质增效推动中非关系全面升级的阶段。展望未来中非双方关系，笔者提出如下建议：

第一，重视中国在非洲的民间力量对中非关系所发挥的作用。目前，对外活动日趋多元活跃，中国民众的参与方式也灵活多样，民间外交已经成为国家外交内容的重要组成部分。习近平主席曾在众多场合强调要向世界传递中国的声音，要"讲好中国故事"，这点同样适用于在非经营的华商，给他们指明了方向。在非洲"讲好中国故事"不仅是政府的分内之事，民间方面同样也需要，这样才能形成官方与民间步调一致，在与非洲的沟通互动中保持良好的国家形象，巩固中非友谊。

第二，对华人经营者进行教育，加强他们与当地社会的沟通与融入。教育华人经营者要尊重非洲文化，平等对待非洲的文化，要入乡随俗，真诚待人，诚信经营。华人经营者要尊重非洲的法律和制度，合法经营，切不可急功近利，"涸泽而渔"。华人经营者而且要积极融入当地社会，参与当地的社会慈善事业，适当反馈于当地社会，在当地树立起良好的形象。

第三，结合人口输出地的产业优势，在非洲建立"产业园区"，对华人经营进行宏观布局。目前，在"一带一路"背景下，各个省份都在积极探讨将其优势产能转移海外的可行性。然而，嗅觉灵敏的民间资本早就走在政府的前面。以福建为例，大量的民间资本随着移民企业家早已挺进非洲。但由于缺乏统一的管理，无序的个人投资容易导致前文所述的重复投资、盲目投资、短期经营等行为。

因此，人口输出地政府应该积极对非洲华人经营进行宏观布局，结合各地的优势产业和资源，在非洲设立富有特色的产业园区（如福建产业园）。对在非华人经营进行总体规划和统筹管理，不仅可以规范华人在非洲的经营，提升华人经营的层次和水平，也可带动国内区域经济的发展，是国家"一带一路"伟大战略的具体实践。

第四，要加大政府对驻非洲的官方力量的投入。在加大对非洲华商的管理和服务的同时，政府也不能忽视对常驻非洲的官方力量的支持和投入。虽然在非中国移民规模在不断的发展壮大，但中国驻非洲的对外机构却没有得到相应的发展，甚至在一些华人聚居的城市还未设立有领事机构。中国驻非的官方机构不单单能为海外的华商经营提供相应的服务和帮助，也是中国政府对双方关系的看重的一大体现，能够促进中非关系的友好深入发展。

总而言之，要让非洲人民欢迎来自中国的投资经营者，就要提升中国人在非洲人民心目中的形象，从而推进中非关系的友好健康发展。

第二节　重视发挥非洲侨领作用，促进中国与非洲中小国家合作

非洲是当今世界政治经济格局中重要的一极，也是"一带一路"建设的重要阵地。但长期以来，中非政府间合作焦点主要集中在南非、埃及、尼日利亚、肯尼亚、苏丹、坦桑尼亚等少数非洲大国，合作的形式以官方推动为主。我们在福建、浙江侨乡调研时发现：越来越多的华人转战非洲，几乎遍及非洲大陆 56 个国家和地区，他们在非洲当地已经形成了一定的影响力，应予以重视。我们认为，促进中国与非洲众多中小国家合作，夯实中非合作民意基础、丰富中非合作内涵，显得尤为迫切，建议国家重视在非侨领群体，整合在非侨商力量，促进中非合作大业。

一、中国与非洲中小国家合作现状

（一）依靠国家力量难以顾及众多非洲中小国家

非洲国家全部属于发展中国家，具有与中国相似的命运遭遇和发展渴望，他们希望借鉴中国经验发展本国经济。中国政府通过"中非合作论坛"等平台打造"中非命运共同体"，为非洲发展提供力所能及的帮助。当前，中非政府间合作大多集中在资源丰富、较具市场规模的非洲国家，众多中小国家难以分享中非合作

红利。仅仅依靠中国政府的力量很难照顾到所有的非洲国家，需要充分动员并利用中国民间力量，特别是在非洲投资经营的华侨华人的力量，有效弥补政府力量之不足。

（二）中非合作面临日本、印度等国家的激烈竞争

近年来，各世界大国对非洲资源、市场、政治利益等方面的争夺日趋激烈，各显神通，如日本主导的"非洲开发会议（TICAD）"、印度仿效中国成立的"印度—非洲论坛"等，加之非洲各国家之前的宗主国——英国、法国、意大利、西班牙等西方国家为维护在非既得利益，不时散布"中国殖民非洲论""资源掠夺论"等污蔑论调，国际政治现实要求中非合作必须出成果、有实效，用实际成绩赢得非洲民众支持，粉碎不实、抹黑传言。

（三）在非华商人数多、分布广，但缺乏组织性

据有关学者研究统计，在非洲经营的华商超过一百万。笔者在闽浙侨乡地区调研发现，不少原来在欧洲、美洲、东南亚及东北亚等国家和地区经营的华人华侨也携资转战非洲。他们遍布各非洲国家，如加纳、加蓬、乌干达、马达加斯加、安哥拉等众多非洲中小国家，涉及跨国贸易、开采矿产、投资办厂等众多行业领域。受诸多因素影响，华商在非经营面临极大不确定性，人员流动性较大，涉侨组织尚不健全，许多国家至今尚未成立华侨华人社团，有些是由多个国家华人联合成立侨团组织，如肯尼亚、坦桑尼亚等东部非洲五国华人联合成立"东部非洲华人商会"。同世界其他地区的华侨华人相比，在非华侨华人社团组织极为缺乏，现有涉侨组织凝聚力较弱。

二、在非侨领促进与非洲中小国家合作的优势

一些深耕非洲多年的华人华侨和当地侨领，熟谙非洲政治和文化，能够发挥

桥梁和纽带作用，在促进中国与非洲中小国家合作方面优势明显，主要表现在：

（一）与当地政府及官员关系密切

想要立足法制不甚健全的非洲，必须要搞好同当地政府官员的关系，这是每位在非经营华人都懂得的道理。一些华商或侨领通过各种途径，努力发展同当地政府高官的私人关系，有些甚至成为侨居国领导人的座上宾。在侨乡温州调研时发现，在非投资的华商动不动就与侨居国政府的高级官员（议长、部长、省长）或其家属（比如总统儿女）有着密切联系，有一些华商直接运作或参与接待安哥拉、马达加斯加、加纳等国家的总统、总理或政府部长来华访问并全程陪同，这从侧面折射在非经营的华商及侨领长袖善舞，能力非同一般。

（二）在当地华侨华人中有影响力和号召力

侨领是非洲市场的开拓者和先行者，很多是 20 世纪八九十年代就来到非洲。华侨华人大量涌入非洲是 2000 年以后才发生的，相互之间恶性竞争、经营项目同质化严重，经常是损人不利己，吃力不讨好，赔本赚吆喝，有些华人甚至以敲诈华商或蛊惑当地黑人敲诈勒索华人华侨为业，凸显华人内部不团结。以在尼日利亚投资地板砖工厂为例，几位华商共投资五六条生产线，产能严重过剩，大家都没钱赚，日子都不好过，当地温州商会的侨领召集这几位华商进行协调，适度控制生产规模，确保共同利益。这只是侨领发挥作用的一个缩影，在调研过程中，早期闯荡非洲的华人在回忆非洲的经历时，都提到遇到困难时得到过当地侨领的帮助。侨领来非洲比较久，经济实力较雄厚，对当地情况熟悉，与所在国官方及中国驻外使领馆关系良好，在华人华侨中具有较大的影响力和号召力。

（三）架起中非民间交流与合作的友谊之桥

中非民间交流与合作是中非合作的重要组成部分，侨领在中非民间交往中扮演着重要角色，甚至直接影响当地政府的决策。我们在调查中发现，通过中非温州商会会长、在马达加斯加等国经营房地产业务的许德裕侨领牵线搭桥，马达加斯加等国准备借鉴中国经验，在该国设立"经济特区"和"自由贸易区"，将港口租赁给中国人经营管理，并委托中非温州商会进行顶层设计和前期规划。试想，如果是中国政府出面租赁马达加斯加港口，"中国威胁论"又会沉渣泛起，西方媒体一定会炒作、抹黑中国，但如果是民间合作，就可以避免授人以口实。

三、发挥在非侨领作用，促进与非洲中小国家合作的建议

（一）鼓励侨领带头在非各中小国家成立涉侨组织

1. 中国驻非各国使领馆应鼓励、支持、引导在非侨领，特别是一些实力强、资历老、威望高的老华侨起带头作用，团结带领各国华侨华人成立诸如商会、同乡会、联谊会等各类侨团组织，重视在众多非洲中小国家成立涉侨组织，凝聚侨心侨力，杜绝无序及恶性竞争，加强自律管理，共同维护华商形象和国家利益。

2. 国家涉侨部门及驻外机构应指导侨领强化涉侨组织班子建设，完善组织架构和治理结构，切实发挥涉侨组织功能，维系众多在非经营的华人华侨与祖国的联系，维护华人内部的团结，促进非洲国家同中国的合作与交流。

3. 鼓励在非侨领学习借鉴欧美华人华侨社团运作经验。欧美地区华人涉侨社团众多，成立时间较长，运作经验丰富，为团结当地华人华侨、促进国家与华侨的联系、祖国与侨居国的交流与合作做出了重要贡献。非洲侨领可借鉴欧美华人涉侨组织的成功经验，结合非洲国家实际，因地制宜，建立健全侨团组织，发动在非洲经营的华人华侨参与其中。

（二）将侨领在非投资经营纳入中非合作大框架

1. 引导侨领或由其带动众多华商加大对非洲中小国家的投资。非洲众多中小国家饱受疾病、贫困、动乱等因素困扰，外来投资较少，具有广阔的市场前景和

较大的投资回报。鼓励侨领加大在非洲中小国家投资或引导在非华人华侨前往非洲中小国家发展，可有效弥补中国政府对这些国家的投资不足，分散华商在非洲的投资，客观上有利于降低投资风险。

2.发挥侨领"情报员"和"润滑剂"作用，鼓励他们积极为中非政府合作做"牵线红娘"。侨领处在中非合作的最前沿，与中非两地的政府、工商界和民间人士关系密切，能够将中非双方的市场、资金、人员等要素对接起来，作用非同一般。

3.国家对由侨领直接投资或由侨领牵线搭桥对接的大项目给予必要的资金和技术支持。对一些由单一华商很难有实力推进或投资特别巨大、建设周期较长、政治风险极高但对中非合作极具意义的大型项目，如经贸合作区、专业市场建设、矿山开采等项目，国家应提供贷款或专业技术支持，帮助侨领或华商啃硬骨头。

（三）保障侨领政治地位，提高政府服务能力

1.各级侨联、政协等政治团体应重视在非侨领群体，增加非洲侨领的代表名额，加强同他们的联系，保障他们的政治地位。长期以来，我国忽视在非侨领及在非的华侨华人群体，他们在各级侨联、政协等政治团体中的人数远不及来自欧美等国家和地区的侨领，国家应采取措施改变这一现状，给予在非侨领和华商应有的政治地位。

2.涉侨部门应建立在非侨领及华商档案或数据库，重点关注在非经营时间较长、经济实力较雄厚、与当地政府关系良好这一"关键少数"群体，掌握他们的国家分布及经营产业，并与之建立长效化的联系机制；重视对青年在非侨领、华商及"侨二代"的培训，引导他们关注祖国发展，积极投身中非合作大业。

3.提高国家服务在非侨领和华商的能力。随着"一带一路""中非合作"的实施，越来越多的中国人到非洲投资兴业，需要国家涉侨部门及驻非机构提高服务在非侨领及华人华侨的能力，如马达加斯加欲仿效中国设立"经济特区"、向

中资企业租赁天然良港等项目，需要国家在"一带一路"倡议架构下积极介入，必要时由中国政府出面进行协调，确保合作成功并能取得实效。

第三节　建议以让·平参选加蓬总统为契机，进一步深化中非交流交往

2016 年 9 月 24 日，加蓬宪法法院就该国大选结果争议案作出最终裁决：阿里·邦戈以 50.66% 的得票率蝉联总统，温州商人之子、反对党候选人让·平（Jean Ping）则以 47.24% 的得票率惜败。虽然让·平并不是非洲第一位参与国家政治的海外华裔，如非洲塞舌尔共和国 1976 年独立后的首任总统詹姆斯·曼卡姆（中文名：陈文咸）就是来自广东顺德的华裔，还有多位华裔曾担任塞舌尔、毛里求斯、留尼汪、南非等非洲国家的高官要职，但加蓬这次大选还是吸引无数国人的关注，对这位非洲华裔充满几多期许。

我们的团队通过在让·平的祖居地浙江温州的实地调研，建议在习近平主席倡导的全球治理体系变革和"一带一路"倡议指引下，以让·平参选总统为契机，加大对非洲的研究力度和关注程度，凝聚非洲侨心侨力，深化中非交流交往，携手合作发展，共创美好未来。

一、让·平基本情况

让·平的父亲程志平来自温州市鹿城区藤桥镇临江社区驿头村，1928 年远赴法国谋生，1932 年从法国辗转来到加蓬，凭借华人的勤劳和智慧，终成有名的富商，并娶当地酋长女儿为妻。殷实的家境使让·平接受了良好教育，在巴黎第一大学荣获博士学位，1990 年开始步入政坛，曾先后担任加蓬驻联合国教科文组织代表、总统民事办公厅主任，能源、外交等多部部长；2004 年 6 月至 2005 年 6 月，担任第 59 届联合国大会主席；2008 年至 2012 年，担任非洲国家联盟主席。

2013 年起，担任加蓬政府副总理。让·平是加蓬已故前总统奥马尔·邦戈（阿里·邦戈的父亲）的亲密政治盟友，曾娶其女为妻，是阿里·邦戈的前姐夫。

让·平从小深受父亲影响，对中国有很深的感情。他曾说："我是个非洲人，但我是在父亲教育下长大的，我知道父亲对于自己是个中国人有多么骄傲。当中国成功制造了第一颗原子弹时，父亲激动地跳起舞来。那是我一生中第一次看到父亲跳舞，他高兴得不得了，嘴笑得都合不上。看到中国取得了这么多的成就，我也感到骄傲，也为之舞蹈。"让·平会说一点中文，经常的口头禅是："我是温州人。"他曾先后四次来温州寻根祭祖，走亲访友。他十分重视和中国的友好关系，出于对中国情感和文化的认同，长期致力于加蓬、非洲与中国在各个层面的交流与合作，在担任外长期间，努力促成 2004 年时任国家主席胡锦涛对加蓬的历史性访问，让中加关系迈上新台阶。

二、思考和建议

虽然目前在非洲发展的华人华侨有一百一十万人左右，远比不上在其他洲的华人华侨数量，但近年呈现大幅增长趋势。非洲是片充满希望的大陆，资源丰富，市场广阔，中非关系良好，合作前景光明，越来越多的中国人来非洲寻求发展机遇，甚至有原来在欧美等地经商的华人华侨也转战非洲。为此，我们建议：

（一）研究应对让·平败选可能给中加关系带来的负面影响

加蓬位于非洲中部西海岸，自然资源丰富，享有"资源宝库""绿金之国"的美誉，是石油输出国组织成员。中加双边关系良好。2015 年，双边贸易额 17.7 亿美元，中国是加蓬第三大贸易伙伴，仅次于法国和美国。据驿头村书记介绍，在让·平的帮助下，该村有七十多位程姓族人在加蓬经商发展。竞选期间，为避免对手抨击他"偏爱中国商人"，把他抹黑为"中国利益代言人"，提前半年，这些程姓商人不惜舍弃经营，远避他国。让·平的优势在于国际外交，国际社会对加蓬宪法法院的裁决反应平淡，特别是原宗主国法国并没有明确表态支持让·平，翻盘的概率极其渺茫。让·平现年 74 岁，加蓬总统任期为每届七年，恐怕很难东山再起。本次选举双方势均力敌，严重撕裂了这个国家和社会，后续效应尚未显现，还需进一步观察。我国政府应做好预案，努力降低本次大选可能给中加关系产生的负面效应，防止选后效应祸及我国侨民及中资企业，维护中加关系友好合作大局。

（二）借助让·平影响力助推中非关系再上新台阶

让·平虽惜败本国大选，但他是非洲近年来少有的知名政治家，驰骋加蓬、非洲、国际政坛多年，长袖善舞，蜚声国际，极富政治智慧，具有一定的政治号召力，是非洲政治家中的知华派、亲华派。有关部门应积极研究发挥让·平在非洲大陆的政治影响力，助推中非合作。

（1）支持让·平参与国际政治，保持政治影响力。鉴于基辛格、科菲·安南（联合国前秘书长，非洲人）等退休后仍然活跃在国际政治舞台，发挥政治余热，让·平深耕非洲，亲近中国，在促进中非交流交往方面具有无与伦比的优势，中国政府应积极支持他借助非洲国家联盟、中非合作论坛等国际政治舞台，贡献智慧、施展才华。

（2）聘请让·平担任特别顾问，为中非合作出谋划策。中非是命运共同体，在新的历史时期，中非合作只能加强，不能削弱，只有携手发展，才能共创未来。建议中国对非民间团体或智囊机构聘请他担任特别顾问或高级智囊，帮助中国企业走进非洲，开拓非洲市场。

（3）延请让·平担任文化大使，促进中非人文交流。国之交在于民相亲，对许多中国企业和民众来说，非洲是片神奇的大陆，知之甚少；而对非洲人民来说，中国更是一个遥远的国度。相同的历史遭遇使中非具有天然的亲近感，二者惺惺相惜，让·平兼具中非文化气质，能够拉近两地人民的心理距离，一定会不辱使命。

（三）大力培育非洲华裔对中华文化的认同

让·平的父亲程志平 1928 年离开家乡后就再没回过祖国，身在异国他乡却始终没有忘记自己是中国人，经常向让·平灌输中华文化，培养他对中华文明的认同。让·平曾多次在国际场所自豪地说他是龙的传人，身上流淌着中国人的血液，中华民族的优良传统和古老的东方智慧在他身上得到很好的诠释和展现。程志平教育儿子的经验启示培育非洲华裔对中华文化认同的重要性，想方设法避免海外"侨二代""侨三代"成为像美国前驻华大使骆家辉那样的"香蕉人"，黄皮白心，虽然长着中国人面孔，却不认同中华文化。

（1）加大文化援助非洲的力度。加强同非洲各国合作，创办更多的孔子学院和孔子课堂。据国家汉办数据，截至 2015 年 12 月，全球 134 个国家（地区）建立了 500 所孔子学院和 1000 个孔子课堂，其中非洲的孔子学院 32 国 46 所，孔子课堂 14 国 23 个，❶ 无论数量还是密度，同其他洲都无法比拟。中国需派遣更多的援非教师，开办更多的华文学校，传播中国传统文化，彰显中国文化自信，讲好中国故事。

（2）扩大非洲华裔青少年来华学习人数。鼓励国内大学扩大对海外华侨子女、特别是非洲华裔青少年的招录比例，增加对非洲华裔青少年的政府奖学金名额，让更多华裔青少年有机会接受中国的优质教育。在组织"寻根之旅"夏令营、汉语桥等活动时，也应适度增加非洲华裔青少年的人数。

（3）着重在培养文化认同上下功夫。文化是软实力，更是巧实力，要大力培养非洲华裔对中华文化的认同。温州驿头村为让·平修缮祖居，创立中加友谊馆，修建中非友谊门、中非友谊桥等设施，将村庄道路命名为"中加路"等，以纪念这段特殊的跨国情缘。这些设施和措施，帮助让·平追寻父辈脚步，留住乡愁和祖根，增进身份认同、文化认同和祖国认同。

---

❶ 资料来源：国家汉办官网：http://www.hanban.edu.cn/

（四）重视对非洲华裔精英群体的培养

随着越来越多的中国人来非洲打拼，他们开始转变观念，从"落叶归根"到"落地生根"，积极融入当地社会，像程志平一样，创造条件让子女接受更好的教育，努力跻身上层社会。假以时日，会有越来越多的"让·平"崭露头角，脱颖而出，形成非洲华裔精英群体。一枝独秀不是春，百花齐放春满园。中国政府应加大对这一群体的关注、培养、沟通和联系。建议我国政府：

（1）筹建非洲华裔精英群体数据库。通过政府各级涉侨部门、驻外使领馆、华人商会或同乡会等途径，广泛收集在政界、商界、学界、军界、体育界等有较大影响或潜力的非洲华裔精英群体的信息，发现后起之秀，数据适时更新，实行动态管理，邀请他们来中国参访，增进对中国的了解。

（2）重视对非洲华裔各界精英的培养。从非洲华裔精英群体数据库中筛选有潜力的青少年，帮助他们成长成才。例如，非洲人具有很好的运动基因，在里约奥运会上，他们不仅在田径、足球等传统优势项目上成绩突出，而且在中国人擅长的乒乓球项目上也表现抢眼。日本代表团中就有黑皮肤的游泳、短跑运动员，随着中非跨国婚姻的增加，像让·平这样的中非混血儿数量也呈增长趋势，未来，中国体育军团能否让中非混血儿代表中国征战？或者中国为非洲选派教练、提供训练场地、改善训练设施等，帮助他们出人头地。

（3）为非洲华裔精英参与中非合作提供空间和舞台。近年来，中国巨大的发展成就对非洲具有极强的影响力和吸引力，他们钦佩中国的现代化，纷纷学习中国发展模式，非洲华裔精英能够在中非合作大潮中左右逢源，具有极大的施展空间。中国政府应为他们提供广阔的空间和舞台。

让·平虽然是非洲华裔积极参与政治的个案，但在中国大力实施"一带一路"、推动全球治理体系变革、中非携手合作发展的时代大背景下，意义非同寻常。相关部门应抓住契机，深入研究，积极行动，促进中非交流交往，开创中加、中非更加美好的明天！

第四节 侨乡跨国企业家精神的重塑与弘扬

2017 年 9 月 8 日，中共中央、国务院印发《关于营造企业家健康成长环境弘扬优秀企业家精神更好发挥企业家作用的意见》，提出要加强优秀企业家培育、弘扬优秀企业家精神等重要内容。这是建国六十多年来，中央首次以专门文件明确企业家精神的地位和价值，引发社会各界人士的广泛关注与热议。

地处中国东南沿海的福建、浙江等侨乡省份，跨国企业家资源丰富，他们多为草根农民，虽不具备较高的教育背景和专业技术水平，但凭借艰苦奋斗的拼搏精神和跨国资源整合能力，在世界各国创造财富。当下，他们在输入国为当地社会经济发展做出杰出贡献的同时，也正遭遇"成长的烦恼"。重视侨乡跨国企业家精神的培育和弘扬，不仅是对中央文件精神的贯彻和落实，更是中国企业家精神的国际延伸。宣扬积极向上的跨国企业家精神，既能树立中国企业家良好的国际形象，甚至还能影响国际关系，在国家大力倡导"一带一路"、实施"走出去"战略背景下，对侨乡跨国企业家精神的探讨显得尤为必要和迫切。

一、侨乡跨国企业家精神的优秀特质

海外华侨华人具有爱国爱家、艰苦奋斗的优良传统，侨乡跨国企业家是海外华侨华人的杰出代表和"关键少数"，是企业家精神的重要载体和继、传承者。新时期，跨国企业家精神的优秀特质表现为：

（一）闯荡天下的开拓精神。福建、浙江等沿海省份的老百姓很早就走出国门，漂洋过海远赴异国他乡谋生，遍及世界一百八十多个国家和地区，人数超过千万。在国外，凡是有市场的地方就能看到中国商人的身影，凡是没有市场的地方就有中国商人去开拓市场。他们善于识别和捕捉市场机会，高效组织配置资源，在闯荡世界时发现商机，在行走天下时开拓市场，买全球，卖全球，把中国

商品远销到世界各国，把中国文化传播到世界各地，并构建起遍及全球、惠及华人的华商网络。

（二）艰苦奋斗的创业精神。在异国他乡谋生可不是件容易的事，需要克服语言、习俗、文化、法律等诸多障碍，吃更多的苦，冒更大的险，付出远超常人想象。通过艰苦创业和辛勤打拼，许多海外华侨白手起家，成长为输入国优秀的跨国企业家。他们自强不息，勤俭节约，开拓进取，敢拼能赢；遇到困难时毫不气馁，勇敢面对，奋发图强；在海外事业有成后，他们保持传统，不忘初心，谦虚谨慎，居安思危。跨国企业家群体艰苦奋斗的创业精神弥足珍贵，影响和激励着一代又一代海外华人。

（三）敢为人先的创新精神。跨国企业家经常往来于不同国家和市场之间，具有全球视野和世界眼光，他们敢想敢干、敢想敢试、敢为天下先、敢于承担风险，积极进取，顺势而为，拼搏奋进，开拓创新，始终保持干事创业的激情和活力。他们立足输入国发展实际，积极接轨全球市场，整合全球资源，参与全球竞争。他们主动融入中外国家发展战略，借鉴中国成功经验，把握中国发展机遇，搭乘中国经济快车，承接中国产业转移，干在实处，走在前列，勇立潮头。

（四）爱国爱乡的家国情怀。侨乡跨国企业家虽身在他乡却心系祖国，饮水思源，富而思进，除发挥示范效应，先富带动后富，带动更多亲朋好友走出国门发展之外，还积极投身家乡建设和社会公益事业，为家乡基础设施建设慷慨解囊，为地震、洪水、台风灾区群众捐款捐物。近年来，不少跨国企业家响应国家号召，返乡投资兴业，以实际行动服务家乡"精准扶贫"事业，努力改变家乡面貌。自觉履行担负的社会责任，勇于担当，甘于奉献，满怀赤子之心和家国情怀，为祖国和家乡的发展做出了重要贡献。

二、现阶段侨乡跨国企业家精神的迷失

近年来，越来越多的中国人和中国企业走出国门拓展海外业务，国际市场

竞争空前激烈，在此背景下，侨乡跨国企业家精神却呈逐渐迷失之势，主要表现为：

（一）缺乏长远眼光的短视

有些侨乡跨国企业家缺乏长远战略眼光，注重眼前利益，追逐短期收益，投资集中在如矿山买卖、房地产炒作等短平快项目，快捞快闪，虽然能够收获可观的投机收益，但必定会推高当地房价物价，扰乱市场秩序。有些则缺乏实业精神，不愿脚踏实地埋头苦干，不愿投资实体经济，不愿做实业、做品牌，无法为侨居国提供长期稳定的就业机会和政府税收，缺乏应有的社会责任和社会担当。有些则将中国大陆淘汰的高污染、高能耗的落后产能转移到欠发达的中小国家，利用当地廉价劳动力生产低附加值甚至是低质劣质的产品，这是任何一个负责任的政府都不允许的行为。

（二）不愿融入当地的近视

过去出国谋生的老华侨都会在输入国"落地生根"，置业定居，积极参与当地经济和社会建设，最后融入输入国社会。与老华侨们不同的是，现在的侨乡跨国企业家不愿意融入侨居国社会，不拘于一国一家，打破传统的国家和家庭界限，跨国流动和跨国经营成为新常态，做跨国"资本游民"，逐利而居，全球寻找商机，全球运作资本，追求国际利润，这已成为他们的时代标签。

（三）对当地法律法规的漠视

一些跨国企业家不遵守输入国法律法规，漠视甚至藐视当地法律法规监管，拉拢或贿赂当地腐败官员，政商关系不清，存在官商勾结、偷税漏税、走私贩私、制假售假、污染环境、侵犯知识产权等违法乱纪行为。在生产过程中偷工减料、缺斤少两、以次充好，不注重产品的质量和品质。不遵守当地劳动法规，随意要求工人加班加点或开除员工，导致劳资关系紧张。有些跨国企业家则追求享受，生活腐化，炫富露富，败坏社会风气，助长歪风邪气，引起当地人的仇富仇中心理，被一些别有用心的人误导或煽动，进而引发族群对立，威胁海外华人的安全。

（四）对商业规则伦理的忽视

同国人一样，侨乡跨国企业家普遍看重人情，亲和力强，但规则意识稍显不足，特别是有些跨国经营者缺乏基本的商业规则和商业伦理，缺乏契约精神，甚至是最基本的信任与合作，诚信意识不强；相互之间同质化经营、恶性竞争严重，大打价格战，损人不利己；为排挤竞争对手，不惜勾结当地黑帮或唆使外国人打击报复，手段极为恶劣。在同外国人生意往来时，坑蒙拐骗，玩手段，耍心眼，严重影响中国企业、中国制造甚至是中国国家在海外的国际形象。

三、新时期侨乡跨国企业家精神的重塑

爱国敬业是中国企业家群体的基本特质，遵纪守法是跨国企业家在海外的安身立命之本，艰苦奋斗是老一辈侨乡跨国企业家不断取得成功的不二法宝，这些都是跨国企业家精神的具体表现。新时期侨乡跨国企业家在继承传统、传承创新的基础上，需要与时俱进，重塑跨国企业家精神。建议从以下几方面着手：

（一）鼓励跨国企业家自觉遵守当地法律

鼓励跨国企业家自觉遵守输入国法律法规，依法依规生产经营，诚实守信，以信立业，做遵纪守法的社会表率。自觉抵制偷税漏税、走私贩私、制假售假、污染环境、侵犯知识产权、侵犯劳工权益等违法行为，维护法律尊严，维护市场秩序。规范政商交往，构建"亲""清"政商关系，同当地政府官员建立真诚互信、清白纯洁、良性互动的工作关系，不行贿送礼，不官商勾结，不拉帮结派，以诚交各国朋友，以信纳四海之财，做光明磊落、遵守规则、信守承诺的中式

儒商。

（二）支持跨国企业家专注品质追求卓越

产品质量和企业信誉是世界各国的通行证，跨国企业家要杜绝短视行为，树立长远经营意识，坚持"以质"取胜战略，专注自己专长的领域，加强企业质量管理，立志于"百年老店"的持久经营和传承，专注品质追求卓越，力争基业长青。弘扬工匠精神，推进产品创新、技术创新、商业模式创新、管理创新、制度创新，增强创新自信，让创新作为企业永恒的追求。加大科技投入和人才培养力度，开发具有自主知识产权的高科技、高附加值产品，打造自己品牌，坚决不走质次价廉、打价格战的恶性竞争老路。

（三）引导跨国企业家主动履行社会责任

侨乡跨国企业家要有"扎根意识"和"家国情怀"，视输入国为第二故乡，主动融入当地社会，扎根当地，自觉履行责任、敢于担当、服务社会，摒弃投机行为，积极为输入国创造就业机会，促进输入国经济和社会发展。构建和谐劳资关系，注重当地工人权益保护，关爱员工健康。因地制宜发展产业，节约资源，保护生态，爱护环境。跨国企业家群体要保持传统，勤俭节约，不张扬、不炫富，力戒奢靡之风，保持健康向上的生活情趣，做履行政治责任、经济责任、社会责任的模范。

（四）加强优秀跨国企业家的培育和宣传

中国政府涉侨部门及中国驻外使领馆应加强部门协作，创新工作方法，加强同侨乡跨国企业家群体的沟通和联络，鼓励他们回报祖国，回馈乡梓，对接中国"一带一路"倡议。发现、挖掘并总结优秀跨国企业家的典型案例并予以表彰和宣传，发挥示范带动作用。同国际或国内相关院校合作，建立健全侨乡跨国企业家培训体系，增强侨乡跨国企业家发现机会、整合资源、创造价值、回馈社会的能力。与各国中国商会、同乡会等涉侨民间组织合作，发现并培养年轻一代侨乡跨国企业家，让优秀跨国企业家精神代代传承。

侨乡跨国企业家是中国开展对外商务合作的一面旗帜，是中国发展对外关系的一张名片；侨乡跨国企业家精神与中央倡导并大力培育的企业家精神一脉相承，是中国企业家精神的世界延伸和国际表达，要结合国家发展战略和当下存在的问题加以重塑并大力弘扬，使侨乡跨国企业行稳致远。

第五节　华二代在移入国的政治影响力愈加明显，值得重视

近年，新闻媒体不断出现有华二代在移入国参与政治活动的报道。笔者就此现象做一些评论。

一、华二代政治影响力的表现

移民到海外的华人的下一代被称为"华二代"。与他们的父辈不同，华二代已经在移入国的各个领域逐渐开始展露出自己的力量。近年来，华二代在移入国的政治影响力愈加明显，这主要体现在以下几个方面：

1. 华二代直接竞选移入国的政府要员。华二代通过自身努力当选移入国政府重要官员的现象早已有之，比如美国历史上首位华裔驻华大使骆家辉、澳大利亚首位华裔部长黄英贤等。最近几年在英国、法国、德国和澳大利亚等都出现了不少华二代参选或当选国会议员的现象。华二代甚至还竞选国家总统。被称为"最牛华二代"的温州商人之子让·平就是一个典型的例子。让·平曾任加蓬共和国外长、联合国大会主席、非盟委员会主席，他在 2016 年 8 月的加蓬总统竞选中，以微弱劣势输给现任总统阿里·邦戈。让·平曾六次回中国走访中国亲人，自称"我是温州人"，在促进中加友好往来中起到很重要的作用。

2. 华二代积极参加移入国总统竞选的团队，成为影响移入国政治形势举足轻

重的力量。在 2017 年马克龙成功当选法国总统的大选中，就有不少华二代的身影，他们在马克龙的竞选团队中，负责召集亚裔支持者、向华人宣传候选人纲领、策划华人主选和见面会活动等工作，成为马克龙成功当选的"秘密武器"。有些媒体甚至宣称，马克龙当选总统也是法国华二代的胜利。同样，在美国的总统竞选中，希拉里和特朗普打造的竞选班子里也有华二代的面孔。

3. 华二代选民踊跃投票，并带动华人参选的积极性。海外华人给人的传统印象就是不投票，只想着挣钱，不关心移入国的时事。然而，华二代受过高等教育，对于居住国有着较高的文化认同和参政动机，参政议政的热情很高。他们通过成立社团等影响身边的华人群体，促使华人参政意识有了改善。在他们的影响和带动下，华人逐渐学会了用选票来表达自己的诉求，去引起政治主流人物对于华人群体的重视。比如，在 2017 年的法国总统大选中，在华二代的带动下已经有三十多万的法国华人选民。华人在竞选中力量不可小觑，因此在法国大选中，与华人有关问题已经成为多位候选人竞选活动中讨论的重要话题。同样，在 2016 年的美国总统大选中，华人投票率也创下了历史新高。

4. 华二代勇于通过多种形式和渠道参与公共事务，赢取华人群体的正当权益。如今的华二代已经不再像其父辈那样逆来顺受，选择沉默，而是勇于谋取自己正当的权益。华二代一般出生在移入国，在移入国受过高等教育，政治觉悟高，渴望通过多种渠道表达他们的诉求，为华人群体赢得属于自己的正当权益。他们了解移入国的思维和处事方式，在处理事情方面有着更全面的考虑。比如，2016 年 9 月在法国发生的华人"反暴游行"中，华人新生代用"接地气"的法国示威文化的方式来积极参与。他们懂得移入国的法律、善于利用自媒体造势，并利用新技术的优势来吸引游行参与者广泛地参与。华二代的参与，拉近了华人族群与主流社会之间的距离，加强了相互理解，也提高了华人维权活动的效果。

二、华二代政治影响力的原因

由上可见，不同于其父辈，华二代愿意投身政治，重视政治。那他们的政治影响力从何而来呢？

第一，良好的教育背景和语言基础让华二代更加"本土化"。华二代从小在移入国长大，对输入国没有文化隔阂。而且一代华人基本上比较重视子女的教育，他们在移入国的长期打拼已经为华二代奠定了良好的经济基础。因此相比一代移民，二代移民有着良好的教育背景，他们进入主流社会比较容易。

第二，思想的融合让华二代在参与公共事务、从事政治行动中更加自如、有底气。较一代移民，华二代融入当地的社会生活和政治文化，其经济地位和知识水平的提高都在不断激励着他们提高自己的政治地位。

第三，华二代年轻且富有激情，善于用新理念和新技术来创新。与老一辈华人移民相比，华二代年轻有为，学习能力强，观点新锐。他们组织有影响力的社团，利用新颖的传播方式争取民众支持，在社交网络设置个人主页、发表政治观点等，将大大增加他们在政治方面的影响力。

三、建议

华二代作为中西方的交流的一股非常重要的力量，可以推动中国与移入国在经济、文化，特别是政治上的交流。中国政府应有效利用华侨二代的桥梁作用，积极借助华二代的政治影响力来推进中国与移入国间的友好关系。因此针对华二代进入政界的现象，笔者提如下几点建议。

1.重视青少年时期的华二代，加强他们对于中国的认同。华二代虽然保留着中国人的肤色和血液，但对中国文化和身份的认同却较为模糊，因此需拓宽渠道使海外华二代能更直观了解中国社会，提高他们对于中国的认同。提高对于中国的认同，不仅是文化的认同，更应该是政治认同。青少年时期是加强华二代对于中国认同度的重要时期，要予以重视。比如，我们可以组织海外华二代青少年来华学习、返乡观光考察团等，增强他们对中国的关注和认同。华二代的"中国根"还需要通过华人家庭教育来完成，比如要鼓励华一代从小培养华二代学习中国文化和中文等，给华二代讲授中国故事，加强华二代对于中国的情感，保有他们原本的"中国根"。

2. 在移入国的华人社团要适时改革创新，积极吸纳华二代来参与华人社团工作。目前海外华人社团的领导人大多为一代移民，在他们的领导下，各国的华人社团的工作成效显著。但是，现在很多海外华人社团已经出现了不同程度的青黄不接的现象。华二代移民对于传统的华人社团并不感兴趣。为了解决华裔新生代与社团日渐疏离这个问题，华人的社团应该适时做一些改革与创新，以吸引华二代的兴趣。华二代移民跟一代移民相比具有很多优势，吸引新生代移民参与到华人社团事业中去不仅可以提升华二代对于中国文化的认同，还可以为华人社团注入新的血液。

3. 我们的侨务工作也应该重视华二代，建立"华二代精英数据库"，并为他们进入政界提供发展平台。我们侨务的工作传统的依赖和服务对象主要是华一代，华二代与侨界的"隔离"现象也是存在的。因此把华二代的力量真正融合到侨界中去，也是今后侨务工作发展的方向。侨务工作应该收集和注意华二代中精英力量，建立"华二代精英数据库"，鼓励他们为侨务工作提意见，并培育优秀的华二代进入政界，为他们提供资金、物资、人力等资源，给予发展的空间和平台，让华人在移入国的参政议政步伐更加坚定。

第六节 "一带一路"倡议下侨乡"失依儿童"精准帮扶

福建作为我国华人华侨人口数量第二多的省份，海外移民一直是侨乡经济和社会发展的一个重要资源。然而，海外移民也给当地带来了一些问题，比如由于移民在海外频频遇袭而带来的"失依儿童"人群。我们的研究团队在浙江、福建等地展开了关于"失依儿童"群体的实地调研，建议在各级政府部门加大对于"失依儿童"的关注度，切实整合社会资源，实现侨乡"失依儿童"的精准帮扶。

一、侨乡"失依儿童"的基本情况以及帮扶工作的意义

根据在福建和浙江等地的实地调研，我们发现"失依儿童"问题在福建、浙江、广东等沿海侨乡比较突出，其中以福建省尤为突出，而福建省的"失依儿童"又主要集中在福清的J镇。

失依儿童指的是因出国父母双方或一方在国外遇难造成的十六周岁以下失去固定的生活来源和父母亲照料的儿童。截至2018年5月，在福清J镇登记在档的失依儿童有111名，其中在国内出生的有98个，占失依儿童总数的88.3%；在国外出生的有13个，占失依儿童总数的11.7%。就J镇的情况，失依儿童的父母遇害地涉及南非、阿根廷、安哥拉、俄罗斯、厄瓜多尔、巴布亚新几内亚等地。

随着"一带一路"的推进，越来越多的中国人前往社会治安状况和人身安全比较差的亚洲、非洲和南美等地投资发展，中国侨乡的"失依儿童"的规模也在逐渐扩大。处理好"失依儿童"问题，既是对华人华侨权益的重视，也是对"一带一路"建设的后勤保障。此外，解决好"失依儿童"这个侨乡的弱势群体的问题还将有助于侨乡社会的稳定和发展。

二、侨乡"失依儿童"所面临的主要问题

1.经济上生活贫困、物质生活匮乏。"失依儿童"的父母们大多都是为生活所迫借钱出国打拼，一旦意外离世，意味着不但没能改善家庭的生活条件，还会给家里留下巨额的负债，会进一步加剧家庭的贫困状况，也就导致"失依儿童"们生活处境艰难。

2. 教育缺乏连贯性，学习成绩不理想。受传统的出国潮的影响，这些小孩的家长并不重视教育，尤其是这些小孩的监护人多为年迈的老人，更是对小孩的教育力不从心。有些失依儿童出生在国外并在国外受教育，他们接触到的学习内容相较之国内来说更为简单。一旦父母出现意外，孩子在接受国外的教育的这个过程被迫中断，回到国内后在短时间又难以适应国内的教学内容和难度，所以，很多失依儿童在当地学校里面的成绩并不理想。

3. 文化认同上产生困惑，难以融入正常的生活。"失依儿童"的出国经历使他们接触了国外不同的文化，年幼的他们在回国后难免会产生许多不适应，对"中国人"和中国传统文化的认同感不强，在文化选择上产生困惑。生活的社会环境发生了巨大的变化，失依儿童平时所接触的人群、语言、饮食等与以往大不相同，他们回到国内难免会造成一定时期的不适应，而这一适应时期越长越不利于孩子们后面的发展。

4. 情感方面孤独、无助，严重的还会有造成自卑、自闭，影响孩子健全人格的发展。失去父母的关爱，他们开始感到孤独、无助，在平日里的生活当中变得沉默寡言，也不愿意和同辈群体交流。"失依儿童"的监护人大多为他们的祖父母，老人们在经历了丧子之痛以后，为了避免周边邻里对失依儿童的歧视和凌辱，也会对小孩进行过度的保护，这样就限制了小孩子的社交空间。失依儿童与其祖父母存在很大的代沟，他们可以产生的互动较少，所以失依儿童没有可以与他们产生情感互动的人，长此以往，直接导致了孩子们的自卑、自闭心理，影响孩子们健全的人格的发展。

5. 回国小孩的户籍问题等。有些孩子在国外出生，遇上父母在国外意外身亡，他们回国后想申请中国户籍时经常手续难以齐全。而这些小孩回国后面临着享受义务教育问题、领取当地政府低保等问题，这些都需要他们在中国具有合法的身份。所以户籍问题对孩子们年迈的祖父母抑或是这些年幼的孩子们来说，都是一件很困难的事情。

三、思考和建议

（一）进一步发挥侨联的作用，调动侨的资源，对"失依儿童"进行帮扶

据我们了解，福建省侨联作为服务于侨的重要组织，在服务于"失依儿童"时已经发挥了很重要的作用。比如，每年都会联系当地政府将一定数额的慰问金发放到"失依儿童"所在的家庭的监护人手中，用以改善孩子们的生活状况。福建省侨联还就某些失依儿童的落户难的问题，积极联合民政、公安、司法等相关部门，"失依儿童"解决办理户口等问题，效果都十分理想。

要进一步发挥侨联在服务于"失依儿童"的优势。比如，侨联可以调动侨领侨胞优势，积极开展"结对子"帮扶工作。海外的侨领侨胞当中有着不少富裕并且富有爱心的人士，他们在海外取得一定的成就之后，心中仍然不忘家乡人民，经常捐款造桥修路、开办学校，对于家乡的建设事业表现出非常高的积极性。侨联可以发挥自身的影响力，为这些"失依儿童"积极联系一些有帮扶意向的侨领侨胞，为他们和"失依儿童"实现"一对一"的结对子帮扶，为这些孩子们提供必要的资金来支持他们的发展，这样可以在很大程度上改善孩子们的生活处境。此外，考虑到"失依儿童"这一群体的特殊性以及其在社会上的弱势地位，侨联应该联合政府多部门共同打造"失依儿童"的特事特办渠道，更好地保障"失依儿童"的教育、户口、社会福利等相关权益。

（二）积极对接社会公益力量的参与，为"失依儿童"带去学习、心理、社交、情感等方面的支持

随着中国社会经济的发展，越来越多的民间人士开始自发地参与到了公益事业当中，民间公益组织如雨后春笋一般生长迅速。如果对接起这些公益组织的力量，可以为侨乡"失依儿童"带去更专业、更有针对性的帮扶。

（1）积极对接公益组织和社会爱心人士。主动向社会公益组织反映"失依儿童"这一群体的现状，向来访者反映孩子们的基本情况，并表达需求诉求。

（2）通过新闻媒体对这一群体进行报道，增加曝光度，主动引起公益组织的关注。

（3）和高校等科研单位合作，利用他们在大学生志愿者以及社会科学研究的优势来为失依儿童进行帮扶。福建省侨联和福州大学合作建立的"侨乡失依儿童研究服务基地"就是一个很好的尝试。

（三）在侨乡开展优秀国学进校园活动，宣扬中国传统优秀文化，增强侨乡学生的文化认同感

侨乡的孩子们由于生活环境的特殊性，经常会接触到一些国外文化，"失依儿童"也不例外。所以文化认同上的困惑不应当仅仅只是"失依儿童"才有的，应该是侨乡社会所普遍存在的一种现象，所以在侨乡的学校里可以开展一些国学进校园的活动，宣扬中国传统优秀文化，提升侨乡当地孩子们的文化自信，增强他们的文化认同感，坚定孩子们作为一名中国人的信念！

（四）建立健全相关社会福利机制，逐步将侨乡"失依儿童"也纳入社会保障体系当中

据我们调研所了解的情况来看，当地的"失依儿童"由于尚有监护人存在，是不能够享有政府关于孤儿的一些福利的。但从实际出发，孩子们的监护人多为年迈体弱的祖父母一辈，没有能力像其他孩子们的父母一样养育他们，实际上与生活无所依靠的孤儿们的处境大同小异。但是由于政策的限制，这些"失依儿童"却无法享受到与孤儿相同的福利待遇，相关政府部门应该考虑到这一实际情况，有条件地放宽限制，将"失依儿童"也纳入当地的社会保障体系当中去，更好地保障他们的生活。

"失依儿童"的帮扶工作，既是响应党的十九大的号召之举，也是助力国家"一带一路"建设之举，我们应该积极引进更多的社会力量；为侨乡"失依儿童"困难处境的解决建立起庞大的社会支持网络，实现精准帮扶，推动"失依儿童"帮扶工作的常态化发展。

参考文献

中文参考文献

边燕杰. 社会资本研究 [J]. 学习与探索, 2006, (3).

曹海彬. 农村"失依儿童"社会支持网络分析——基于湖北省黄陂、安陆的调查研究 [J]. 青年探索, 2008, (2).

曹善玉. 对有关华人高技术新移民政策的评述及建议 [J]. 江西社会科学, 2012, (1).

曹一宁. 海外华人商会与华人经济转型初探——以海外温州商会为例 [J]. 特区经济, 2012, (3).

曹一宁. 浅析海外华人商会与华人融入主流社会——以海外温州商会为例 [J]. 前沿, 2012, (14).

潮龙起. 移民史研究中的跨国主义理论 [J]. 史学理论研究, 2007, (3).

陈程, 吴瑞君. 回流视野的大陆新移民 [J]. 广西社会科学, 2014, (10).

陈凤兰. 南非中国新移民与当地黑人的族群关系研究 [J]. 世界民族, 2012, (4).

陈凤兰. 文化冲突与跨国迁移群体的适应策略——以南非中国新移民群体为例 [J]. 华侨华人历史研究, 2011, (3).

陈国贲, 张齐. 儒家的价值观与新加坡华侨企业家精神 [J]. 中华文化论坛, 1994, (3).

陈翰笙. 华工出国史汇编（第9辑）[A] // 非洲华工 [C]. 北京：中华书局，1985：73-289.

陈杰，黎相宜. 道义传统、社会地位补偿与文化馈赠——以广东五邑侨乡坎镇移民的跨国实践为例 [J]. 开放时代，2014，（3）.

陈日升，何雪娟. 侨乡民间出国借贷的兴起、运作特点及影响——以侨乡福州福清为例 [J]. 八桂侨刊，2016，（2）.

陈剩勇，马斌. 民间商会与地方治理：功能及其限度——温州异地商会的个案研究 [J]. 社会科学，2007，（4）.

陈剩勇，马斌. 温州民间商会：自主治理的制度分析——温州服装商会的典型研究 [J]. 管理世界，2004，（12）.

陈肖英. 南非中国新移民面临的困境及其原因探析 [J]. 华侨华人历史研究，2012，（2）.

陈以定. 试论经济全球化对非洲华人经济的影响 [J]. 世界地理研究，2003，（3）.

陈翊，张一力. 社会资本、社会网络与企业家集群——基于宁波和温州的比较研究 [J]. 商业经济与管理，2013，（10）.

陈翊. 移民行动对跨国空间社会网络的依赖——对浙南移民在欧洲族裔聚集区的考察 [J]. 华侨华人历史研究，2015，（3）.

陈昱昊，赵智杰. 关于发挥侨汇作用的思考 [J]. 发展研究，2013，（11）.

陈峥，李云. 三十年来近代中国乡村民间借贷研究综述 [J]. 中国农史，2013，（2）.

程希. 华侨华人与中国的关系：侨批业之视角 [J]. 东南亚研究，2016，（4）.

丁良超. 海外网络对跨国企业绩效影响的实证研究——基于创业阶段差异视角 [J]. 科技进步与对策，2015，（23）.

丁月牙. 全球化时代移民回流研究理论模式评述 [J]. 河北大学学报 (哲学社会科学版)，2012，（1）.

段颖，陈志明．跨洋流动、地方适应与中国联结——毛里求斯华人社团与社会探析［J］．海交史研究，2017，（1）．

范顺科．中国铝型材出口情况和技术壁垒分析［J］．世界有色金属，2006，（6）．

方雄普，冯子平．华侨华人百科全书·侨乡卷［M］．北京：中国华侨出版社，2001：803．

费孝通．江村经济［M］．北京：商务印书馆，2001．

费孝通．乡土中国［M］．韩格理，王政，译．北京：外语教学与研究出版社，2012．

冯筱才．中国商会史研究之回顾与反思［J］．历史研究，2001，（5）．

高连克．论科尔曼的理性选择理论［J］．集美大学学报（哲学社会科学版），2005，（3）．

郭玉聪．福建省国际移民的移民网络探析——兼评移民网络理论［J］．厦门大学学报（哲学社会科学版），2009，（6）．

何敏波．非洲中国新移民浅析［J］．八桂侨刊，2009，（3）．

何敏波．中国对非洲直接投资与中华文化在当地的传播［J］．广西民族大学学报(哲学社会科学版)，2008，（2）．

何毅．侨乡留守儿童发展状况调查报告——以浙江青田县为例［J］．中国青年研究，2008，（10）．

黄英湖．海外闽商的网络资源及其发掘利用［J］．福建论坛（人文社会科学版）2011，（11）．

华金·阿朗戈．移民研究的评析［J］．国际社会科学杂志（中文版），2001，（18）．

简军波．印度在非洲的软实力：资源、途径与局限性［J］．非洲研究，2015，（2）．

赖翠玲. 嫁到黑非洲 [M]. 北京：中国文学出版社，1996.

黎相宜，周敏. 跨国空间下消费的社会价值兑现——基于美国福州移民两栖消费的个案研究 [J]. 社会学研究，2014，（29）.

黎相宜，周敏. 跨国实践中的社会地位补偿：华南侨乡两个移民群体文化馈赠的比较研究 [J]. 社会学研究，2012，（3）.

黎相宜. 动员与被动员：华人移民与侨乡社会发展 [J]. 广东技术师范学院学报，2011，（8）.

李安山. 2014年非洲经济形势分析与展望 [J]. 国际经济分析与展望（2014～2015），2015.

李安山. 二战后非洲华人社会生活的嬗变 [J]. 西亚非洲，2017，（5）.

李安山. 非洲成为中国新移民重要流向地 [J]. 中国社会科学报，2014，（1）.

李安山. 非洲华侨华人 [M]. 北京：中国华侨出版社，2000.

李安山. 论清末非洲华侨的社区生活 [J]. 华侨华人历史研究，1999，（3）.

李安山. 战后非洲中国移民人口状况的动态分析 [J]. 国际政治研究，2017，（6）.

李安山. 中非合作的基础：民间交往的历史、成就与特点 [J]. 西亚非洲，2015，（3）.

李安山. 中国新移民再议：以非洲为例 [J]. 亚非研究，2018，（1）.

李成. 中非经贸合作的历史、现状及前景展望 [D]. 首都经济贸易大学，2007.

李明欢，江宏真，俞云平. 一个旅欧新侨乡的形成、影响、问题与对策——福建省三明市明溪县新侨乡调研报告 [J]. 华侨华人历史研究，2014，（4）.

李明欢. "侨乡社会资本"解读：以当代福建跨境移民潮为例 [J]. 华侨华人历史研究，2005，（2）.

李明欢. "相对失落"与"连锁效应"：关于当代温州地区出国移民潮的分析与思考 [J]. 社会学研究，1999，（5）.

李明欢. 20世纪西方国际移民理论［J］. 厦门大学学报 (哲学社会科学版), 2000, (4).

李明欢. Diaspora: 定义、分化、聚合与重构［J］. 世界民族, 2010, (5).

李明欢. 法国的中国新移民人口构成分析——以传统、制度与市场为视角［J］. 厦门大学学报 (哲学社会科学版), 2008, (3).

李明欢. 福建侨乡调查: 侨乡认同、侨乡网络与侨乡文化［M］. 厦门: 厦门大学出版社, 2005: 344.

李明欢. 欧盟国家移民政策与中国新移民［J］. 厦门大学学报 (哲学社会科学版), 2001, (4).

李鹏涛. 中非关系的发展与非洲中国新移民［J］. 华侨华人历史研究, 2010, (4).

李其荣, 陈志强, 谭天星, 邵元洲. 跨越与转型 : 国际商务视野下的华侨华人与华商［M］. 上海: 复旦大学出版社, 2015.

李其荣. 在夹缝中求生存和拓展——非洲华商发展的特点及原因［J］. 广东社会科学, 2013, (2).

李新烽. 非洲华侨华人数量研究［J］. 华侨与华人, 2012, (1-2).

李云, 陈世柏. 海外移民慈善捐赠行为的系统构成及其运行［J］. 求索, 2013 (9).

李志刚, 杜枫. 中国大城市的外国人 "族裔经济区" 研究——对广州 "巧克力城" 的实证［J］. 人文地理, 2012, (6).

李智彪. 海外中非经贸关系舆情热点分析［J］. 西亚非洲, 2015, (6).

李子涵, 邓纯考. 父母出国留守儿童成长历程探究［J］. 当代青年研究, 2017, (4).

梁方舟. 移民回流与来源国经济发展［D］. 北京: 北京外国语大学, 2016.

梁在, 诸冈秀树. 国际移民与发展 : 以中国为例［J］. 中国劳动经济学, 2006 (3).

廖赤阳. 日本中华总商会——以"新华侨"为主体的跨国华人经济社团［J］. 华侨华人历史研究, 2012, (4).

廖小健. 种族隔离与南非华侨华人［J］. 八桂侨史, 1993, (4).

林昌华. 改革开放以来侨汇收入对中国经济发展的影响及启示［J］. 华侨华人历史研究, 2018, (4).

林海曦. 浙南地区华侨社会关系网络探析——以青田华侨个案为例［J］. 浙江社会科学, 2014, (10).

林民书, 岳媛媛. 中国家族企业关系网: 绩效与特质［J］. 河南社会科学, 2015, (4).

林胜, 梁在, 朱宇. 非洲中国新移民跨国经营及其形成机制——以阿尔及利亚的福清移民为个案［J］. 世界民族, 2017, (4).

林胜, 朱宇. 国际金融危机背景下福建福清的海外移民活动［J］. 福建师范大学学报（哲学社会科学版）, 2014, (3).

林胜, 朱宇. 海外华侨华人安全问题思考——以福建海外移民为例［J］. 福州大学学报(哲学社会科学版), 2015, (2).

林胜. 非法移民: 一个世界性难题［J］. 人口与经济, 2002, (6).

林胜. 非法移民产生机制的研究［J］. 青年研究, 2002, (10).

林胜. 侨乡跨国家庭的形成、维系与挑战——以福州为例［J］. 求索, 2019, (3).

林小华, 李佳明. 加拿大中国移民创业模式新探［J］. 华侨华人历史研究, 2014, (4).

林心淦. 改革开放以来华侨华人在福清侨乡捐赠行为的文化解读［J］. 八桂侨刊, 2013, (4).

林心淦. 试析华侨华人资本之侨乡社会"根植性"及其培育［J］. 福建论坛(人文社会科学版), 2011, (1).

林勇. 东南亚华人私营企业可持续成长的路径选择［J］. 东南亚研究，2002，（5）.

刘爱兰，黄梅波. 中国对非洲直接投资的影响分析［J］. 国际经济合作，2012，（2）.

刘晨，葛顺奇. 中国企业对非洲投资：经济增长与结构变革［J］. 国际经济评论，2018，（5）.

刘宏. 海外华人与崛起的中国：历史性、国家与国际关系［J］. 开放时代，2010，（8）.

刘宏. 跨国场域下的企业家精神、国家与社会网络：中国新移民的个案分析［J］. 华侨华人历史研究，2007，（4）.

刘宏. 新加坡中华总商会与亚洲华商网络的制度化［J］. 历史研究，2000，（1）.

刘伟才. 华人私营企业在非洲：问题与对策［J］. 上海商学院学报，2011，（1）.

刘亚秋. "青春无悔"：一个社会记忆的建构过程［J］. 社会学研究，2003，（2）.

刘莹. 移民网络与侨乡跨国移民分析——以青田人移民欧洲为例［J］. 华侨华人历史研究，2009，（2）.

刘云刚，陈跃. 广州日本移民族裔经济的形成及其社会空间特征［J］. 地理学报，2014，（10）.

龙登高，等. 海外华商近年投资中国的强势成长与深刻变化［J］. 华侨华人历史研究，2013，（2）.

陆桢. 1980 年以来毛里求斯华商发展初探［J］. 八桂侨刊，2010，（4）.

马敏，付海晏. 近 20 年来的中国商会史研究 (1990—2009)［J］. 近代史研究，2010，（2）.

梅显仁. 华人移居非洲溯源［J］. 八桂侨史，1998，（2）.

莫坤. 非洲员工属地化贵在因地制宜［J］. 国际工程与劳务, 2014,（2）.

莫里斯·哈布瓦赫. 论集体记忆［M］. 毕然, 郭金华. 译, 上海: 上海人民出版, 2002.

欧铁. 南非共和国华侨概况［M］. 台北: 正中书局, 1991.

潘玉进, 田晓霞, 王艳蓉. 华侨留守儿童的家庭教育资源与人格、行为的关系——以温州市为例的研究［J］. 华侨华人历史研究, 2010,（3）.

丘海雄、张应祥. 理性选择理论述评［J］. 中山大学学报（社会科学版）, 1998,（1）.

任培强. 南非: 投资撒哈拉以南非洲的门户——对中国投资南非企业的实地调查［J］. 国际经济合作, 2013,（4）.

沈燕清. 福清新移民与侨乡地下钱庄关系探析［J］. 八桂侨刊, 2012,（2）.

师海玲, 范燕宁. 社会生态系统理论下阐释人类的行为与社会环境——2004年查尔斯·扎斯特罗关于人类行为与社会环境的新探讨［J］. 首都师范大学学报, 2005,（4）.

孙健, 苏杭. 中非合作论坛框架下中国民营企业的对非投资［J］. 东北财经大学学报, 2013,（3）.

覃博雅, 杜雨思, 丁国荣. 谈丝路基金如何助力中国企业"走出去"［N］. 人民日报, 2017-7-13.

唐晓阳. 文化冲突视野中的懒惰与勤奋［J］. 文化纵横, 2011,（4）.

田萍. 社会生态维度下弱势群体社会支持网络系统建构［J］. 求索, 2013,（10）.

童小军. 跨国领养: 失依儿童家庭养育的另一种模式——以美国家庭领养中国儿童为例［J］. 中国青年政治学院学报, 2007,（4）.

王崇杰. 地缘商会"嵌入式"发展的内在动力与路径研究——广东省湖北商会的个案分析［J］. 华中农业大学学报（社会科学版）, 2018,（6）.

王春光, Jean Philippe BEJA. 温州人在巴黎: 一种独特的社会融入模式 [J]. 中国社会科学, 1999, (6).

王春光. 流动中的社会网络: 温州人在巴黎和北京的行动方式 [J]. 社会学研究, 2000, (3).

王春光. 移民的行动抉择与网络依赖——对温州侨乡现象的社会学透视 [J]. 华侨华人历史研究, 2002, (3).

王富伟. 个案研究的意义和限度 [J]. 社会学研究, 2012, (5).

王佑镁. "跨国寄养"背景下我国农村侨乡留守儿童媒介素养研究 [J]. 现代远距离教育, 2013, (4).

卫志民. 中国企业对非洲直接投资的现状与风险化解 [J]. 现代经济探讨, 2014, (10).

文峰. 侨乡跨国家庭中的"洋"留守儿童问题探讨 [J]. 东南亚研究, 2014, (4).

文军. 从生存理性到社会理性选择: 当代中国农民外出就业动因的社会学分析 [J]. 社会学研究, 2001, (6).

文军. 论我国城市劳动力新移民的系统构成及其行为选择 [J]. 南京社会科学, 2005, (1).

吴杰伟. 华侨华人与侨乡文化互动的多重性——评《多重网络的渗透与扩张——海外华侨华人与闽粤侨乡互动关系研究》[J]. 华侨华人历史研究, 2008, (1).

徐鼎新. 中国商会研究综述 [J]. 历史研究, 1986, (6).

徐薇, 姚橄榄. 南非华人的历史、现状与文化适应 [J]. 广西民族大学学报, 2018, (3).

徐薇. 华侨华人在非洲的困境与前景展望 [J]. 东南亚研究, 2014, (1).

徐晞. 美国华人商会对促进中美关系的作用与效应分析 [J]. 中国软科学, 2016 (9).

许梅. 海外华人与侨乡关系研究的路径探索——评《多重网络的渗透与扩张——海外华侨华人与闽粤侨乡互动关系研究》[J]. 东南亚研究，2008，(4).

许涛. 在华非洲族裔聚居区的类型、特征及其管理启示——以广州地区为例 [J]. 非洲研究，2015，(2).

颜廷，张秋生. 澳大利亚华人新移民回流：历史、现状与趋势 [J]. 华侨华人历史研究，2015，(4).

颜廷. 移民与回流：近十余年澳大利亚华人与印度人跨国人口迁移比较研究——国际人力资源竞争的视角 [J]. 南亚研究，2016，(1).

颜廷. 移入与回流：澳大利亚香港移民迁移趋势的转向与启示 [J]. 华侨华人历史研究，2017，(4).

杨国枢，余安邦. 中国人的心理与行为——理论与方法篇 [M]. 台北：桂冠图书公司，1993：87-142.

杨国枢. 中国人的社会取向：社会互动的观点 [J]. 中国社会心理学评论，2005，(1).

叶慧芬. 肤色、迷茫与让步：南非华人史 [M]. 香港：香港大学出版社，1996.

原晶晶. 当代非洲华商的发展战略探析 [J]. 东北师大学报 (哲学社会科学版)，2011，(2).

詹姆斯·科尔曼. 社会理论的基础 [M]. 邓方，译. 北京：社会科学文献出版社，1999：35.

张洁，林勇. 国际侨汇对收款国宏观经济安全的影响分析 [J]. 华侨华人历史研究，2015，(2).

张科，蓝海林. 商会的概念界定与理论解释 [J]. 商场现代化，2006，(16).

张小峰，何胜林. 中国民营企业走入非洲：发展历程、影响因素及未来走向 [J]. 国际经济评论，2015，(3).

张一力，张敏．海外移民创业如何持续——来自意大利温州移民的案例研究［J］．社会学研究，2015，（4）．

郑一省．多重网络的渗透与扩张——华侨华人与闽粤侨乡互动关系的理论分析［J］．华侨华人历史研究，2004，（1）．

郑一省．水客与近代中国侨乡的金融网络及移民网络——以闽粤侨乡为例［J］．东南亚研究，2006，（5）．

周大鸣，许多天．结构洞视角下在穗非洲导购中介商社会网络研究［J］．民族研究，2017，（3）．

周大鸣．柏林中国移民调查与研究［J］．广西民族大学学报(哲学社会科学版)，2012，（3）．

周海金．非洲华侨华人生存状况及其与当地族群关系［J］．东南亚研究，2014，（1）．

周建新，罗家珩．"回归移民"研究的脉络与趋势［J］．云南师范大学学报(哲学社会科学版)，2018，（2）．

周敏，刘宏．海外华人跨国主义实践的模式及其差异——基于美国与新加坡的比较分析［J］．华侨华人历史研究，2013，（1）．

周敏．美国华人社会的变迁［M］．上海：三联书店，2006．

周敏．少数族裔经济理论在美国的发展：共识与争议［J］．思想战线，2004，（5）．

周南京．南非华侨华人教育概述［J］．八桂侨史，1997，（3）．

周素彦．民间借贷：理论、现实与制度重构［J］．山西财经大学学报，2005，（5）．

周雯婷，刘云刚．上海古北地区日本人聚居区族裔经济的形成特征［J］．地理研究，2015，（11）．

周晓虹．转型时代的社会心态与中国体验——兼与《社会心态：转型社会的社会心理研究》一文商榷［J］．社会学研究，2014，（4）．

周长城. 理性选择理论：社会学研究的新视野［J］. 社会科学战线，1997，（4）.

朱宇. 国外对非永久性迁移的研究及其对我国流动人口问题的启示［J］. 人口研究，2004，（3）.

庄晨燕，李阳. 融入抑或隔离：坦桑尼亚华商与当地社会日常互动研究［J］. 世界民族，2017，（2）.

庄国土，刘文正. 东亚华人社会的形成和发展华商网络、移民与一体化趋势［M］. 厦门：厦门大学出版社，2009.

庄国土，清水纯. 近30年来东亚华人社团的新变化［M］. 厦门：厦门大学出版社，2010.

庄国土，张晶盈. 中国新移民的类型和分布［J］. 社会科学，2012，（12）.

庄国土. 1978年以来中国政府对华侨华人态度和政策的变化［J］. 南洋问题研究，2000，（3）.

庄国土. 从跳船者到东百老汇大街的"主人"：近20年来福州人移民美国研究［J］. 华侨华人历史研究，2003，（3）.

庄国土. 回顾与展望：中国大陆华侨华人研究述评［J］. 世界民族，2009，（1）.

庄国土. 近20年福建长乐人移民美国的动机和条件——以长乐实地调查为主的分析［J］. 华侨华人历史研究，2006，（1）.

庄国土. 近30年来的中国海外移民：以福州移民为例［J］. 世界民族，2006，（3）.

曾少聪，李善龙. 跨国活动、海外移民与侨乡社会发展——以闽东侨乡福村为例［J］. 世界民族，2016，（6）.

英文参考文献

[1] Adler, Know. Social Capital: Prospects for a New Concept [J].*Academy of Management Review*,2002,27(1).

[2] Aldrich,H.E.,and Waldinger. Ethnicity and Entrepreneurship [J]. *Annual Review of Sociology*,1990,(16):112.

[3] Aliage-Isla, R., and A. Rialp. Systematic Review of Immigrant Entrepreneurship Literature: Previous Findings and Ways Forward[J]. *Entrepreneurship & Regional Development*,2013,25(9-10):819-844.

[4] Amelie F. Constant, Klaus F. Zimmermann. Circular and Repeat Migration: Counts of Exits and Years Away from the Host Country [J]. *Population Research and Policy Review*,2011,30(4):495-515.

[5] Batista, Catia, Aitor Lacuesta and Pedro C. Vicente.Testing the "Brain Gain" Hypothesis:Micro Evidence from Gape Verde[J].*Journal of Development Economics*,2012,(01):32-45.

[6] Beckers, P., and B.F.Blumberg. Immigrant Entrepreneurship on the Move: A Longitudinal Analysis of First- and Second-Generation Immigrant Entrepreneurship in the Netherlands[J]. *Entrepreneurship&Regional Development*,2013, 25(9-10):221-235.

[7] Bonacich E. and Johan Modell. *The Economic Basis of Ethnic Solidarity: Small Business in the Japanese-American Community*[M]. Berkeley: University of California Press.1980.

[8] Bonacich, E.A Theory of Middleman Minorities [J]. *American Sociological Review*,1973,38:583-594.

[9] Bourdieu,P. The Forms Of Capital,Richardson J.G. *Handbook Of Theory and Research for The Sociology Of Education*[M].New York:Greenwood,1986,241-258.

[10] Cassarino, J.Theorising Return Migration: The Conceptual Approach to Return Migrants Revisited[J]. *International Journal on Multicultural Societies*,2004,

6(2):253-279.

[11] Chin, Ko-Lin. *Smuggled Chinese: Clandestine Immigration to the United States. Asian American History & Culture Series* [M]. Philadelphia: Temple University Press.1999.

[12] Chin, Ko-Lin. The Social Organization of Chinese Human Smuggling. In David Kyle and Rey Koslowski (eds.), *Global Human Smuggling: Comparative Perspectives*[M]. Baltimore & London: The John Hopkins University Press.2001.

[13] Dahinden, J. Are We All Transnationals Now? Network Transnationalism and Transnational Subjectivity: The Differing Impacts of Globalization on the Inhabitants of a Small Swiss City [J]. *Ethnic and Racial Studies*,2009, 32(8):1365-1386.

[14] Deshingkar, P. and J. Farrington. *Circular Migration and Multilocational Livelihood Strategies in Rural India* [M]. New Delhi: Oxford University Press.2009.

[15] Dobson, M.. Unpacking Children in Migration Research [J]. *Children's Geographies*,2009,7(3):355-360.

[16] Douglas S. Massey, Felipe Garcia Eapana, Jorge Durand and Humberto Gonzalez. Return to Aztlan: *The Social Process of International Migration for Mexico*[M]. Berkeley: University of California Press:237.1987

[17] Drori,I., B.Hongig, and M.Wright. Transnational Entrepreneurship: An Emergent Field of Study[J]. *Entrepreneurship Theory and Practice*,2009, 33(5):1001-1022.

[18] Durkheim,Emile. *The Division of Labor in Society*[M]. New York: Free Press.1984

[19] Emma Herman.Migration as a Family Business: The Role of Personal Networks in the Mobility Phase of Migration [J].*International Migration*,2006,44(04):191-230.

[20] F. Arnold, B.V. Carino, J.T. Fawcett, I.H. Park. Estimating the Immigration Multiplier: an Analysis of Recent Korean and Filipino Immigration to the United States[J]. *International Migration Review*,1989,23(04):813-838.

[21] Faist, T .The Crucial Meso-Level. In G. B. T. Hammer, K. Tamas and T. Faist. (eds.). *International Migration, Immobility and Development* [M]. Oxford:Berg Publishers.1997.

[22] Foner, N. What's New about Transnationalism? New York Immigrants Today and at the Turn of the Century[J]. *Diaspora*,1997, (6):355-275.

[23] G. Jasso.Family Reunification and the Immigration Multiplier: U.S. Immigration Law, Origin-country Conditions and the Reproduction of Immigrant[J]. *Demography*,1986,23(03):291-311.

[24] Guarnizo, Luis E., Arturo I. Sanchez, and Elizabeth M.Roach, Mistrust, Fragmented solidarity, and Transnational Migration[J].*Ethnic and Racial Studies*,1999,(22):367-396.

[25] Hagen-Zanker, J. Why do People Migrate? A Review of the Theoretical Literature[R]. *Working paper of Maastricht Graduate School of Governance*.2008

[26] Harris,J. and M. Todaro. Migration, Unemployment and Development: A Two-Sector Analysis[J].*American Economic Review*,1970, 40(2): 126-142.

[27] Hugo G.J. *Population Mobility in West Java* [M]. Gadjah Mada University Press: Yogyakarta.1978.

[28] Hugo, G. J. Village-communities, Village Norms, and Ethnic and Social Networks: A Review of Evidence from the Third World. In G. F. DeJong and R. W. Gardner. (eds.), *Migration Decision Making: Multidisciplinary Approaches to Microlevel Studies in Developed and Developing Countries*[M]. New York: Pergamon Press.1981.

[29] Hugo, G. J. Migration as a Survival Strategy: the Family Dimension of Migration. In United Nations, Department for Economic and Social Affairs and P. Division (eds.), *Population Distribution and Migration-Proceedings of the United Nations Expert Group Meeting on Population Distribution and Migration* [C]. Santa Cruz, Bolivia, 18-22 January. New York: United Nations.1998.

[30] Hugo, G.J, Circular Migration[J].*Bulletin of Indonesian Economic Studies*,1977,13(3):57-67.

[31] Iglicka, K. Mechanisms of Migration from Poland before and during the Transition Period[J]. *Journal of Ethnic and Migration Studies*, 2000,26(1):61-73.

[32] Itzigsohn, Jose, Carlos Dore, Esther Hernandez, and Obed Vazquez.Mapping Dominican Transnationalism[J]. *Ethnic and Racial Studies*,1999,22:316-339.

[33] Jan Brzozowski, Marco Cucculelli and Aleksander Surdej. (2014). Transnational Ties and Performance of Immigrant Entrepreneurs: the Role of Home-country Conditions[J]. *Entrepreneurship & Regional Development*,2014,26(7-8):546-573.

[34] Johann Maree.Trade in the South Africa Collective Bargaining System in Comparative perspective[J].*South Africa Journal of Labour Relations*,2001,l.35(1):1-37.

[35] Kaplinsky R, M. M.Chinese FDI in Subsaharan Africa:Engaging with Large Dragons[J].*European Journal of Development Research Special Issue*,2009,(24):3.

[36] Kariv, D., T.V.Menzies, G.A. Brenner, and L.J.Filion. Transnational Networking and Business Performance: Ethnic Entrepreneurs in Canada[J]. *Entrepeneurship & Regional Development*,2009,21(3):239-264.

[37] Kwong, Peter.*Forbidden Workers:Illegal Chinese Immigrants and American Labor* [M]. New York: New Press.1997.

[38] Lee, E. S. A Theory of Migration[J]. *Demography*,1966, 3(1): 47-57.

[39] Lee，Jennifer, Jorgen Carling, and Pia Orrenius.The International migration Review at 50: Reflecting on Half a Century of International Migration Research and Looking Ahead[J]. *International Migration Review*, 2014,48:3-36.

[40] Leichtman, M.A.Transforming Brain Drain into Capital Gain: Morocco's Changing Relationship with Migration and Remittances[J]. *The Journal of North African Studies*,2002,7(1):109-137.

[41] Lerman, C.Sex Differential Patterns of Circular Migration: A Case Study of Semarang, Indonesia[J]. *Peasant Studies*,1983,10(4):459-476.

[42] Lewis , W. A. Economic Development with Unlimited Supplies of Labor[J]. *The Manchester School of Economic and Social Studies*,1954, 22(1):139-191.

[43] Light, Ivan and Bonacich E.. *Immigrant Entrepreneurs: Koreans in Los Angles* [M]. Berkeley: University of California Press.1988.

[44] Light, Ivan. *Ethnic Enterprise in American: Business and Welfare among Chinese, Japanese, and Blacks* [M]. Berkeley: University of California Press.1972.

[45] Lin, Sheng and Trent Bax. Changes in Irregular Emigration: A Field Report from Fuzhou [J].*International Migration*,2012,50(2):99-112.

[46] Lin, Sheng and Trent Bax. Irregular Emigration from Fuzhou: A Rural Perspective [J].*Asian and Pacific Migration Journal*,2009, 18(4):539-551.

[47] Lin, Sheng and Trent Bax.A Pollution Incident at a Qiaoxiang Village in China: the Role of Migration in Civic Organization and Political Participation[J]. *Ethnic and Racial Studies*, 2015,38(10):1741-1759.

[48] Lin, X. and Shaw Tao. Transnational Entrepreneurs: Characteristics, Drives, and Success Factors [J]. *Journal of International Entrepreneurship*,2012,10(1):50-69.

[49] Linda Green Basch, Nina Glick-Schiller, Cristina Szanton Blanc. *Nations Unbound: Transnational Projects, Postcolonial Predicaments and Deterritorialized Nation States* [M]. Langhorne, PA: Cordon and Breach.1994.

[50] Liu-Farrer. The Burden of Social Capital: Visa Overstaying Among Fujian Chinese Students in Japan[J]. *Social Science Japan Journal*,2008,11(2):241-257.

[51] Marcus, George E.Ethnography in of the World System: The Emergence of Multi-Sited Ethnography, in Marcus(ed.), *Ethnography through Thick and Thin*[M]. Princeton: Princeton University Press.1995.

[52] Marlene Laruelle. *Migration and Social Upheaval as the Face of Globalization in Central Asia* [M]. Asia Studies E-Books Online, Collection.2013.

[53] Mary L. Held. A Study of Remittances to Mexico and Central America: Characteristics and Perspectives of Immigrants [J]. *International Journal of Social Welfare*,2017,26(1).

[54] Massey , D. S., Joaquin Arango, Graeme Hugo, Ali Kouaouci, Adela Pellegrino and E. Taylor . Theories of International Migration: A Review and Appraisal[J]. *Population and Development Review*,1993,19(3): 431-446.

[55] Massey, D.S., Arango, J., Hugo, G., Pallegrino, A. and Taylor, J.E.. *Worlds Motion: Understanding International Migration at the End of the Millennium* [M]. Oxford: Clarendon Press.1998

[56] Michael, S. Rendall, Peter Brownell and Sarah Kups. Declining Return Migration from the United States to Mexico in the Late-2000s Recession: A Research Note [J]. *Demography*,2011,48:1049-1058.

[57] Min, Pyong Gap. *Ethnic Business Enterprise: Korean Small Business in Atlanta*

Staten Island [M].NY: Center for Migration Studies.1988.

[58] Mitchell, J.C.. The Causes of Labour Migration. In: J. Middleton (ed.), *Black Africa: Its Peoples and Their Cultures Today* [M]. New York: MacMillan,1970,23-37.

[59] Murshed Chowdhury,Anupam Das. Remittance Behaviour of Chinese and Indian Immigrants in Canada[J]. *Review of Economics*,2016,67(2).

[60] Myrdal, Gunnar. *Rich Lands and Poor* [M]. New York: Harper and Row.1957.

[61] Neville, F., B. Orser, A. Riding, and O. Jung. Do Young Firms Owned by Recent Immigrants Outperform Other Young Firms? [J]. *Journal of Business Venturing*,2014,29(1):55-71.

[62] Newland, K. *Circular Migration and Human Development. Human Development Research Paper(HDRP)Series* [C]. Munich Personal REPEC Archive(MPRA),Munich. 2009 (42).

[63] Nina Glick Schiller, Linda Basch, and Cristina Szanton Blanc. From Immigrant to Transmigrant: Theorizing Transnational Migration [J]. *Anthropological Quarterly,*1995, (1):48-63.

[64] Ong, A. *Flexible Citizenship: The Cultural Logics of Transnationality* [M]. Duke University Press.1999.

[65] Parsons, Talcott, and Neil J. Smelser. *Economy and Society*[M]. New York: Free Press;Weber, Max(1958), *The Protestant Ethic and the Spirit of Capitalism* [M]. New York: Charles Scribner's Sons.1956.

[66] Paulo Reis Mourao. Income Inequality in Host Countries and Remittances: A Discussion of the Determinants of Portuguese Emigrants' Remittances [J]. *International Migration,*2016,54(5).

[67] Pieke,F. N. Pál Nyíri, Mette Thunø & Antonella Ceccagno. *Transnational Chinese: Fujianese Migrants in Europe* [M]. California: Stanford University Press.2004.

[68] Portes A., Guarnizo L.E., and Landolt P. (1999). The Study of Transnationalism: Pitfalls and Promise of an Emergent Research Field [J]. *Ethnic and Racial Studies*,1999,22(2):217-237.

[69] Portes, A. and J. Sensenbrenner, Embeddedness and Immigration: Notes on the Social Determinants of Economic Action [J]. *American Journal of Sociology,*

1993,98(6):1320-1350.

[70] Portes, A. and Robert L.Bach. *Latin Journey: Cuban and Mexican Immigrants in the Untied States* [M]. Berkeley and Los Angeles: University of California Press.1985.

[71] Portes, A. and Zhou M., Transnationalism and Development: Mexican and Chinese Immigrant Organizations in the United States [J].*Population and Development Review*, 2012,38(2):191-220.

[72] Portes, Alejandro, Guarnizo, Luis Eduardo and Haller, William J.Transnational Entrepreneurs: An Alternative Form of Immigrant Economic Adaption [J]. *American Sociological Review* .2002,67(2):278-298.

[73] Rath,J., and R. Kloosterman. Outsiders' Business: A Critical Review of Research on Immigrant Entrepreneurship [J]. *International Migration Review*, 2000, 34(3):657-681.

[74] Ravenstein, E. G. The Laws of Migration [J]. *Journal of the Royal Statistical Society*,1889, (3): 241-301.

[75] Ronald Skeldon, Migration and Development: a global perspective[J].*Longman development studies*,1997:17-40.

[76] Sassen, S. *The Mobility of Labor and Capital: A Study in International Investment and Labor Flow* [M]. Cambridge: Cambridge University Press.1988.

[77] Spaan, E. *Labour Circulation and Socioeconomic Transformation: The Case of East Java Indonesia* [M]. The Hague: Netherlands Interdisciplinary Demographic Institute.1999.

[78] Stark, O. Rural-to-Urban Migration in LDCs: A Relative Deprivation Approach[J]. *Economic Development and Cultural Change*,1984, 32(3): 475-486.

[79] Stark, O. and D. Levhari. On Migration and Risk in LDCs [J]. *Economic Development and Cultural Change*,1982, 31(1): 191-196.

[80] Stark, O. *The Migration of Labour*[M].Cambridge: Basil Blackwell.1991.

[81] Stephen, C. and M. J. Miller. *The Age of Migration: International Population Movements in the Modern World* [M]. New York and London: The Guilford Press.2008.

[82] Sumiyo Nishizaki. Gregor Benton and Hong Liu. Dear China: Emigrant Letters and Remittances, 1820–1980[J]. *The Economic History Review,*2019,72(2).

[83] Vertovec,S. *Transnationalism* [M]. Routledge: Oxon and New York.2009.

[84] Willima Safran. Diasporas in Modern Societies, Myths of Homeland and Return [M]. *Diaspora,*1991,1(1):183-99.

[85] Zhou, Min and Susan S. Kim. Community Forces, Social Capital, and Educational Achievement: The Case of Supplementary Education in the Chinese and Korean Immigrant Communities [J]. *Harvard Educational Review,*2006, 76(1):1-29.

[86] Zhou, Min. *Chinatown: The Socioeconomic Potential of an Urban Enclave, Philadelphia* [M]. Pa.: Temple University Press.1992.

[87] Zhou, Min. Revisiting Ethnic Entrepreneurship: Convergencies, Controversies, and Conceptual Advancements [J]. *International Migration Review*, 2004,38(3):1040-1074.